상담
심리사
최종모의고사
―――― 한권으로 끝내기

시대
에듀

끝까지 책임진다! 시대에듀!
QR코드를 통해 도서 출간 이후 발견된 오류나 개정법령, 변경된 시험 정보, 최신기출문제, 도서 업데이트 자료 등이 있는지 확인해 보세요!
시대에듀 합격 스마트 앱을 통해서도 알려 드리고 있으니 구글 플레이나 앱 스토어에서 다운받아 사용하세요.
또한, 파본 도서인 경우에는 구입하신 곳에서 교환해 드립니다.

편집진행 장민영 · 오지민 ┃ **표지디자인** 현수빈 ┃ **본문디자인** 김기화 · 김휘주

머리말

이제 우리는 TV나 온라인을 통해 초 단위, 분 단위로 그날그날 벌어진 사건과 사고를 확인할 수 있습니다.

특히 요즘 들어 부쩍 많아진 게 아닐까 하는 의심을 할 법한, 정상적인 마음가짐으로는 도저히 이해가 되지 않는 다양한 범죄도 있습니다. 이 외에도 그냥 욱하는 마음에 저질러 버리는, 자기통제가 부족해 보이는 갑질 등 우리가 마치 세상에서 가장 각박하고 위험한 곳에 살고 있는 듯한 착각도 듭니다(사실 전혀 그렇지 않습니다. 다행히 한국은 매우 안전한 국가에 속합니다).

현재 이슈가 되는 범죄나 갑질의 심연을 들여다보면 한 가지 공통점이 존재합니다.

스스로의 마음을 통제하지 못했다는 점이 그것입니다. 논리적으로 따졌을 때는 전혀 벌어질 수 없을 것 같은 일이 희한하게 주변에서 발생하고 있습니다.

도대체 왜 이런 일이 벌어지는 것일까요?

자유롭게 표출하는 것을 개성으로 생각하는 사회적 분위기와 손쉽게 24시간 접근할 수 있는 인터넷 매체의 발달 등으로 우리는 보다 과거에 비해, 쉴 새 없이 빠름을 추구하고 흥미를 추구하면서 채찍질당하는 존재가 되어가고 있습니다.

그리고 과거에는 별로 공유되지 않았을 잔혹한 범죄의 디테일까지 원하든 원치 않든 노출되고 있습니다.

이것은 결국 우리의 내면을 옥죄어 겉으로는 과거보다 훨씬 풍족하고 편리해 보이는 삶을 살고 있지만, 어쩌면 내면이 혼란에 빠진 채 하루하루를 영위하고 있을지 모릅니다.

편저자 올림

이문식

편저자 약력

▸ 상담심리사 최종모의고사
▸ 시대에듀 독학사 심리학과 2단계 이상심리학
▸ 시대에듀 독학사 심리학과 3단계 상담심리학
▸ 시대에듀 독학사 심리학과 3단계 심리검사
▸ 시대에듀 독학사 심리학과 3단계 학교심리학
▸ 시대에듀 독학사 심리학과 4단계 임상심리학
▸ 파이널 핵심유형 100제 임상심리사 2급 1차 필기합격
▸ 요양보호사 최종모의고사

편집자의 말

마음을 돌보는 전문가, 상담심리사

상담심리사는 다양한 상담기법을 통해 내담자가 자신의 심리적 문제를 직면하고 마음을 치유하여 성장할 수 있도록 돕는 직업입니다.

과거에는 많은 이들이 심리적 고통을 겪으면서도 그 증상이 겉으로 드러나지 않는다는 이유로 이를 간과해버리고는 했습니다. 그러나 오늘날에는 심리 건강에 대한 사람들의 의식 수준이 많이 높아진 만큼, 관련 도서나 유튜브 채널 등 콘텐츠에 대한 수요도 폭발적으로 늘어났습니다. '힐링', '마음챙김', '마음수련' 등의 용어가 유행처럼 콘텐츠 시장을 휩쓸기도 하였고, 심리상담가나 정신과 의사들이 직접 TV나 유튜브 채널에 출연해 정신건강을 챙기는 방법을 알려주기도 합니다.

이처럼 사회에서 마음을 돌보는 일의 중요성이 점차 대두되면서, 상담에 대한 수요도 함께 증가하고 있습니다. 한국에서 상담심리사로 활동하고 있는 인원이 아직은 그리 많지 않지만, 앞으로의 발전 가능성이 크기에 그 전망은 매우 밝을 것으로 보입니다. 상담심리사는 "마음을 돌보는 일"을 하는 전문가집단의 최전방에 서 있다고 볼 수 있기 때문입니다.

심리상담에 높은 수준의 지식과 전문성이 요구되는 만큼 여러 기관과 협회에서 상담심리사의 자격을 검정하는 시험을 시행하고 있습니다. 한국상담심리학회에서 발급하는 상담심리사 자격시험은 그중에서 가장 공신력 높은 시험 중 하나입니다.

상담심리사 자격검정은 시험 범위가 방대하고 지엽적인 문제도 다수 출제되기 때문에 시험의 난이도가 상당히 어렵습니다. 지난 필기시험의 합격률을 살펴보면 2024년 22.97%, 2023년 28.87%, 2022년 25.1%로 매우 낮은 편이므로 더욱 철저한 대비가 필요하다고 할 수 있습니다.

그러나 한국상담심리학회가 기출문제를 별도로 공개하고 있지 않기 때문에, 이 시험에 뜻을 두고 있는 많은 수험생이 막막함을 느끼고 있을 것입니다. 본서는 이러한 수험생들의 갈증을 조금이나마 해소하고자 하는 목적으로 기획된 도서입니다. 같은 시리즈의 이론서를 바탕으로 최종모의고사 4회를 구성하여 총 500제를 풀어보실 수 있으며, 그중에서 핵심 문제만을 추려서 만든 미니모의고사 2회를 부록에 제공하여 시험 전에 빠르게 복습할 수 있도록 하였습니다.

본서로 학습하시는 독자님께 합격의 기쁨이 함께하길 진심으로 소망합니다.

편집자 올림

최종모의고사 4회 수록

실제 시험과 같이 125제로 이루어진 모의고사 4회를 수록하여, 수험생 여러분이 실력을 점검하고 부족한 부분을 파악할 수 있도록 하였습니다.

4회 | 최종모의고사

01 | 상담심리학 25문항

01 ABCDE 모형에 근거한 상담진행절차가 옳게 나열된 것은?

① 설득 → 비합리적 신념의 규명 → 논박 및 예시 → 인지적 연습 → 합리적 행동연습
② 비합리적 신념의 규명 → 논박 및 예시 → 인지적 연습 → 설득 → 합리적 행동연습
③ 논박 및 예시 → 인지적 연습 → 설득 → 비합리적 신념의 규명 → 합리적 행동연습
④ 비합리적 신념의 규명 → 설득 → 논박 및 예시 → 인지적 연습 → 합리적 행동연습
⑤ 논박 및 예시 → 인지적 연습 → 비합리적 신념의 규명 → 설득 → 합리적 행동연습

해설
- 제1단계(설득) : 상담자는 합리적정서행동치료의 기본철학과 논리를 밑도록 내담자를 설득시킨다.
- 제2단계(비합리적 신념의 규명) : 상담면접과정에서 내담자의 자기보고 및 상담자의 관찰을 통해 내담자의 비합리적 신념을 발견하고 이를 규명한다.
- 제3단계(논박 및 예시) : 내담자의 비합리적 신념에 대해 체계적으로 논박하며, 합리적 신념의 예시 또는 시범을 보인다.
- 제4단계(인지적 연습) : 내담자로 하여금 비합리적 신념을 합리적 신념으로 대체하도록 인지적 연습을 반복시킨다.
- 제5단계(합리적 행동연습) : 내담자의 합리적 행동반응을 개발 및 촉진시키기 위해 내담자로 하여금 행동연습을 하도록 한다.

정답 ①

02 방어기제의 종류와 그 방어기제에 대한 설명이 옳지 않은 것은?

① 퇴행(Regression) - 생의 초기에 성공적으로 사용했던 생각이나 감정, 행동에 의지하여 자신의 불안이나 위협을 해소하려는 것이다.
② 주지화(Intellectualization) - 위협적이거나 고통스러운 정서적 문제를 피하기 위해 사고, 추론, 분석 등의 지적 능력을 사용하는 것이다.
③ 해리(Dissociation) - 괴로움이나 갈등상태에 놓인 인격의 일부를 다른...
④ 행동화(Acting-Out) - 죄의식이나 괴로운 경험, 수치스러운 생각을 의식...선택적인 방각을 의미한다.
⑤ 억제(Suppression) - 일종의 의식적인 거부로, 비생산적이고 감정소모...로 다른 곳으로 돌린다.

해설
행동화란, 무의식적 욕구나 충동이 즉각적으로 충족되지 않은 채 연기됨으로써 발생하는 내적...보다 직접적으로 표출하는 것이다. 죄의식이나 괴로운 경험, 수치스러운 생각을 의식에서 무...의미하는 것은 억압에 관한 설명이다.

03 행동주의상담의 평가에 대한 내용으로 옳지 않은 것은?

① 상담자와 내담자의 관계를 경시하고 상담기술을 지나치게 강조한다.
② 치료를 통해 어떤 행동을 일시적으로 제거할 수 있어도 문제를 근원적으로 해결할 수는 없다.
③ 구체적 문제행동의 수정에는 효과적이지만, 고차원적 기능과 창조성, 자율성 등 자아실현 측면에서 부적합하다.
④ 상담과정에서 감정과 정서의 역할을 강조하지 않는다.
⑤ 합리적 신념에 대한 명확한 규정과 평가가 부재하므로 적극적이고 지시적인 집근법으로 상담자가 권한을 남용할 소지가 있다.

해설
합리적정서행동치료(REBT)의 평가에 해당되는 내용이다.

정답 ⑤

04 인지치료에서 정신질환의 근원으로 고려하고 있는 것 중 자동적 사고(Automatic Thoughts)는 비합리적인 내용일지라도 의심 없이 받아들이는 특징을 가지며 자발적으로 경험된다. 이 자동적 사고를 식별하는 방법에 해당되는 것을 모두 고른 것은?

ㄱ. 심리교육하기
ㄴ. 사고기록지 작성하기
ㄷ. 역할극 활용하기
ㄹ. 체크리스트 활용하기
ㅁ. 감정변화 인식하기

① ㄱ, ㄴ
② ㄱ, ㄷ, ㄹ
③ ㄴ, ㄹ, ㅁ
④ ㄱ, ㄷ, ㄹ, ㅁ
⑤ ㄱ, ㄴ, ㄷ, ㄹ, ㅁ

해설
자동적 사고의 식별방법
- **감정변화 인식하기(감정변화 즉시 질문하기)** : 내담자의 슬픔, 고...만들어내므로, 치료자는 그와 같은 내담자의 감정변화에 대해
- **심리교육하기** : 치료자는 치료초기에 또는 치료 중 내담자의 감정...자동적 사고가 개인의 감정과 행동에 미치는 영향 등에 대해
- **안내에 따른 발견** : 치료회기 중 자동적 사고를 찾아내기 위해...주제에 대해 집중적으로 질문을 한다. 또한, 가급적 최근 사건에...유의미한 자동적 사고를 능숙하게 감지한다.
- **사고기록지 작성하기** : 치료자는 내담자의 자동적 사고를 기록지...보다 체계적인 방법으로 자동적 사고를 찾아내는 연습을 할 수 있...
- **심상(Imagery) 활용하기** : 치료자는 내담자로 하여금 상상을 통해

정답 ⑤

빠르게 확인하는 명쾌한 해설

최종모의고사는 학습 편의를 위해 문제 바로 아래 명쾌한 해설을 수록하였습니다. 문제에 등장한 주요 개념 및 이론을 복습할 수 있도록 핵심만 요약하여 실었습니다.

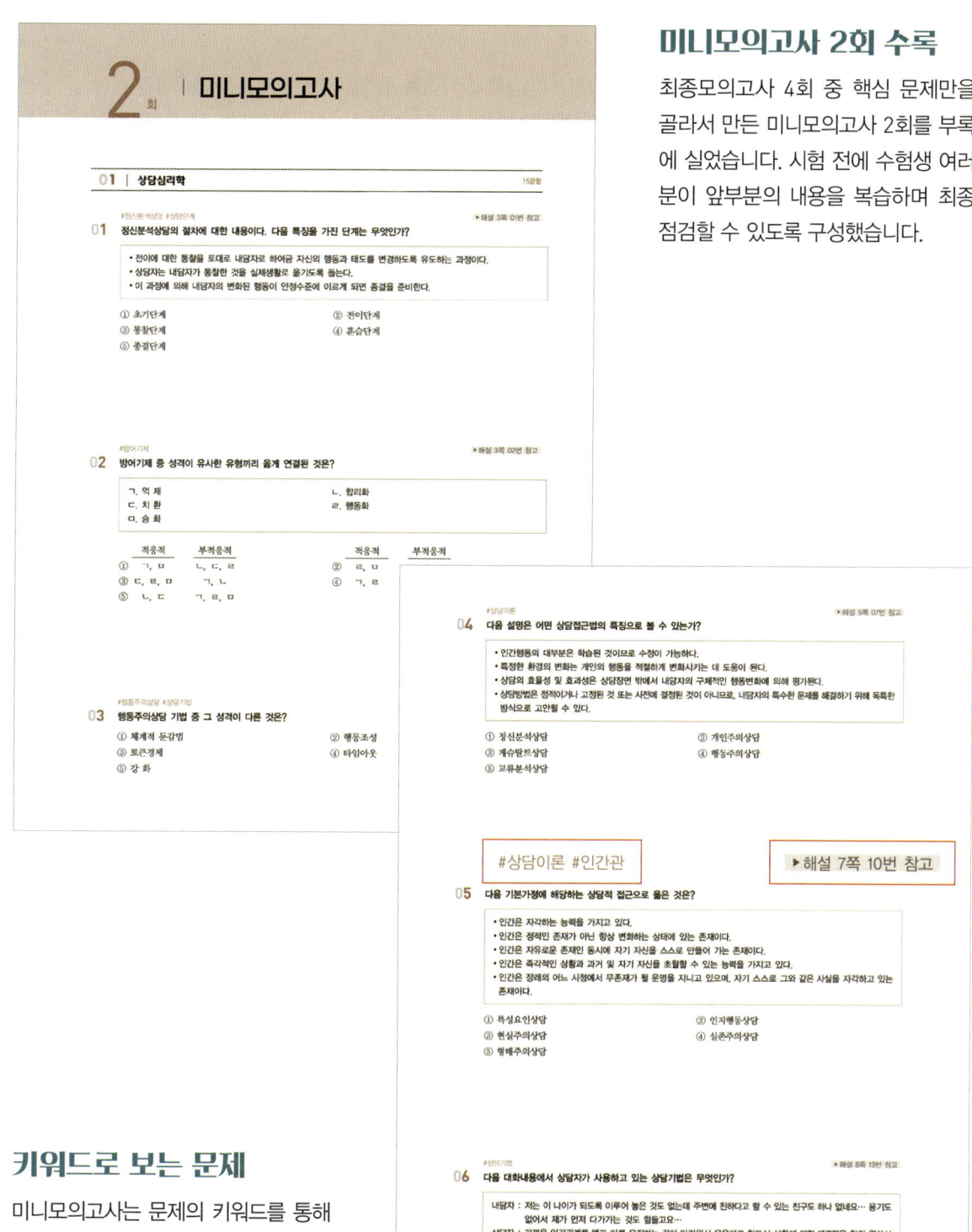

미니모의고사 2회 수록

최종모의고사 4회 중 핵심 문제만을 골라서 만든 미니모의고사 2회를 부록에 실었습니다. 시험 전에 수험생 여러분이 앞부분의 내용을 복습하며 최종 점검할 수 있도록 구성했습니다.

키워드로 보는 문제

미니모의고사는 문제의 키워드를 통해 학습자가 스스로 부족한 부분을 점검할 수 있도록 하였습니다. 또한, 학습자의 편의를 위해 문제 옆에 해설이 있는 페이지를 함께 기재했습니다.

⭕ 상담심리사란?

상담심리사는 한국상담심리학회에서 인정한 상담심리사 자격을 취득한 자로서 상담심리사 1급(상담심리전문가)과 상담심리사 2급(상담심리사)으로 구분됩니다. 현재 국내에서 가장 널리 인정받는 상담자격으로 자격증을 소지한 자는 관련 분야 취업 시 우대를 받고 있습니다.

⭕ 2025 시험일정

구 분	날 짜
홈페이지 신청 및 응시료 납부	6월 2일(월) ~ 6월 6일(금) 18:00
자격시험(필기)	6월 28일(토)
합격자 발표	7월 4일(금)

※ 시험일정은 한국상담심리학회를 기준으로 수록하였습니다. 2026년 일정은 아직 발표되지 않았으므로, 추후 한국심리상담학회 홈페이지(krcpa.or.kr)를 참고하시기 바랍니다.

⭕ 상담심리사의 역할

❶ 개인 또는 집단의 심리적 성숙과 사회적 적응능력 향상을 위한 조력 및 지도
❷ 심리적 부적응을 겪는 개인 또는 집단에 대한 심리평가 및 상담
❸ 지역사회 상담교육, 사회병리적 문제에 대한 예방활동 및 재난후유증에 대한 심리상담
❹ 기업체 내의 인간관계 자문 및 심리교육
❺ 상담 및 심리치료에 관한 연구

⭕ 상담심리사 자격취득 절차

학회 가입 → 상담경력 및 과목이수 충족 → 자격시험 합격 → 최소 수련내용 충족 → 자격심사 합격 → 자격증 취득

● 자격검정방법

구 분	내 용
자격시험	각 과목 객관식 25문항 • 시험과목 : 상담심리학, 발달심리학, 이상심리학, 학습심리학, 심리검사(5과목) • 과목별 40점 이상, 전과목 평균 60점 이상이면 합격 • 자격시험 합격 유효기간 : 5년
자격심사	자격시험에 합격한 자에 대해 상담수련과정 및 자격검정기준을 평가하는 면접시험

● 자격시험 응시서류

❶ 자격시험 응시원서

❷ 상담경력 확인서

❸ 학부 성적증명서 및 학사학위 증명서

※ 응시서류는 상담관련 학사학위 취득자를 기준으로 작성되었으며, 응시자가 해당하는 조건에 따라 차이가 있을 수 있습니다. 자세한 내용은 한국상담심리학회 홈페이지(krcpa.or.kr)를 참고하시기 바랍니다.

● 시험 시행현황

구 분		1급	2급	전 체
2021	응시자	737명	1,462명	2,199명
	합격자	128명	389명	517명
	합격률	17.37%	26.61%	23.51%
2022	응시자	803명	1,721명	2,524명
	합격자	123명	432명	555명
	합격률	15.32%	25.1%	21.99%
2022	응시자	890명	1,652명	2,542명
	합격자	123명	477명	600명
	합격률	13.82%	28.87%	23.6%
2024	응시자	988명	1,580명	2,568명
	합격자	158명	363명	521명
	합격률	15.99%	22.97%	20.28%

● 자격심사 청구를 위한 최소수련내용(상담심리사 2급)

영 역		일반수련자	외국수련자
접수면접		상담 및 심리검사 접수면접 20회 이상	
개인상담	면접상담	5사례, 합 50회기 이상 ⋯ 부부, 가족, 아동상담 포함	
	수퍼비전	10회 이상 ⋯ 공개사례발표 2회 포함	
집단상담	참 여	참여 또는 보조리더 2개 집단 이상 ⋯ 집단별 최소 15시간 총 30시간 이상, 식사시간 미포함	
	실 시	–	
	수퍼비전	–	
심리평가	검사실시	10사례 이상 ⋯ 1사례당 2개 이상, 그중 개인용 검사 1개 포함	
	해석상담	10사례 이상	
	수퍼비전	5사례 이상 ⋯ 1사례당 2개 이상, 그중 개인용 검사 1개 포함	
	검사종류	자격검정위원회에서 인정하는 개인용 검사 ⋯ MMPI, HTP, BGT, DAP, SCT, KFD, 성인 및 아동용 개인용 지능검사 ⑩ K-WAIS, K-WPPSI, K-WISC, KEDI-WISC, K-ABC 등	
		자격검정위원회에서 인정하는 표준화 검사(개인용 이외의 검사) ⋯ 검사의 실시, 채점, 해석 등 전 과정이 표준화되어 있고, 공인된 출판사에서 제작, 판매하는 검사 ⑩ 성격진단검사, 적성진단검사, MBTI 등	
		단, 한 검사가 전체 사례의 1/2을 초과할 수 없음 ⋯ 검사 실시, 해석, 수퍼비전 모두 해당	
공개사례발표		분회, 상담사례 토의모임에서 개인상담 2사례, 총 10회기 이상 ⋯ 3주 이상 발표간격을 두고 발표 ⋯ 외국자격증 소지자로 자격시험 면제자는 개인상담 1사례, 총 10회기 이상	
상담사례 연구활동		학회 학술 및 사례 심포지엄(월례회) 2회 이상을 포함하여 분회, 상담사례 토의모임에 총 10회 이상 참여	
학술 및 연구활동		–	

○ 자격심사 청구를 위한 최소수련내용(상담심리사 1급)

영 역		일반수련자	외국수련자
접수면접		–	–
개인상담	면접상담	20사례 이상, 합 400회기 이상	7사례 이상, 합 100회기 이상
	수퍼비전	50회 이상 ⋯ 공개사례발표 4회 포함	5회
집단상담	참여경험	2개 집단 이상 ⋯ 집단별 최소 15시간 이상 총 30시간 이상, 식사시간 미포함	–
	리더 또는 보조리더	2개 집단 이상 ⋯ 집단별 최소 10시간 이상 총 30시간 이상, 식사시간 미포함	–
	수퍼비전	2개 집단 이상 ⋯ 집단별 최소 10시간 이상 총 30시간 이상, 식사시간 미포함	–
심리평가	검사실시	20사례 이상 ⋯ 1사례당 2개 이상, 그중 개인용 검사 1개 포함	–
	해석상담	20사례 이상	–
	수퍼비전	10사례 이상 ⋯ 1사례당 2개 이상, 그중 개인용 검사 1개 포함	–
	검사종류	자격검정위원회에서 인정하는 개인용 검사 ⋯ MMPI, HTP, BGT, DAP, SCT, KFD, 성인 및 아동용 개인용 지능검사 예 K-WAIS, K-WPPSI, K-WISC, KEDI-WISC, K-ABC 등 자격검정위원회에서 인정하는 표준화 검사(개인용 이외의 검사) ⋯ 검사의 실시, 채점, 해석 등 전 과정이 표준화되어 있고, 공인된 출판사에서 제작, 판매하는 검사 예 성격진단검사, 적성진단검사, MBTI 등 단, 한 검사가 전체 사례의 1/2을 초과할 수 없음	
공개사례발표		분회, 상담사례 토의모임에서 개인상담 4사례, 총 40회기 이상 (3주 이상 발표간격을 두고 발표) ⋯ 상담심리사 2급 자격으로 응시할 경우 개인상담 3사례, 총 30회기 이상	분회, 상담사례 토의모임에서 개인상담을 2사례, 총 20회기 이상 (3주 이상 발표간격을 두고 발표)
상담사례 연구활동		학회 "학술 및 사례 심포지엄" 6회 이상을 포함하여 분회, 상담사례 토의모임에 총 30회 이상 참여	–
학술 및 연구활동		학회 또는 유관 학술지에 발표한 1편 이상의 연구 논문 제출	–

Q&A QUESTION AND ANSWER

Question 자격시험(필기) 응시 기준은 무엇인가요?

Answer
❶ 1급 취득과정
- 상담관련 석사학위 취득자
- 상담심리사 2급 취득자
- 상담 비관련 석사학위 취득자로서 상담관련 박사과정에 입학한 자
- 외국의 상담 및 심리치료 분야의 전문가 자격증 소지자
- 외국학회의 인턴십을 마친 자

❷ 2급 취득과정
- 상담관련 석사재학
- 상담관련 학사학위 취득자
- 비상담 관련 학사학위 취득자
- 외국의 상담 및 심리치료 분야의 전문가 자격증 소지자

※ 자격증 취득과정은 한국상담심리학회 홈페이지 → 상담심리사 알아보기 → '상담심리사 1급과정 또는 상담심리사 2급과정'을 통해서 확인 가능합니다.

Question 자격시험(필기) 합격 유효기간이 어떻게 되나요?

Answer
자격시험 합격 유효기간은 5년
예 2026년 취득자 : 2031년까지 응시가능

Question 자격시험(필기) 과목 면제 기준은 어떻게 되나요?

Answer
❶ 상담관련 박사학위 취득 후 2학기 이상의 해당과목 대학교 강의경력, 저서 등의 실적이 있는 자는 최대 3과목까지 면제
❷ 위 서류 이외의 제출서류 : 자격시험 면제신청서/강의경력 및 저서 등의 실적에 관한 증빙 서류

TIP

심리학은 인간의 마음과 행동을 다루는 분야로, 인간 및 인간생활의 모든 분야에 스며들어 있는 중요한 영역입니다. 만지거나 볼 수 없는 마음이나 정신적인 영역도 포괄하여 다루고 있어 다른 분야에 비하여 지나치게 다양한 이론, 모형, 가설, 그리고 새롭게 만들어지거나 변형된 다양한 전문용어들이 존재합니다. 방대한 이론 및 용어들을 단기간에 속성으로 공부하는 것은 쉽지 않습니다. 하지만, 차근차근 이해하면서 공부해 나가다 보면 패턴을 발견할 수 있고 자기만의 이해 포인트를 찾아낼 수 있을 것입니다. 이미 눈치채셨을지 모르지만, 가장 좋은 공부방법은 역시 선 이해, 후 암기라고 할 수 있습니다.

영역별 핵심 키워드 KEYWORD

영 역	핵심 키워드	
상담심리학	• 상담심리학의 발전과정 • 상담의 기본원리 및 목표 • 상담의 관계 • 상담의 과정 및 단기상담 • 정신분석 • 인간중심 • 여성주의	• 행동주의 • 인지행동 • 게슈탈트 • 교류분석 • 현실치료 • 다문화 • 통합적 접근
발달심리학	• 발달심리학의 이해 • 태내 발달 • 신체, 지각능력의 발달 • 아동기 발달 • 자아 및 도덕성 발달	• 성 발달 • 청년기 발달 • 성인기 발달 • 노년기 발달
이상심리학	• 이상심리와 정신장애 • 이상심리학의 주요 이론 • 신경발달장애 • 조현병 스펙트럼 및 기타 정신병적 장애 • 양극성 및 관련 장애 • 우울장애 • 불안장애 • 강박 및 관련 장애 • 외상 및 스트레스 관련 장애 • 해리장애 • 신체증상 및 관련 장애	• 급식 및 섭식장애 • 수면-각성장애 • 변태성욕장애 • 파괴적 충동조절 및 품행장애 • 물질관련 및 중독장애 • 성격장애 • 신경인지장애 • 배설장애 • 성기능부전 • 성별불쾌감
학습심리학	• 학습의 이해 • 고전적 조건형성 이론 • 조작적 조건형성 이론 • 사회학습 이론 • 귀인 이론	• 정보처리 이론 • 학습동기 이론 • 학습조건 이론 • 학업문제 상담
심리검사	• 심리검사의 이해 • 심리검사의 유형과 실시 • 심리검사의 해석과 영역 • 지능에 대한 이해 • 웩슬러 지능검사 • MMPI에 대한 이해 • MMPI의 실시 및 채점 • 연구방법론	• MBTI 성격유형검사 • 로샤검사에 대한 이해 • 심리평가 • 주제통각검사(TAT) • BGT 검사 • HTP 검사 • 홀랜드유형 직업적성검사(CAT) • 신경심리검사

이 책의 목차 CONTENTS

1
회

최종모의고사(125제)

계속 갈망하라. 언제나 우직하게.

− 스티브 잡스 −

  **끝까지 책임진다! 시대에듀!**
QR코드를 통해 도서 출간 이후 발견된 오류나 개정법령, 변경된 시험 정보, 최신기출문제, 도서 업데이트
자료 등이 있는지 확인해 보세요! **시대에듀 합격 스마트 앱**을 통해서도 알려 드리고 있으니 구글 플레이나
앱 스토어에서 다운받아 사용하세요. 또한, 파본 도서인 경우에는 구입하신 곳에서 교환해 드립니다.

최종모의고사

01 | 상담심리학

01 정신분석상담의 절차에 대한 내용이다. 다음 특징을 가진 단계는 무엇인가?

> • 전이에 대한 통찰을 토대로 내담자로 하여금 자신의 행동과 태도를 변경하도록 유도하는 과정이다.
> • 상담자는 내담자가 통찰한 것을 실제생활로 옮기도록 돕는다.
> • 이 과정에 의해 내담자의 변화된 행동이 안정수준에 이르게 되면 종결을 준비한다.

① 초기단계 ② 전이단계
③ 통찰단계 ④ 훈습단계
⑤ 종결단계

해설

훈습단계에 대한 설명이다.
정신분석상담의 과정(4단계)
• 제1단계 : 초기단계
• 제2단계 : 전이단계
• 제3단계 : 통찰단계
• 제4단계 : 훈습단계

정답 ④

02 방어기제 중 성격이 유사한 유형끼리 옳게 연결된 것은?

> ㄱ. 억 제   ㄴ. 합리화
> ㄷ. 치 환   ㄹ. 행동화
> ㅁ. 승 화

	적응적	부적응적		적응적	부적응적
①	ㄱ, ㅁ	ㄴ, ㄷ, ㄹ	②	ㄹ, ㅁ	ㄱ, ㄴ, ㄷ
③	ㄷ, ㄹ, ㅁ	ㄱ, ㄴ	④	ㄱ, ㄹ	ㄴ, ㄷ, ㅁ
⑤	ㄴ, ㄷ	ㄱ, ㄹ, ㅁ			

해설

적응적 방어기제
• 이타주의(Altruism)   • 승화(Sublimation)
• 유머(Humor)   • 억제(Suppression)
부적응적 방어기제
• 억압(Repression)   • 부정(Denial)
• 합리화(Rationalization)   • 반동형성(Reaction Formation)
• 투사(Projection)   • 퇴행(Regression)
• 치환(Displacement)   • 주지화(Intellectualization)
• 해리(Dissociation)   • 행동화(Acting-Out)

정답 ①

03 상담 종결 여부를 결정할 때 고려해야 할 점으로 옳지 않은 것은?

① 내담자가 스스로 원했던 영역에서 얼마만큼 발전이 있었는지 상담목표의 달성 정도를 평가한다.
② 내담자의 대처능력과 자기 자신 및 타인에 대한 이해능력이 향상되었는지 평가한다.
③ 내담자의 초기 문제와 증상이 감소 혹은 제거되었는지를 확인한다.
④ 내담자가 느낄 수 있는 불안 등의 감정을 충분히 다루어준다.
⑤ 내담자가 현재 진행되는 상담이 별로 도움이 되지 않는다고 생각하더라도 정해진 회기는 모두 끝마친다.

해설

상담자나 내담자가 현재 진행되는 상담회기에 대해 별로 도움이 되지 않는다고 판단하는 경우 상담을 종결한다.

정답 ⑤

04 형태주의상담에 대한 내용 중 (A)와 (B)에 들어갈 말로 옳은 것은?

- (A)(이)란 전체, 형상, 형태, 모습 등의 뜻을 지닌 말로 개체가 자신의 욕구나 감정을 하나의 의미 있는 전체로 조직화하여 지각하는 것을 의미한다.
- (B)의 대표적인 사례인 적개심은 종종 죄의식으로 전환되어 다른 사람과의 진실한 대화를 어렵게 하며, (B)이/가 확장되는 경우 욕구해소에 실패하고 신체적 · 심리적 장애로 이어지게 된다.

① A – 게슈탈트, B – 회피
② A – 전경과 배경, B – 미해결과제
③ A – 게슈탈트, B – 전경과 배경
④ A – 미해결과제, B – 회피
⑤ A – 게슈탈트, B – 미해결과제

해설

- 게슈탈트란 전체, 형상, 형태, 모습 등의 뜻을 지닌 말로 개체가 자신의 욕구나 감정을 하나의 의미 있는 전체로 조직화하여 지각하는 것을 의미한다.
- 미해결과제의 대표적인 사례인 적개심은 종종 죄의식으로 전환되어 다른 사람과의 진실한 대화를 어렵게 하며, 미해결과제가 확장되는 경우 욕구해소에 실패하고 신체적 · 심리적 장애로 이어지게 된다.

정답 ⑤

05 행동주의상담 기법 중 그 성격이 다른 것은?

① 체계적 둔감법　　　　　　　② 행동조성
③ 토큰경제　　　　　　　　　④ 타임아웃
⑤ 강 화

해설

① 고전적 조건형성에 근거한 기법
② · ③ · ④ · ⑤ 조작적 조건형성에 근거한 기법

정답 ①

06 게슈탈트상담의 기법 중 다음에서 설명하는 것은 무엇인가?

> • 현재 치료장면에 없는 사람과 상호작용할 필요가 있는 경우 내담자에게 그 인물이 맞은편에 앉아 있다고 상상하도록 하여 대화하는 방법이다.
> • 상담자는 내담자에게 상대방의 감정을 이해하도록 유도함으로써 외부로 투사된 자기 자신의 감정을 자각하도록 도와야 한다.

① 대화실험　　　　　　　　　　　② 꿈작업
③ 머물러 있기　　　　　　　　　　④ 빈 의자 기법
⑤ 신체자각

해설

① 대화실험
　• 상담자는 내담자에게 특정 장면을 연출하거나 공상대화를 하도록 제안함으로써 내담자가 내적인 분할을 인식할 수 있도록 도와야 한다.
　• 궁극적으로 성격통합을 촉진시키기 위한 것으로, 내담자가 거부해 온 감정이 바로 자신의 실제적인 일부분임을 깨닫도록 하는 것이다.
② 꿈작업
　• 꿈은 내담자의 욕구나 충동 혹은 감정이 외부로 투사된 것이며, 꿈에 나타난 대상은 내담자의 소외된 부분 또는 갈등된 부분에 대한 상징이라고 볼 수 있다.
　• 정신분석에 의한 꿈의 해석과는 다른 것으로, 상담자가 내담자에게 꿈을 현실로 재현하도록 하여 꿈의 각 부분과 동일시해 보도록 하는 것이다.
③ 머물러 있기
　• 상담자는 내담자에게 자신의 미해결감정들을 회피하지 않고 직면하여 견뎌내도록 함으로써 이를 해소하도록 도와야 한다.
　• 머물러 있기는 감정의 자각과 에너지의 소통에 유효하다.
⑤ 신체자각
　• 상담자는 내담자에게 현재 상황에서 느끼는 신체감각을 자각하도록 함으로써 자신의 욕구와 감정을 깨닫도록 도와야 한다.
　• 내담자로 하여금 보기, 듣기, 만지기, 냄새맡기, 목소리내기 등의 감각작용을 통해 환경과의 접촉을 증진하도록 해야 한다.

정답 ④

07 다음 설명은 어떤 상담접근법의 특징으로 볼 수 있는가?

> • 인간행동의 대부분은 학습된 것이므로 수정이 가능하다.
> • 특정한 환경의 변화는 개인의 행동을 적절하게 변화시키는 데 도움이 된다.
> • 상담의 효율성 및 효과성은 상담장면 밖에서 내담자의 구체적인 행동변화에 의해 평가된다.
> • 상담방법은 정적이거나 고정된 것 또는 사전에 결정된 것이 아니므로, 내담자의 특수한 문제를 해결하기 위해 독특한 방식으로 고안될 수 있다.

① 정신분석상담　　　　　　　　　　② 개인주의상담
③ 게슈탈트상담　　　　　　　　　　④ 행동주의상담
⑤ 교류분석상담

해설

행동주의 상담접근법에 관한 설명이다.

참고

행동주의 인간관
• 인간은 환경의 자극에 의해 반응하는 유기체다.
• 인간의 행동은 유전과 환경의 상호작용에 의해 형성된다.
• 인간의 행동은 학습된 부정적 혹은 긍정적 습관으로 구성된다.
• 인간의 행동은 생활 환경이 제공하는 강화의 형태와 그 빈도에 의해 결정된다.

정답 ④

08 REBT상담기법 중 그 성격이 다른 것은?

① 비합리적 신념에 대한 논박은 내담자가 자신의 비합리적 신념을 포기할 때까지 또는 그 강도가 약화될 때까지 지속적이고 당위적으로 이루어져야 한다.

② 상담자는 내담자로 하여금 '~해야 한다' 또는 '~하지 않으면 안 된다'와 같은 표현을 '~하는 것이 더 낫다'와 같은 표현으로 대체할 수 있음을 주지시킨다.

③ 상담자는 내담자로 하여금 자신의 문제를 목록표로 만들도록 하며, 이를 통해 자신의 절대론적 사고를 논박하도록 요구한다.

④ 상담자는 내담자의 부정확한 언어사용에 주의를 기울이는 한편, 내담자의 언어패턴을 포착한다.

⑤ 내담자가 심리적인 고통을 경험했거나 그러할 것으로 예상되는 상황을 상담자와 함께 역할연기를 통해 체험해 본다.

> **해설**
>
> REBT상담기법
>
> | | |
> |---|---|
> | 인지적 기법 | • 비합리적 신념 논박하기 : 기능적·경험적·논리적·철학적 논박, 치료회기 녹음
• 내담자 언어 변화시키기 : 합리적 대처말
• 인지적 과제 부여하기 : 심리·교육적 숙제
• 기타 : 자조서(Self-help Book) 읽기, 독서요법, 모델링, 참조하기, 확대적용, 재구성, 멈추고 살펴보기 등 |
> | 정서적 기법 | 합리적 정서 심상 형성, 대처말 숙달시키기, 녹음을 이용한 강력한 논박하기, 역할극, 유머, 치료자의 무조건적인 수용, 무조건적인 자기수용과 무조건적인 타인수용 가르치기, 격려, 참만남 집단 등 |
> | 행동적 기법 | 강화, 벌칙, 수치심 깨뜨리기, 기술 훈련, 역설적 과제, 재발 방지, 체계적 둔감화, 어려운 상황에 머물기, 합리적인 신념에 따라 행동하기 등 |
>
> **정답** ⑤

09 교류분석상담의 상담과정에서 다음 내용과 각 과정에 해당하는 명칭이 옳게 연결된 것은?

> ㄱ. 자아의 상태를 부모자아, 어른자아, 어린이자아로 구분하여 그에 대한 내용을 통찰함으로써 비효율적인 사고, 감정, 행동을 변화시킨다.
> ㄴ. 두 사람 간 자극과 반응의 소통양상에 따른 교류유형을 발견하여 비효율적인 교류유형에서 벗어나도록 돕는 과정이다.

① ㄱ – 교류분석, ㄴ – 각본분석
② ㄱ – 구조분석, ㄴ – 교류분석
③ ㄱ – 구조분석, ㄴ – 각본분석
④ ㄱ – 각본분석, ㄴ – 교류분석
⑤ ㄱ – 교류분석, ㄴ – 구조분석

> **해설**
>
> • 구조분석 : 내담자로 하여금 자신의 사고, 감정, 행동이 어느 자아상태에서 일어나는지 깨닫도록 하여 부적절한 내용을 변화시키며, 세 가지 자아상태를 적절히 활용할 수 있도록 돕는 과정이다.
> • 교류분석 : 두 사람 간 자극과 반응의 소통양상에 따른 교류유형을 발견하여 비효율적인 교류유형에서 벗어나도록 돕는 과정으로 교류유형에는 상보교류(Complementary Transaction), 교차교류(Crossed Transaction), 이면교류(Ulterior Transaction)가 있다.
> • 각본분석 : 내담자로 하여금 현 자아상태에서의 각본신념을 깨닫고 '지금-여기(Here & Now)'에서 이를 적절히 효율적인 신념으로 변화시키는 과정이다.
>
> **정답** ②

10 다음 기본가정에 해당하는 상담적 접근으로 옳은 것은?

> • 인간은 자각하는 능력을 가지고 있다.
> • 인간은 정적인 존재가 아닌 항상 변화하는 상태에 있는 존재이다.
> • 인간은 자유로운 존재인 동시에 자기 자신을 스스로 만들어 가는 존재이다.
> • 인간은 현재 상황과 과거 및 자기 자신을 초월할 수 있는 능력을 가지고 있다.
> • 인간은 장래의 어느 시점에서 무존재가 될 운명을 지니고 있으며, 자기 스스로 그와 같은 사실을 자각하고 있는 존재이다.

① 특성요인상담   ② 인지행동상담
③ 현실주의상담   ④ 실존주의상담
⑤ 형태주의상담

해설

실존주의상담의 기본가정으로 볼 수 있다.

정답 ④

11 현실주의상담에 대한 내용으로 옳지 않은 것은?

① 인간이 자신의 욕구를 충족하기 위해 행동하며, 그러한 행동은 인간이 스스로 선택하고 결정한 것이라는 점을 강조한다.
② 인간은 생존의 욕구, 사랑과 소속의 욕구, 권력과 성취의 욕구, 자유의 욕구, 즐거움과 재미의 욕구 등 5가지의 기본적인 욕구를 가지고 있으며, 이와 같은 욕구에는 어떠한 위계도 존재하지 않는다.
③ 인간은 자유롭고 자기 자신이나 환경을 통제할 수 있으며, 자신의 목표를 스스로 선택하고자 하는 욕구를 가지고 있다.
④ 내담자로 하여금 자신의 역기능적인 사고와 신념을 평가하도록 하며, 그에 대해 적절히 반응하도록 교육한다.
⑤ 과거나 미래보다 현재에 초점을 두며, 무의식적 행동보다 행동선택에 대한 평가에 초점을 둔다.

해설

인지행동상담에 대한 내용이다. 인지행동치료란 정신장애를 유발하는 부적응적 인지를 변화시키는 것으로, 내담자로 하여금 부적응 문제를 초래하는 왜곡된 인지를 찾아 지각시키고 적응적 인지로 대체시키는 것이다.

정답 ④

12 인지적 오류와 자동적 사고의 특징을 옳게 연결한 것은?

> ㄱ. 축약된 언어나 이미지 또는 그 두 가지가 혼합된 형태로 나타난다.
> ㄴ. 모든 경험을 한두 개의 범주로만 이해하고 중간지대 없이 흑백논리로 현실을 파악한다.
> ㄷ. 중단하기가 쉽지 않다.
> ㄹ. 자신의 정서적 경험이 마치 현실과 진실을 반영하는 것인 양 간주하여 이를 토대로 그 자신이나 세계 또는 미래에 대해 그릇되게 추리한다.
> ㅁ. 어떠한 사건에 대해 자신의 걱정을 지나치게 과장하여 항상 최악을 생각함으로써 두려움에 사로잡힌다.

	인지적 오류	자동적 사고
①	ㄴ, ㄹ	ㄱ, ㄷ, ㅁ
②	ㄱ, ㄹ, ㅁ	ㄴ, ㄷ
③	ㄴ, ㄹ, ㅁ	ㄱ, ㄷ
④	ㄹ, ㅁ	ㄱ, ㄴ, ㄷ
⑤	ㄴ	ㄱ, ㄷ, ㄹ, ㅁ

해설

ㄱ·ㄷ : 자동적 사고
ㄴ : 인지적 오류-이분법적 사고
ㄹ : 인지적 오류-정서적 추론
ㅁ : 인지적 오류-파국화

정답 ③

13 다음 대화내용에서 상담자가 사용하고 있는 상담기법은 무엇인가?

> 내담자 : 저는 이 나이가 되도록 이루어 놓은 것도 없는데 주변에 친하다고 할 수 있는 친구도 하나 없네요… 용기도 없어서 제가 먼저 다가가는 것도 힘들고요…
> 상담자 : 가까운 인간관계를 맺고 이를 유지하는 것이 어려워서 우울하고 힘드신 상황에 대한 해결책을 찾길 원하시는군요.

① 재진술
② 반 영
③ 해 석
④ 명료화
⑤ 직 면

해설

② 반영 : 내담자가 전달하고자 하는 의사의 본질을 스스로 볼 수 있도록 내담자의 말과 행동에서 표현되는 감정·생각·태도를 상담자가 다른 참신한 말로 부연하는 기술을 말한다.
① 재진술 : 내담자가 전달하는 이야기의 표면적 의미를 상담자가 다른 말로 바꾸어서 말하는 것이다.
③ 해석 : 내담자가 본인의 문제를 새로운 각도에서 이해할 수 있도록 경험과 행동의 의미를 설명해주는 것을 의미한다.
④ 명료화 : 내담자의 모호한 진술을 분명히 하거나 내담자의 말에 함축된 의미를 상담자가 명확하게 표현해주는 것을 말한다.
⑤ 직면 : 내담자의 말이나 행동이 일치하지 않는 경우 또는 내담자의 말에 모순점이 있는 경우 상담자가 그것을 지적해주는 것이다.

정답 ②

14 상담의 회기가 평균 6~8회 정도로 짧으며 상대적으로 비용이 적게 드는 단기상담에는 적합하지 않은 내담자는?

① 내담자가 비교적 건강하며 그 문제가 심각하지 않은 경우

② 내담자가 중요인물의 상실로 인한 생활상의 적응을 필요로 하는 경우

③ 내담자가 급성적 상황으로 인해 정서적인 어려움을 겪는 경우

④ 내담자가 임신, 출산 등 발달과정상의 문제를 경험하는 경우

⑤ 내담자가 자신의 문제를 정확히 인지하지는 못하고 있으나 빠른 치료를 원할 경우

해설

단기상담은 내담자가 구체적인 호소문제를 가지고 있는 경우에 적합하다.

정답 ⑤

15 다음 중 집단상담의 응집력에 대한 내용으로 옳지 않은 것은?

① 응집력이 높은 집단에서 집단원들은 자기 자신을 개방하며 자기탐색에 집중한다.

② 다른 조건이 모두 동일하다면 집단규모는 응집력에 별다른 영향을 미치지 못한다.

③ 집단원 간 공유된 가치관, 태도 등은 집단응집력의 주요원천이 된다.

④ 응집력이 높은 집단은 중도이탈자가 적다.

⑤ 응집력은 집단상담의 성공에 있어 매우 중요하다.

해설

다른 조건이 모두 동일하다면 집단규모가 작은 경우가 집단규모가 큰 경우에 비해 응집력이 강하게 나타난다.

정답 ②

16 상담자의 윤리에 대한 내용 중 다음은 무엇을 위반한 것으로 볼 수 있는가?

> • 상담심리사가 개인적인 문제로 내담자를 적절하게 도와줄 수 없지만, 본인의 개인적인 문제는 일시적인 것으로 여겨 원래 하던 대로 상담을 계속 진행한다.
> • 특정 종교에 심취한 상담심리사가 자신의 신념체계, 가치, 제한점 등이 상담에 미칠 영향력을 자각하지 않고 상담을 진행한다.

① 전문적 능력   ② 성실성

③ 자격관리   ④ 사회적 책임

⑤ 다른 전문직과의 관계

해설

성실성 원칙

• 상담심리사는 능력의 한계나 개인적 문제로 내담자를 적절하게 도와줄 수 없을 때, 전문적 자문과 지원을 받는 등의 적절한 조치를 취한 뒤, 직무수행을 제한할지 아니면 완전히 중단할지 여부를 결정해야 한다.

• 상담심리사는 자신의 신념체계, 가치, 제한점 등이 상담에 미칠 영향력을 자각해야 한다.

정답 ②

17 엘리스(Ellis)의 ABCDE 모형에서 약어의 의미가 옳게 연결된 것은?

① A – 비합리적 신념체계　　　　　　② B – 선행사건
③ C – 논박　　　　　　　　　　　　④ D – 결과
⑤ E – 효과

해설

ABCDE 모형
- A(Activating Event) : 선행사건
  내담자의 감정을 동요시키거나 내담자의 행동에 영향을 미치는 사건을 의미한다.
- B(Belief System) : 비합리적 신념체계
  선행사건에 대한 내담자의 비합리적 신념체계나 사고체계를 의미한다.
- C(Consequence) : 결과
  선행사건을 경험한 후 자신의 비합리적 신념체계를 통해 그 사건을 해석함으로써 느끼게 되는 정서적·행동적 결과를 말한다.
- D(Dispute) : 논박
  내담자가 가지고 있는 비합리적 신념이나 사고에 대해 그것이 사리에 부합하는 것인지 논리성·실용성·현실성에 비추어 반박하는 것으로, 내담자의 비합리적 신념체계를 수정하기 위한 것이다.
- E(Effect) : 효과
  논박으로 인해 나타나는 효과로 내담자가 가진 비합리적인 신념을 철저하게 논박하여 합리적인 신념으로 대체한다.

정답 ⑤

18 다음은 인간중심 상담접근의 개념 중 무엇에 해당하는가?

> 실존적인 삶을 살며 '자신'이라는 유기체를 신뢰하고, 경험에 대해 개방적이며, 창조적으로 살아가는 존재

① 충분히 기능하는 사람
② 현상학적 장
③ 무조건적·긍정적 수용
④ 공감적 이해
⑤ 일치성

해설

② 현상학적 장은 개인이 특정 순간에 지각하는 경험적 세계를 의미한다.
③ 상담자는 내담자에게 무조건적·긍정적 존중을 보여야 한다. 상담자는 내담자를 그 모습 그대로 받아들여야 하며 하나의 인격체로서 존중해야 한다.
④ 상담자는 내담자의 감정에 함몰되지 않으면서 그의 감정에 공감할 수 있어야 한다.
⑤ 로저스의 성격이론에 따르면 상담자는 내담자를 대할 때 꾸밈없는 모습으로 진솔하게 다가가야 한다.

정답 ①

19 교류분석상담에 대한 내용 중 다음 괄호 안에 들어갈 말로 옳은 것은?

> • (   )은/는 표정, 태도, 감정, 언어 등 여러 형태의 행동으로 나타나는 것으로서, 상대방에 대한 반응을 드러내는 단위이다.
> • 아동기에 주고받는 (   )은/는 성인의 성격과 인품을 형성하는 데 영향을 미친다.
> • 심리적 안정감과 자아존중감의 발달을 위해서는 긍정적이고 무조건적인 (   )이/가 필요하다.

① 심리적 게임　　　　　　　　　　　② 각본분석
③ 생활자세　　　　　　　　　　　　④ 라 켓
⑤ 스트로크

해설

① 심리적 게임은 표면적으로는 친밀해 보이지만 이면에 함정이 숨겨져 있는 교류이며, 대화에 참여하는 이들에게 불쾌감을 준다.
② 각본분석은 자아를 통찰함으로써 자기 각본을 인식하고 거기에서 벗어나도록 하는 것을 의미한다.
③ 생활자세는 '자기긍정-타인긍정', '자기긍정-타인부정', '자기부정-타인긍정', '자기부정-타인부정'의 네 가지 유형으로 구분되며, 반응태도 또는 자기상이나 타인상을 나타낸다.
④ 라켓은 심리적 게임을 통해 경험하게 되는 불쾌한 감정을 의미한다.

정답 ⑤

20 다음과 같은 개념을 치료에 이용하는 가족치료 방법은?

> 고전적 조건형성, 조작적 조건형성, 정적 강화, 부적 강화, 소거, 처벌, 프리맥(Premack)의 원리, 강화계획, 행동형성, 모델링, 식별학습, 일반화, 사회학습이론

① 정신분석 가족치료　　　　　　　② 밀란모델 가족치료
③ 행동주의 가족치료　　　　　　　④ 해결중심 단기치료
⑤ 구조적 가족치료

해설

행동주의 가족치료
• 가족이 직면하는 문제에 행동치료의 이론과 실제적 기법을 적용한 것이다.
• 학습이론에 기초를 두고 고전적 조건화와 조작적 조건화에 의해 치료하나, 고전적 조건화보다는 조작적 조건화가 더 많이 적용된다.
• 행동주의 가족치료자들의 가장 큰 목표는 바람직하지 않은 행동을 소거하며 바람직한 행동을 늘리는 것이므로, 어떤 형태의 보상이나 처벌을 통한 치료를 계획한다.
• 체계이론과는 달리 많은 행동주의 가족치료자는 부부나 부모자녀와 같은 한 쌍의 상호작용 변화에 역점을 둔다.

정답 ③

21 각각의 방어기제와 사례가 옳게 연결된 것은?

ㄱ. 반동형성(Reaction Formation) ㄴ. 투사(Projection)
ㄷ. 합리화(Rationalization) ㄹ. 주지화(Intellectualization)
ㅁ. 행동화(Acting-Out)

A. 자기가 화가 난 것을 의식하지 못한 채 상대방이 자기에게 화를 낸다고 생각하는 경우
B. 미운 놈에게 떡 하나 더 주는 경우
C. 여우가 먹음직스런 포도를 발견하였으나 먹을 수 없는 상황에 처해 "저 포도는 신 포도라서 안 먹는다"고 말하는 경우
D. 남편의 구타를 예상한 아내가 먼저 남편을 자극하여 구타를 당하는 경우
E. 죽음에 대한 불안감을 덜기 위해 죽음의 의미와 죽음 뒤의 세계에 대해 추상적으로 사고하는 경우

① ㄱ - A, ㄴ - B, ㄷ - C, ㄹ - D, ㅁ - E
② ㄱ - B, ㄴ - C, ㄷ - D, ㄹ - E, ㅁ - A
③ ㄱ - C, ㄴ - A, ㄷ - D, ㄹ - E, ㅁ - B
④ ㄱ - D, ㄴ - E, ㄷ - C, ㄹ - A, ㅁ - B
⑤ ㄱ - B, ㄴ - A, ㄷ - C, ㄹ - E, ㅁ - D

해설

ㄱ. 반동형성 : 자신이 가지고 있는 무의식적 소망이나 충동을 본래의 의도와 반대되는 방향으로 바꾸는 것이다.
ㄴ. 투사 : 사회적으로 인정받을 수 없는 자신의 행동과 생각을 마치 다른 사람의 것인 양 생각하고 남을 탓하는 것이다.
ㄷ. 합리화 : 현실에 더 이상 실망을 느끼지 않기 위해 또는 정당하지 못한 자신의 행동에 그럴듯한 이유를 붙이기 위해 자신의 말이나 행동에 대해 정당화하는 것이다.
ㄹ. 주지화 : 위협적이거나 고통스러운 정서적 문제를 피하기 위해 또는 그것을 둔화시키기 위해 사고, 추론, 분석 등의 지적 능력을 사용하는 것이다.
ㅁ. 행동화 : 무의식적 욕구나 충동이 즉각적으로 충족되지 않은 채 연기됨으로써 발생하는 내적 갈등을 피하기 위한 목적으로 욕구나 충동을 보다 직접적으로 표출하는 것이다.

정답 ⑤

22 각 상담이론과 이를 주창한 심리학자의 연결이 옳은 것은?

① 현실주의상담 - 펄스(Perls)
② 의미요법 - 프랭클(Frankl)
③ 특성-요인상담 - 글래서(Glasser)
④ 인간중심상담 - 윌리암슨(Williamson)
⑤ 게슈탈트상담 - 로저스(Rogers)

해설

① 현실주의상담 : 글래서(Glasser)
③ 특성-요인상담 : 윌리암슨(Williamson)
④ 인간중심상담 : 로저스(Rogers)
⑤ 게슈탈트상담 : 펄스(Perls)

정답 ②

23 다음은 행동주의상담의 기법 중 어떤 것에 해당하는가?

> • 스키너의 조작적 조건화의 원리를 적용시킨 상담기법으로, 적응행동을 발달시키거나 부적응행동을 소거시키는 목적으로 활용된다.
> • 직접적인 강화 인자를 쓰지 않고 스티커나 점수 등 간접적인 강화 인자를 사용한다.

① 이완훈련
② 토큰기법
③ 체계적 둔감법
④ 모델링
⑤ 자기주장 훈련

해설

① 이완훈련 : 신체와 정신의 이완을 통해 일상적인 스트레스에 대처하는 방법을 훈련하는 것을 말한다.
③ 체계적 둔감법 : 의도적으로 내담자를 불안을 일으키는 자극에 노출시켜 점차적으로 그에 대한 두려움을 없애는 방법이다.
④ 모델링 : 모방학습 또는 대리학습이라고도 부르며, 다른 사람의 행동을 관찰함으로써 적절한 행동을 배우게 하는 방법이다.
⑤ 자기주장 훈련 : 불안 심리를 지닌 내담자가 자신의 권리나 욕구 등을 솔직하게 드러내고 의견을 주장할 수 있도록 훈련하는 것을 말한다.

정답 ②

24 상담자에게 수퍼비전이 필요한 이유에 해당되지 않는 것은?

① 상담자를 위한 개인적인 지지체계를 제공한다.
② 상담자의 발달을 돕는다.
③ 윤리적인 문제를 주지시킨다.
④ 수퍼바이저의 존재가 상담자로 하여금 개인적 지지를 얻고자 부적절하게 정보를 노출시키지 않게 한다.
⑤ 수퍼바이저의 주도적 조언으로 내담자가 이전에 의식하지 못한 다른 것을 탐지할 수 있다.

해설

수퍼비전이 언제나 수퍼바이저의 주도적 조언하에 이루어지는 것은 아니며, 수퍼비전을 통하여 이전에 의식하지 못한 다른 것을 탐지하게 되는 것은 내담자가 아닌 상담자이다.

정답 ⑤

25 단기상담이 기존의 상담이론과 차별화되는 점으로 옳지 않은 것은?

① 실용적·절약적으로 개입한다.
② 내담자의 호소문제에 초점을 둔다.
③ 단기상담이기 때문에 상담효과가 지속되지는 않는 것으로 본다.
④ 내담자가 현실생활에 어떻게 적응할 수 있을지에 초점을 둔다.
⑤ 작은 변화가 전체에 파급효과를 미친다고 본다.

해설

상담이 끝난 후에도 눈에 보이지 않지만 상담효과가 지속된다고 가정한다.

정답 ③

01 프로이트(Freud)의 심리성적 발달단계 중 항문기의 특징을 모두 고른 것은?

> ㄱ. 아동의 리비도(Libido)는 입, 혀, 입술 등 구강에 집중되어 있다.
> ㄴ. 배변으로 생기는 항문자극에 의해 쾌감을 얻는 동시에 배변훈련을 통한 사회화의 기대에 직면하는 시기이기도 하다.
> ㄷ. 이 시기에 신체적·정서적으로 부모의 보살핌을 받지 못하거나 박탈감을 느끼게 되는 경우 성인이 되어서 충족되지 못한 보살핌에 대해 갈망하게 되며, 타인에 대한 불신으로 인해 대인관계에 문제가 발생할 수 있다.
> ㄹ. 남아는 '오이디푸스 콤플렉스(Oedipus Complex)'로 인해 거세불안을 경험하는 반면, 여아는 '엘렉트라 콤플렉스(Electra Complex)'로 인해 남근선망을 경험한다.
> ㅁ. 다른 단계에 비해 평온한 시기로, 리비도의 승화를 통해 지적인 호기심을 표출한다.
> ㅂ. 이 단계는 사춘기에서부터 시작하여 노쇠할 때까지 지속된다.

① ㄱ   ② ㄴ
③ ㄱ, ㄴ   ④ ㄴ, ㄷ
⑤ ㄷ, ㄹ, ㅁ, ㅂ

해설

ㄱ·ㄷ : 구강기
ㄴ : 항문기
ㄹ : 남근기
ㅁ : 잠복기
ㅂ : 생식기

항문기

• 1~3세에 해당된다.
• 리비도가 항문에 집중되는 시기로서 본능적 충동적인 배설과 외부적 현실인 배변훈련과 관련되어 있다.
• 항문 공격 성격(Anal Aggressive Personality) : 부모의 배변훈련에 거절하는 행동을 하는 것으로서 좌절감을 감소시키기 위해 배변행동을 통해 만족감을 얻는 경우이다.
• 항문 보유 성격(Anal Retentive Personality) : 변을 보유하면서 만족을 느끼고 부모를 조작하는 아이로서 고집이 세고 구두쇠의 특성을 갖게 된다.

정답 ②

02 다음 중 유아기의 발달에 대한 내용으로 옳지 않은 것을 고르면?

① 8개월 유아는 다른 물체보다 사람 얼굴에 관심을 더 보인다.
② 2개월 유아는 자신이 스스로 운동을 통제하는 모빌에 흥미를 느낀다.
③ 유아는 기어다닐 무렵 시각절벽을 지나지 않으려고 한다.
④ 유아가 사물에 눈을 맞추거나, 빨거나, 붙잡는 행동을 통해 가장 기본적인 지적 발달이 시작된다.
⑤ 어린 유아는 새로운 형태의 자극만을 좋아한다.

해설

어린 유아는 같은 종류의 자극형태뿐만 아니라 새로운 형태가 출현하는 것도 좋아한다.

정답 ⑤

03 다음 중 ㄱ, ㄴ, ㄷ의 내용에 해당하는 발달개념을 옳게 연결한 것은?

> ㄱ. 신체크기의 증대, 근력의 증가 등과 같은 양적인 확대를 의미한다. 특히 신체적 부분에 국한된 변화를 설명할 때 주로 사용된다.
> ㄴ. 경험이나 훈련에 관계없이 인간의 내적 또는 유전적 기제의 작용에 의해 체계적이고 규칙적으로 진행되는 신체 및 심리의 변화를 의미한다.
> ㄷ. 후천적 변화의 과정으로 특수한 경험이나 훈련 또는 연습과 같은 외부자극이나 조건, 즉 환경에 의해 개인이 내적으로 변하는 것을 의미한다.

① ㄱ – 발달, ㄴ – 성숙, ㄷ – 학습
② ㄱ – 성장, ㄴ – 성숙, ㄷ – 학습
③ ㄱ – 성숙, ㄴ – 성장, ㄷ – 학습
④ ㄱ – 성장, ㄴ – 학습, ㄷ – 성숙
⑤ ㄱ – 성숙, ㄴ – 발달, ㄷ – 학습

해설

ㄱ : 성장
ㄴ : 성숙
ㄷ : 학습

정답 ②

04 다음은 에릭슨(Erikson)의 심리사회적 단계에서의 위기를 제시하고 있다. 괄호 안에 들어갈 위기가 옳게 연결된 것은?

> • 유아기 – 신뢰감 vs. 불신감
> • 초기아동기 – 자율성 vs. 수치심·회의
> • 학령전기 – 주도성 vs. (   )
> • 학령기 – 근면성 vs. 열등감
> • 청소년기 – 자아정체감 vs. 정체감혼란
> • 성인초기 또는 청년기 – (   ) vs. 고립감
> • 성인기 또는 중년기 – 생산성 vs. 침체
> • 노년기 – (   ) vs. 절망

① 죄의식 – 친밀감 – 자아통합
② 친밀감 – 죄의식 – 자아통합
③ 자아통합 – 죄의식 – 친밀감
④ 친밀감 – 자아통합 – 죄의식
⑤ 죄의식 – 자아통합 – 친밀감

해설

에릭슨(Erikson)의 심리사회적 단계
• 유아기 : 신뢰감 vs. 불신감
• 초기아동기 : 자율성 vs. 수치심·회의
• 학령전기 : 주도성 vs. 죄의식
• 학령기 : 근면성 vs. 열등감
• 청소년기 : 자아정체감 vs. 정체감혼란
• 성인초기 또는 청년기 : 친밀감 vs. 고립감
• 성인기 또는 중년기 : 생산성 vs. 침체
• 노년기 : 자아통합 vs. 절망

정답 ①

05 노년기의 죽음에 대한 태도 5단계가 옳게 나열된 것은?

① 우울단계 → 분노단계 → 타협단계 → 부정단계 → 수용단계
② 분노단계 → 부정단계 → 수용단계 → 우울단계 → 타협단계
③ 부정단계 → 수용단계 → 분노단계 → 우울단계 → 타협단계
④ 부정단계 → 분노단계 → 타협단계 → 우울단계 → 수용단계
⑤ 부정단계 → 분노단계 → 타협단계 → 수용단계 → 우울단계

> **해설**
>
> 노년기 죽음에 대한 태도(Kübler-Ross)
> • 부정단계 : 자신이 곧 죽는다는 사실을 부인한다.
> • 분노단계 : 자신의 죽음에 대한 이유를 알지 못하여 주위 사람들에게 질투와 분노를 표출한다.
> • 타협단계 : 죽음을 받아들이기 시작하며, 인생과업을 마칠 때까지 생이 지속되기를 희망한다.
> • 우울단계 : 이미 죽음을 실감하기 시작하며, 극심한 우울상태에 빠진다.
> • 수용단계 : 절망적인 단계로 거의 감정이 없는 상태이다.
>
> **정답** ④

06 다음에서 설명하고 있는 인지발달이론은 무엇인가?

> • 영유아 발달에는 신체적 상호작용과 사회적 상호작용이 필요하며 교사, 부모 등은 사회적 중재자로서 기능한다.
> • 언어를 매개수단으로 한 사회적 상호작용을 통해 자신이 속한 문화에서 전해져 오는 개념이나 사실, 태도, 기술 등을 내적인 정신과정으로 내면화한다.
> • 근접발달영역(ZPD ; Zone of Proximal Development)이란 실제적 발달수준과 잠재적 발달수준 사이의 영역을 의미한다.

① 피셔(Fisher)의 기술이론
② 피아제(Piaget)의 인지발달이론
③ 비고츠키(Vygotsky)의 사회문화적 인지이론
④ 브루너(Bruner)의 인지발달구조이론
⑤ 케이스(Case)의 인지발달이론

> **해설**
>
> 비고츠키(Vygotsky)의 사회문화적 인지이론의 특징에 해당되는 내용이다.
>
> **정답** ③

07 여러 상이한 연령에 속하는 사람들로부터 동시에 어떤 특성에 대한 자료를 얻고 그 결과를 연령 간 비교하여 발달적 변화과정을 추론하는 연구방법은?

① 종단적 연구방법   ② 횡단적 연구방법
③ 교차비교 연구방법   ④ 단기종단적 연구방법
⑤ 관찰법

> **해설**
>
> 횡단적 연구방법은 인간의 발달과 관련된 연구를 시행하는 데 있어서 동시대 집단효과(Cohort Effect)를 고려하는 연구방법에 해당한다.
>
> **정답** ②

08 시각발달에 대한 내용 중 옳은 것을 모두 고른 것은?

> ㄱ. 시각은 신생아 감각 중 가장 빨리 발달한다.
> ㄴ. 생후 2개월경 영아는 색깔을 구별할 수 있게 된다.
> ㄷ. 생후 6개월경 영아의 시력은 거의 성인의 수준에 도달하게 된다.
> ㄹ. 두뇌의 시각중추가 성인 수준으로 발달하려면 생후 몇 년의 기간이 필요하다.

① ㄴ   ② ㄴ, ㄷ
③ ㄱ, ㄴ, ㄷ   ④ ㄴ, ㄷ, ㄹ
⑤ ㄱ, ㄴ, ㄷ, ㄹ

해설

ㄱ. 시각은 신생아 감각 중 가장 늦게 발달한다.

정답 ④

---

09 프로이트(Freud)의 심리성적 발달이론과 에릭슨(Erikson)의 심리사회적 발달이론에 대한 내용을 옳게 연결한 것은?

> ㄱ. 인간의 전 생애에 걸친 발달과 변화를 강조하였다.
> ㄴ. 창조성과 자아정체감의 확립을 강조하였다.
> ㄷ. 인간의 행동이 자아에 의해 동기화된다고 보았다.
> ㄹ. 아동의 초기경험(만 5세 이전)이 성격을 결정하므로 부모의 영향이 특히 강조된다.
> ㅁ. 발달에 있어서 환경의 중요성을 강조하지 않는다.

	프로이트	에릭슨
①	ㄱ, ㄴ, ㄷ	ㄹ, ㅁ
②	ㄱ, ㄴ	ㄷ, ㄹ, ㅁ
③	ㄷ, ㄹ	ㄱ, ㄴ, ㅁ
④	ㄹ, ㅁ	ㄱ, ㄴ, ㄷ
⑤	ㅁ	ㄱ, ㄴ, ㄷ, ㄹ

해설

ㄱ·ㄴ·ㄷ : 에릭슨(Erikson)의 심리사회적 발달이론의 특징이다.
ㄹ·ㅁ : 프로이트(Freud)의 심리성적 발달이론의 특징이다.

정답 ④

---

10 피아제(Piaget)의 인지발달단계에서 나타나는 단계별 특징으로 옳지 않은 것은?

① 감각운동기 - 초기에 자신과 외부대상을 구분하지 못하다가 점차적으로 외부대상과 사건에 대해 관심을 보인다.
② 전조작기 - 전조작기 사고를 나타내는 대표적인 예로 상징놀이, 물활론, 자아중심성을 들 수 있다.
③ 구체적 조작기 - 사회적 규범과 가치관을 이해하며, 예술작품에 내재한 상징의 의미를 알 수 있다.
④ 형식적 조작기 - 어떠한 대상이나 사건을 구체적으로 경험하지 않고도 머릿속으로 생각할 수 있다.
⑤ 감각운동기 - 직접 만지거나 조작해 보고, 근접탐색을 함으로써 환경을 이해한다.

해설

형식적 조작기에 나타나는 특징이다.

정답 ③

11 다음 중 인지발달단계와 그 내용이 옳게 연결되지 않은 것은?

① 감각운동기 – 지연모방
② 전조작기 – 자기중심성
③ 전조작기 – 대상영속성
④ 구체적 조작기 – 보존개념
⑤ 형식적 조작기 – 추상적 사고

> **해설**
> **대상영속성**
> 대상영속성이란 눈앞에 보이던 사물이 갑자기 사라져도 그 사물의 존재가 소멸되지 않는다는 것을 인식할 수 있는 능력으로 감각운동기에 획득된다. 생후 18~24개월에 이르면 점차적으로 시행착오적인 행동에서 벗어나 상황에 대해 사고하기 시작하며 대상영속성 개념을 획득하게 된다.
>
> **정답** ③

12 콜버그(Kohlberg)의 도덕성 발달이론의 특징에 대한 내용으로 옳지 않은 것은?

① 도덕은 사회집단이 가지는 행동규범을 말하며, 도덕성은 개인의 주관적·자율적 도덕의식을 의미한다.
② 도덕적 문제상황에 대한 개인의 반응을 분석하여, 그러한 반응을 이끌어낸 개인의 사고방식을 발달적 관점에서 고찰하였다.
③ 도덕성 발달단계들이 환경의 영향을 받으며 개인에 따라 차별적인 양상으로 나타난다고 가정하였다.
④ 피아제의 도덕성 발달에 관한 이론을 청소년기와 성인기까지 확장하였다.
⑤ 인지발달수준 및 도덕적 판단능력에 따라 도덕성 발달수준을 3가지 수준의 총 6단계로 구분하였다.

> **해설**
> 도덕성 발달단계가 보편적이며 불변적인 순서로 진행된다고 가정하였다.
>
> **정답** ③

13 애착은 영아와 주양육자 간 친밀한 정서적 유대감으로 정의내릴 수 있다. 사회성 발달에 있어 애착에 관한 설명으로 옳지 않은 것은?

① 영아기에 형성된 애착유형은 성장 후에도 지속된다.
② 불안정애착은 정서발달에 부정적 영향을 미친다.
③ 애착은 지적 호기심, 학업성취도 등 인지발달에도 영향을 준다.
④ 인지발달이론에 따르면 대상영속성이 없어도 애착형성이 가능하다.
⑤ 양육자의 민감성, 영아의 기질, 환경 등이 애착의 질에 영향을 미친다.

> **해설**
> 인지발달이론에 따르면 영유아가 애착을 느끼기 위해서는 대상을 구분할 수 있는 지각적 변별력이 필요하며, 대상영속성이 획득되어 있어야 애착형성이 가능하다.
>
> **정답** ④

14 다음 중 발달의 기본원리에 속하지 않는 것은?

① 발달은 일정한 순서가 있다.
② 발달은 일정한 방향으로 진행된다.
③ 발달은 계속 이루어지지만 그 속도는 동일하지 않다.
④ 발달은 분화와 통합의 과정을 거친다.
⑤ 발달의 각 영역은 엄격한 독립성을 가진다.

해설
발달의 각 영역은 서로 밀접하게 관련되어 있다.

정답 ⑤

15 애착유형에 대한 설명으로 옳지 않은 것은?

① 안정애착의 아동은 부모가 방을 떠났을 때 다소 스트레스를 보이지만 재회 시 근접, 위안, 접촉을 추구한 후 다시 점차적으로 놀이행동으로 돌아간다.
② 불안정 회피애착의 아동은 부모에게 무관심한 것처럼 보이고 재회 시 적극적으로 회피하고 무시한다.
③ 불안정 저항애착의 아동은 부모가 방을 떠나면 심하게 화내고 불안해한다.
④ 부모가 일관성 없는 양육방식으로 훈육할 때 불안정 회피애착이 나타나게 된다.
⑤ 불안정 혼돈애착의 아동은 자기거부적이고 반사회적인 성격특징이 나타나게 된다.

해설
부모가 일관성 없는 양육방식으로 훈육할 때 불안정 애착이 나타나게 된다.

정답 ④

16 다음 중 ㄱ, ㄴ, ㄷ의 내용에 해당하는 '자기(Self)'와 관련된 개념을 옳게 연결한 것은?

> ㄱ. 스스로의 능력에 대한 신뢰에 기초한 정신건강의 지표로 인생의 전반적 행복감, 대인관계, 생활만족도 등과 밀접하게 관련된 스스로에 대한 총체적 판단 및 평가
> ㄴ. 장기적 목표를 위해 목전의 유혹이나 충동을 억제, 저항하는 능력으로 단기적인 만족을 지연시키는 능력
> ㄷ. 자기동질성(Self-sameness)과 자기연속성(Self-continuity)의 개념을 통해 시간·환경이 변함에도 불구하고 자기 자신은 동일한 존재라는 것을 인식하는 것으로 변화하는 환경 속에서의 새로운 외적 자극, 도덕적 가치, 내면의 충동 등을 수용하며 "나는 누구인가?"에 대한 재조정을 의미

① ㄱ - 자아정체감, ㄴ - 자기통제, ㄷ - 자아존중감
② ㄱ - 자아존중감, ㄴ - 자기통제, ㄷ - 자아정체감
③ ㄱ - 자아존중감, ㄴ - 자아개념, ㄷ - 자아정체감
④ ㄱ - 자기통제, ㄴ - 자아존중감, ㄷ - 자아정체감
⑤ ㄱ - 자아개념, ㄴ - 자기통제, ㄷ - 자아존중감

해설
ㄱ : 자아존중감(Self-esteem)
ㄴ : 자기통제(Self-control) 혹은 자기조절(Self-regulation)이라고도 불림
ㄷ : 자아정체감(Ego Identity)

정답 ②

17 인간의 발달을 설명하는 이론 중 다음 특징을 가진 이론은 무엇인가?

> • 발달에서 단계라는 개념을 인정하지 않는다.
> • 인간의 발달은 연속적인 과정이다.
> • 인간발달에서 생물학적 요인보다는 환경적인 요인을 강조한다.

① 성숙이론 　　　　　　　　　　② 학습이론
③ 정보처리이론 　　　　　　　　 ④ 정신분석이론
⑤ 생태학이론

해설

학습이론에서 인간발달을 설명할 때 이루어지는 가정으로 볼 수 있다.

정답 ②

18 다음 중 언어발달과정에 대한 설명으로 옳지 않은 것은?

① 생후 1개월부터 울음이 분화되기 시작하며 울음의 강도 및 지속도 등으로 의사소통이 이루어진다.
② 생후 9개월경 타인의 소리 모방이 일어나기 시작하며 모방어는 반향어라고도 부른다.
③ 생후 10~18개월경 아이는 단일언어를 사용하여 의사소통을 하며 이 시기를 1어문기(한 구절 말)라고 한다.
④ 생후 24개월 전후에는 아직 문장표현이 가능하지 않기 때문에 아동과 의사소통하려면 억양, 표정, 몸짓 등을 파악하여야 한다.
⑤ 5세경 아이는 누구와도 쉽게 대화할 수 있다.

해설

생후 24개월 전후는 평균 약 두 단어로 이루어진 문장으로 이야기하는 것이 가능한 시기이다.

정답 ④

19 다음은 아동기의 언어발달에서 언어의 구성요소 중 어느 것에 해당되는가?

> 어휘와 관련되며 단어와 단어의 조합으로 개념을 표현하는 방법

① 음운론 　　　　　　　　　　　② 의미론
③ 구문론 　　　　　　　　　　　④ 화용론
⑤ 형태론

해설

① 언어에서 사용되는 소리의 기본단위 혹은 음소와 이것을 연결하는 규칙에 관한 것이다.
③ 단어들이 결합하여 의미를 가진 구나 문장을 만드는 데 적용되는 규칙에 관한 것이다.
④ 효과적인 의사소통을 위해 언어를 사용하는 방법에 대한 것이다.
⑤ 단어의 형태와 구조에 관한 것이다.

정답 ②

20 태내기에 대한 설명 중 옳지 않은 것은?

① 태내기 동안 알코올에 노출되었을 경우 태아 알코올증후군이 발생할 수 있다.

② 태아기는 수정 후 8~12주부터 출생까지의 기간으로, 이때 태아는 신경계가 발달하고 신장과 체중이 급격히 증가한다.

③ 발아기는 정자와 난자가 결합한 수정란이 자궁벽에 착상하는 2주까지의 기간이다.

④ 태내기란 수정란을 이룬 시기부터 출산에 이르는 대략 20주 정도의 기간을 말한다.

⑤ 배아기는 태아의 신체 기관의 기본조직이 형성되는 가장 중요한 시기로 수정 후 2주부터 8~12주까지의 기간이다.

해설

태내기란 수정란을 이룬 시기부터 출산에 이르는 동안을 말하는데, 대략 40주 정도의 기간을 말한다.

정답 ④

21 과자의 양이 적다는 어린아이에게 모양을 다르게 한 과자를 주었더니 이제 양이 많다고 좋아한다. 아이의 사고를 피아제의 인지발달이론에서 고찰하여 본다면 다음 중 어디에 속하는가?

① 보존개념의 문제   ② 자기중심성의 문제
③ 가설-연역적 추론의 문제   ④ 동화와 조절의 문제
⑤ 대상영속성의 문제

해설

① 보존개념은 대상의 모양이 바뀌어도 양이 바뀌지 않는다는 것을 이해하는 능력을 말한다. 과자의 개수나 크기가 바뀌지 않았음에도 이것을 양의 변화로 인지하는 것은 보존개념을 획득하지 못했음을 나타낸다.

② 자기중심성이란 아동이 전조작기(2~7세)에 나타내는 특성으로, 타인의 감정, 지각, 관점 등이 자신과 같을 것이라고 가정하는 성질을 말한다.

③ 피아제는 형식적 조작기(12세~)부터 가설-연역적 추론이 가능해진다고 보았다. 이 시기는 논리적 사고가 발달하며 도식이 정교화되는 때라고 할 수 있다.

④ 동화는 기존의 도식에 따라 대처하는 것이고, 조절은 기존의 도식을 새로운 대상에 맞게 바꾸어가는 것을 의미한다. 피아제는 동화와 조절이 균형을 이루는 평형화 과정을 통해 발달이 일어난다고 보았다.

⑤ 대상영속성이란 눈앞에 보이던 사물이 갑자기 사라져도 그 사물의 존재가 소멸되지 않는다는 것을 인식할 수 있는 능력이다.

정답 ①

22 공격성의 발달에 대한 내용 중 옳지 않은 것은?

① 공격성의 발달에 영향을 주는 요인은 생물학적 요인과 사회적 요인이 있다.

② 공격성은 1세 6개월을 전후하여 나타난다.

③ 2~3세에는 언어적 공격성이 나타나고 3~6세경 물리적 공격성으로 치환된다.

④ 공격성을 조절하기 위한 처벌은 일시적인 효과만 있고 오히려 공격성을 증가시킬 수 있다.

⑤ 사회인지이론은 공격성이 잘못된 사회인지적 판단에서 기인한다고 가정한다.

해설

2~3세에는 물리적 공격성이 나타나고 3~6세경 언어적 공격성으로 치환된다.

정답 ③

23 길리건(Gilligan)의 도덕성 발달이론에 대한 설명으로 옳지 않은 것은?

① 콜버그(Kohlberg)의 이론이 여성에게는 부적합하다고 가정한다.

② 남성과 여성의 도덕적 추론의 기반에서는 차이가 없다.

③ 도덕성 발달단계를 자기 이익 지향 수준, 타인에 대한 책임에서 선의를 선별하는 수준, 자신과 타인과의 역동 수준의 3가지 수준으로 분류한다.

④ 지나치게 인지적 측면에서만 도덕성을 고려한 콜버그 이론의 한계를 보완한다는 평가를 받고 있다.

⑤ 여성의 도덕성 발달의 가장 높은 수준은 비폭력 도덕성 단계로 이 단계에서는 자신의 욕구를 억제하고 타인에 대한 배려, 책임감, 자기희생을 지향한다.

해설

남성은 여성보다 정의적인 도덕수준이 높고, 여성은 남성보다 돌봄을 강조하는 도덕수준이 더 높다고 주장한다.

정답 ②

24 근접발달영역(Zone of Proximal Development)에 대한 설명으로 옳지 않은 것은?

① 비고츠키(Vygotsky)에 의해 제안된 개념이다.

② 근접발달영역 내에서의 효과적인 교수학습을 묘사하기 위해서 비계설정(Scaffolding)이라는 개념이 사용되었다.

③ 근접발달영역은 학습자가 외부적인 도움 없이 성취할 수 있는 현재 학습수준과 다른 사람의 도움을 통해 가까운 미래에 행할 수 있는 학습발달 간 차이라고 할 수 있다.

④ 근접발달영역은 잠재적 발달수준을 의미한다.

⑤ 근접발달영역은 교사나 또래 등의 도움이 성공적으로 이루어질 수 있는 영역이다.

해설

근접발달영역은 실제적 발달수준과 잠재적 발달수준의 차이를 의미한다.

정답 ④

25 브론펜브레너(Bronfenbrenner)의 생태학적 발달이론에 대한 설명으로 옳은 것은?

① 브론펜브레너는 인간의 발달은 인간이 스스로의 환경을 지각하고 다루는 방식에서의 지속적인 변화로 정의하였다.

② 생태학적 맥락이 개인에게 영향을 미치지만 개인은 생태학적 장에 영향을 주지 않는다.

③ 인간발달은 미시체계, 중간체계, 거시체계로 이루어진 세 가지 체계의 영향을 받는다.

④ 시간에 걸쳐 일어나는 변화, 사회적·역사적 환경 등은 거시체계에 해당한다.

⑤ 중간체계란 가정, 학교, 또래집단 등과 같이 인간발달에 직접적인 영향을 주는 환경체계를 의미한다.

해설

② 생태학적 맥락과 개인은 서로 생태학적 장에 영향을 준다.

③ 인간발달은 미시체계, 중간체계, 거시체계, 외체계, 시간체계 등으로 이루어진 5가지 체계의 영향을 받는다.

④ 시간에 걸쳐 일어나는 변화, 사회적·역사적 환경 등은 시간체계에 해당한다.

⑤ 미시체계란 가정, 학교, 또래집단 등과 같이 인간발달에 직접적인 영향을 주는 환경체계를 의미한다.

정답 ①

01 DSM-IV에서 DSM-5로의 개정에서 달라진 점으로 옳지 않은 것은?

① 다축진단체계가 폐지되었다.
② 정신장애범주가 확장되었다.
③ 차원적 평가방식을 도입하여 하이브리드 모형을 제안하였다.
④ 개정판에서 진단체계에 표기되는 장애의 순서를 변경하였다.
⑤ 자폐성장애는 레트장애, 아동기붕괴성장애, 아스퍼거장애 등과 함께 광범위한 발달장애에 속한다.

> **해설**
>
> DSM-IV까지의 분류이며 DSM-5에서는 광범위한 발달장애에 속해 있던 자폐성장애, 아동기붕괴성장애, 아스퍼거장애 등은 자폐스펙트럼
> 장애라는 진단명으로 통합되었다.
>
> **정답** ⑤

02 DSM-5의 분류기준에 의한 불안장애(Anxiety Disorders)의 주요 하위유형에 해당되지 않는 것은?

① 분리불안장애(Separation Anxiety Disorder)
② 선택적 함구증(Selective Mutism)
③ 강박장애(Obsessive-Compulsive Disorder)
④ 특정공포증(Specific Phobia)
⑤ 사회불안장애(Social Anxiety Disorder)

> **해설**
>
> DSM-IV의 분류기준상 불안장애의 하위유형에 포함되었던 강박장애와 외상 후 스트레스장애(Posttraumatic Stress Disorder)는 DSM-5
> 의 분류기준상 불안장애에서 제외되었으며, 분리불안장애와 선택적 함구증이 새롭게 불안장애에 포함되었다.
>
> **정답** ③

03 특정공포증(Specific Phobia)에 대한 내용으로 옳지 않은 것은?

① 단순공포증(Simple Phobia)이라고도 부른다.
② 특정공포증의 유형은 동물형, 혈액-주사-손상형, 관계형, 자연환경형으로 구분된다.
③ 특정공포증의 치료에는 체계적 둔감법과 노출치료가 효과적인 것으로 보고되고 있다.
④ 어떠한 특정한 공포대상이나 상황에 노출되는 경우 심각한 두려움과 비합리적인 회피행동을 동반하는 공포증의 한 유형이다.
⑤ 특정 대상이나 상황에 의한 실제적인 위험과 사회문화적 맥락을 고려할 때 공포나 불안이 과도한 양상을 보인다.

> **해설**
>
> 특정공포증의 유형에는 동물형, 혈액-주사-손상형, 자연환경형, 상황형이 있다.
>
> **정답** ②

04 공황장애(Panic Disorder)의 진단과 주요증상에 대한 내용으로 옳지 않은 것은?

① DSM-5에서는 공황장애의 주요증상으로 공황발작의 11가지 증상들을 제시하고 있으며, 그중 2가지 이상이 나타나야 진단이 가능하다고 규정하고 있다.

② 공황발작의 증상은 급작스럽게 나타나 10분 이내에 최고조에 도달하며, 대개 10~20분 동안 지속된 후 사라진다.

③ 발작이 없는 중간시기에는 그와 같은 증상들이 다시 나타날지 모른다는 예기불안(Anticipatory Anxiety)을 느끼기도 한다.

④ 공황발작은 급작스러운 두려움과 공포감이 불시에 비정기적으로 나타나 강렬한 불안을 동반하는 장애이다.

⑤ 외출을 삼가고 혼자 있기를 두려워하는 등 광장공포증이 함께 나타나기도 하며, 심장병이 아닌가 하는 등 건강 염려증이 동반되기도 한다.

> **해설**
> DSM-5에서는 공황장애의 주요증상으로 공황발작의 13가지 증상들을 제시하고 있으며, 그중 4가지 이상이 나타나야 진단이 가능하다고 규정하고 있다.
>
> **정답** ①

05 강박장애에 대한 내용 중 (A)와 (B)에 들어갈 말이 옳게 연결된 것은?

> • (A)은/는 반복적이고 지속적인 생각, 충동 또는 심상이 침투적이고 원치 않는 방식으로 경험되는 것을 의미한다.
> • (B)은/는 불안 등의 정서적 고통을 감소시키기 위해 신체적 행동 또는 정신적 활동을 반복하는 것을 의미한다.

	A	B
①	강박사고	강박행동
②	강박증상	강박활동
③	강박신념	강박행동
④	강박믿음	강박상황
⑤	강박사고	강박반응

> **해설**
> • 강박사고 : 반복적이고 지속적인 생각, 충동 또는 심상이 침투적이고 원치 않는 방식으로 경험되는 것을 의미한다. 강박사고를 겪는 사람은 이를 무시하거나 억압하기도 하고, 이를 강박행동으로 중화하려고 하기도 한다.
> • 강박행동 : 불안 등의 정서적 고통을 감소시키기 위해 신체적 행동 또는 정신적 활동을 반복하는 것을 의미한다. 강박행동은 강박사고에 대한 반응행동일 수 있으며, 그 예시로는 손 씻기나 정리정돈하기, 기도하기나 속으로 단어 반복하기 등이 있다.
>
> **정답** ①

06 다음 중 DSM-5상 외상 후 스트레스장애(Posttraumatic Stress Disorder)의 진단기준에 해당하는 내용을 모두 고른 것은?

> ㄱ. 다른 사람으로부터 거리감 혹은 소외감을 느낀다.
> ㄴ. 긍정적인 감정(圆 행복감, 만족감 혹은 사랑의 감정)을 지속적으로 느끼지 못한다.
> ㄷ. 자기 자신, 타인 혹은 세상에 대한 과장된 부정적 신념이나 기대를 지속적으로 나타낸다.
> ㄹ. 체중조절을 하지 않음에도 불구하고 체중에 유의미한 감소(圆 1개월 이내에 신체의 5% 이상 체중변화가 나타남)가 나타나거나, 거의 매일 식욕감소 또는 증가를 느낀다.
> ㅁ. 거의 매일 불면에 시달리거나 과도한 수면을 한다.
> ㅂ. 거의 매일 정신운동성의 초조나 지체가 나타난다(이는 객관적으로 관찰 가능하며, 단지 주관적인 좌불안석이나 침체감이 아님).

① ㄱ, ㄴ

② ㄱ, ㄴ, ㄷ

③ ㄱ, ㄴ, ㄷ, ㄹ

④ ㄱ, ㄴ, ㄷ, ㄹ, ㅁ

⑤ ㄱ, ㄴ, ㄷ, ㄹ, ㅁ, ㅂ

해설

ㄹ·ㅁ·ㅂ 주요우울 삽화(Major Depressive Episode)의 진단기준에 해당하는 내용이다.

정답 ②

07 외상 후 스트레스장애의 대표적인 증상 중 다음 경우는 어디에 해당하는가?

> 외상사건과 관련된 기억이나 감정이 반복적으로 의식영역 속에서 재경험됨으로써 강렬한 심리적 고통이나 생리적 반응을 유발한다.

① 침투증상

② 회피반응

③ 인지·감정의 부정적 변화

④ 각성의 변화

⑤ 반응성의 변화

해설

외상 후 스트레스장애의 주요증상
- 침투증상 : 외상사건과 관련된 기억이나 감정이 반복적으로 의식영역에 침투하여 재경험됨으로써 강렬한 심리적 고통이나 생리적 반응을 유발한다.
- 회피반응 : 외상사건을 재경험하는 것이 고통스러우므로 그와 관련된 기억을 떠올리지 않기 위해 외상사건과 밀접하게 연관된 자극을 회피하려고 한다.
- 인지와 감정의 부정적 변화 : 외상사건의 주요내용 일부를 기억하지 못하거나 외상사건의 원인과 결과를 왜곡하여 받아들이는 등 외상사건과 관련된 인지와 감정에 있어서 부정적인 변화가 나타난다.
- 각성과 반응성의 변화 : 평소 주의집중을 잘 하지 못하고 사소한 자극에도 짜증을 내거나 분노를 폭발하는 등 과민한 반응을 보인다.

정답 ①

08 신경증에 관한 내용 중 옳지 않은 것은?

① 흔히 노이로제라는 용어로 부르기도 한다.

② 신경증 환자들은 판단력이 현저하게 떨어져 학업과 일상을 유지할 수 없으며, 대표적인 장애로 조현병을 들 수 있다.

③ 사회적 어려움을 보이기는 하지만 자발적인 방문 치료가 가능한 질환을 가리킨다.

④ 신경증 환자들은 자신에게 어떤 문제가 있다는 것을 자각할 수 있다.

⑤ 생활적응적 측면에서 겪는 주관적 불편함을 의미한다.

> **해설**
> 신경증(Neurosis)이 아닌 정신증(Psychosis)에 관한 내용이다. 정신증은 신경증에 비해 부적응의 정도가 심한 심리적 장애로, 환각이나 망상과 같은 현실왜곡적 증상이 두드러진다. 정신증 환자들은 판단력이 현저하게 떨어져 학업과 일상을 유지할 수 없으며, 자신의 증상을 자각하지 못하기 때문에 주변 사람들에 의해 강제적으로 치료기관을 찾는 경우가 많다.
>
> **정답** ②

09 정신질환에 대한 생물학적 접근에 따라 다음 역할을 하는 신경전달물질은 무엇인가?

> • 쾌락 및 행복감과 관련
> • 혈압조절 및 중뇌의 정교한 운동조절
> • 부족 시 파킨슨병
> • 과다 시 정신분열증

① 세로토닌(Serotonin)

② 노르에피네프린(Norepinephrine)

③ 글루타메이트(Glutamate)

④ 도파민(Dopamine)

⑤ 감마아미노뷰티르산(Gamma-Aminobutyric Acid)

> **해설**
> ① 세로토닌 : 기분조절, 식욕, 수면, 각성 등의 기능에 관여하는 신경전달물질이다. 이것이 부족할 경우 우울증, 불안증 등이 생기는 것으로 보고되고 있다.
> ② 노르에피네프린 : 카테콜아민에 속하는 신경전달물질로 정서적 각성, 공포, 불안 등과 관련되어 있어 우울증과 연관된 것으로 보고되고 있다.
> ③ 글루타메이트 : 기억과 관련된 중요한 흥분성 신경전달물질로 과잉공급되면 뇌를 과자극하여 편두통, 발작이 일어날 수 있다. 루게릭병 환자들은 일반인에 비해 글루타메이트의 농도가 높다는 연구가 있다.
> ⑤ 감마아미노뷰티르산 : 중추신경계 억제성 신경전달물질로 부족할 경우 불안장애, 알코올성 뇌질환의 발병가능성이 증가하는 것으로 알려져 있다.
>
> **정답** ④

10 다음 사례의 경우 어떤 심리장애로 볼 수 있는가?

> 이 아이는 여행을 싫어해서 가족끼리 여행이 있으면 꼭 집에 있으려고 한다. 여행을 아주 좋아하는 아이의 부모는 아직 중학생인 아이를 두고 여행을 다니기도 곤란하고 그렇다고 여행을 가지 않기도 그렇다. 아이의 두 동생은 여행을 아주 좋아하기 때문이다. 부모는 아이가 이야기한 여행을 가지 않으려고 하는 이유가 이해되지 않는데 어릴 때 여행을 갔을 때 뱀을 본 적이 있다라는 것이다. 아무리 뱀이 나오지 않는 곳으로 여행을 가게 된다고 해도 아이는 계속 고집을 부린다.

① 분리불안장애　　　　　　　　　　② 공황장애
③ 사회불안장애　　　　　　　　　　④ 광장공포증
⑤ 특정공포증

해설

특정한 대상이나 상황에 대한 비합리적 두려움과 회피행동을 지속적으로 나타내는 경우로 특정공포증의 사례로 볼 수 있다.

정답　⑤

---

11 제2형 양극성장애(Bipolar Ⅱ Disorder)에 대한 내용으로 옳지 않은 것은?

① 양극성장애의 유형 중 가장 심한 형태로, 기분이 비정상적으로 고양되는 조증상태를 특징으로 한다.
② 이 장애로 진단되기 위해서는 한 번 이상의 경조증 삽화와 한 번 이상의 주요우울 삽화를 경험해야 한다.
③ 이 장애는 남성보다는 여성의 발병률이 높은 것으로 보고되고 있다.
④ 경조증과 우울증의 잦은 교체로 인한 예측불가능성은 사회적·직업적 기능 또는 다른 중요한 기능 영역에서 임상적으로 유의미한 고통이나 손상을 초래한다.
⑤ 조증 삽화는 한 번도 경험한 적이 없어야 한다.

해설

제1형 양극성장애(Bipolar Ⅰ Disorder)에 해당되는 내용이다.

정답　①

---

12 DSM-5상 지속성 우울장애의 주요증상으로 옳지 않은 것은?

① 식욕부진 또는 과식
② 활력 저하 또는 피로감
③ 자존감 저하
④ 6개월 이상 지속된 우울증상
⑤ 집중력 감소 또는 결정의 어려움

해설

지속성 우울장애는 우울증상이 2년 이상 장기간에 걸쳐 지속되는 경우에 해당한다.

정답　④

13 우울장애와 관련된 이론 중 다음에서 설명하는 것은 무엇인가?

> - 사람이 스트레스 장면에 처하는 경우 일차적으로 불안감을 느끼며, 그 장면을 통제할 수 없음을 깨닫는 경우 우울해진 다고 주장한다.
> - 실험대상이었던 개에게서 우울증과 관련된 신경전달물질인 노르에피네프린(Norepinephrine)이 감소되었다는 연구 결과는 이것과 우울증이 밀접하게 연관되어 있음을 반영한다.

① 정신분석이론 ② 학습된 무력감 이론
③ 귀인이론 ④ 카테콜라민가설
⑤ 도파민가설

해설
① 프로이트의 정신분석이론에 따르면 우울장애는 상실된 대상에 대한 분노가 무의식적으로 자기에게 향하게 됨으로써 발생한다.
③ 귀인이론에 따르면 상황의 원인을 내·외부적 요인, 안정적·불안정적 요인, 전반적·특수적 요인 중 어디에 귀인하느냐에 따라 우울 장애의 양상이 달라진다.
④·⑤ 생물학적 이론에 따르면 우울장애는 유전적 영향을 받으며 카테콜아민계 신경전달물질인 노르에피네프린, 에피네프린, 도파민 등의 결핍으로 발생한다.

정답 ②

---

14 DSM-5의 분류기준에 따른 해리성장애의 주요 하위유형 중 해리성 기억상실증(Dissociative Amnesia)의 주요 증상에 해당하지 않는 것은?

① 통상적인 망각과는 달리 중요한 자전적 정보에 대한 회상능력의 상실이 일어난다.
② 이 장애를 가진 환자들은 억압(Repression) 및 부인(Denial)의 방어기제를 통해 불안과 공포의 경험을 무의식 안으로 억압하거나 의식에서 몰아내는 경향을 보인다.
③ 이 장애를 가진 환자들은 다른 장애집단에 비해 피암시성 또는 피최면성 수준이 높은 것으로 나타났다.
④ 남성보다는 여성에게서 많이 나타나며, 노년기보다는 청년기에 흔히 발병하는 것으로 보고되고 있다.
⑤ 해리성 둔주(Dissociative Fugue)가 함께 나타나는 유형과 그렇지 않은 유형으로 구분된다.

해설
해리성 정체성장애(Dissociative Identity Disorder)의 증상에 해당되는 내용이다.

정답 ③

---

15 전환장애(Conversion Disorder)의 유형 중 다음 특징을 가지는 것은?

> 신체균형이나 협응기능의 이상, 신체 일부의 국소적 마비 또는 쇠약, 발성불능에 따른 불성증(Aphonia), 음식을 삼키지 못함 등

① 운동기능의 이상 ② 감각기능의 이상
③ 경련 또는 발작 ④ 통각기능의 이상
⑤ 복합적 증상

해설
전환장애의 유형 4가지
- 운동기능의 이상 : 신체균형이나 협응기능의 이상, 신체 일부의 국소적 마비 또는 쇠약, 발성불능에 따른 불성증, 음식을 삼키지 못함 등
- 감각기능의 이상 : 촉각 또는 통각의 상실, 갑작스런 시력상실 또는 물체가 이중으로 보이는 이중시야, 소리를 듣지 못함 등
- 경련 또는 발작 : 급작스럽게 손발이 뒤틀리는 경련, 특이한 신체감각 등
- 복합적 증상(혼재증상) : 위 세 가지 유형의 이상증상들이 복합적으로 나타나는 경우

정답 ①

16 DSM-5 분류기준에서 조현병 스펙트럼 및 기타 정신증적 장애를 그 증상의 심각도에 따라 낮은 수준에서 높은 수준으로 배열할 경우 심각도가 가장 높은 것은?

① 조현형장애   ② 망상장애
③ 단기 정신병적 장애   ④ 조현양상장애
⑤ 조현정동장애

해설

심각도에 따른 조현병 스펙트럼 및 기타 정신증적 장애
정신분열증 또는 조현병(Schizophrenia)/분열정동장애 또는 조현정동장애(Schizoaffective Disorder) > 정신분열형 장애 또는 조현양상장애(Schizophreniform Disorder) > 단기 정신증적 장애 또는 단기 정신병적 장애(Brief Psychotic Disorder) > 망상장애(Delusional Disorder) > 분열형 (성격)장애 또는 조현형 (성격)장애[Schizotypal (Personality) Disorder]

정답 ⑤

17 정서의 메마름, 의지 결여, 언어 빈곤, 사회적 철회 등은 다음 중 어떤 증상에 해당하는가?

① 사회공포증   ② 음성증상
③ 학습된 무력감   ④ 선택적 함구증
⑤ 자폐증

해설

음성증상
• 정서적 둔마 : 외부 자극에 대한 정서적 반응성이 둔화된 상태이다.
• 무의욕증 : 마치 아무런 욕망이 없는 듯 어떠한 목표지향적 행동도 하지 않고 사회적 활동에도 무관심한 상태이다.
• 무언어증 : 말이 없어지거나 짧고 간단하며 공허한 말만을 하는 등 언어 반응이 빈곤해지는 상태이다.
• 무쾌락증 : 긍정적인 자극으로부터 쾌락을 경험하는 능력이 감소된 상태이다.
• 비사회성 : 사회적 철회, 다른 사람과의 사회적 상호작용에 대한 관심이 없는 상태이다.

정답 ②

18 양극성장애에 대한 설명으로 옳은 것은?

① 조증 삽화가 2주 이상 지속되어야 진단된다.
② 제1형 양극성장애는 양극성 유형 중 가장 심한 형태이다.
③ 남자가 여자보다 발병률이 높은 것으로 보고된다.
④ 병전성격이 히스테리성 성격장애의 특징을 많이 보인다.
⑤ 사회경제적 계층이 낮을수록 더 많이 발견되는 경향이 있다.

해설

① 제1형 양극성장애는 조증 삽화가 뚜렷이(보통 일주일 정도 지속, 입원이 필요할 정도 강도면 기간과 상관없음) 존재하며, 제2형 양극성장애의 경우에는 경조증 삽화가 최소 4일 이상 지속한다. 두 유형 모두 주요우울 삽화가 2주 이상 지속될 경우 진단된다.
③ 양극성장애는 남녀 비슷한 확률로 보고되고 있다.
④ 양극성장애 환자의 병전성격은 유별나지 않다.
⑤ 양극성장애는 사회경제적으로 높은 계층에서 더 많이 보고되고 있다.

정답 ②

19 다음에서 설명하고 있는 것은 무엇인가?

> • 다른 정신질환과 달리 사회적·직업적 기능이 비교적 유지되는 양상을 보인다.
> • 누군가 자신을 미행한다거나, 독을 먹이려고 한다거나, 자신의 배우자가 부정하다는 등 현실에서 발생할 수 있는 상황과 연관된다.

① 망상장애(Delusional Disorder)
② 반사회성 성격장애(Antisocial Personality Disorder)
③ 편집성 성격장애(Paranoid Personality Disorder)
④ 조현병(Schizophrenia)
⑤ 전환장애(Conversion Disorder)

해설

② 반사회성 성격장애 환자들은 공격적이고 충동적인 행동을 통해 타인에게 피해를 입히므로 정상적으로 사회적 관계를 맺거나 직업활동을 하기 어렵다.
③ 편집성 성격장애 환자들은 타인에 대한 깊은 불신감으로 인하여 적대적 태도를 드러내며 사소한 일에도 공격성을 나타내기 때문에 사람들과의 충돌이 잦다.
④ 조현병 환자의 대표적인 증상으로는 망상, 환각, 와해된 사고, 긴장증, 음성증상 등이 있으며 이들은 현실판단력이 현저히 떨어지기 때문에 정상적인 사회생활에 어려움을 겪는다.
⑤ 전환장애란 무의식적·심리적 갈등이 신체증상으로 나타나는 것으로서 망상적 사고와는 관련이 없다.

정답 ①

20 불안이 높고 자기신뢰감이 부족하며, 사람과의 관계에서 두려움을 갖는 행동을 주된 특징으로 하는 장애에 해당되는 것은?

① 편집성 성격장애(Paranoid Personality Disorder)
② 의존성 성격장애(Dependent Personality Disorder)
③ 연극성 성격장애(Histrionic Personality Disorder)
④ 자기애성 성격장애(Narcissistic Personality Disorder)
⑤ 조현형 성격장애(Schizotypal Personality Disorder)

해설

성격장애의 유형

장애		증상
A군 성격장애 (기이한, 왜곡)	편집성	타인에 대한 불신과 의심, 적대적 태도
	분열성	사회적 관계 단절, 제한적인 감정표현
	분열형	친밀한 관계 형성 거부, 인식의 왜곡, 비정상적인 행동
B군 성격장애 (극적, 변덕스러움)	반사회성	타인의 권리 침해, 법과 윤리 미준수
	경계선	정서적·대인관계적 불안정, 과도한 충동성
	연극성	과도한 감정표현, 타인의 관심 갈구
	자기애성	과장, 감탄(찬양)에 대한 갈구, 공감 부족
C군 성격장애 (불안, 두려움)	회피성	사회적 금기, 부적절감, 부정적 평가에 대한 과민반응
	의존성	과도하게 의존하는 경향, 복종적 행동, 이별에 대한 공포
	강박성	규율과 통제에 집착, 완벽성 추구하는 경향

정답 ②

21 섬망에 대한 설명으로 옳지 않은 것은?

① 주의를 집중하거나 유지, 전환하는 능력이 감소한다.

② 과잉행동과 환각, 초조함과 떨림 증세 등을 동반하기도 한다.

③ 기억, 지남력, 지각, 언어능력 중에서 최소 한 가지 문제를 지닌다.

④ 장기간에 걸쳐 발생하고, 증상의 심각도가 거의 바뀌지 않는다.

⑤ 질문에 바로 대답하지 못하고 같은 질문을 반복해야 하는 경우가 있다.

해설

섬망은 단시간에 걸쳐 갑작스럽게 발생하고, 하루 사이에도 증상의 심각도가 달라진다.

정답 ④

---

22 DSM-5상 강박성 성격장애(Obsessive-Compulsive Personality Disorder)의 진단기준에 해당되지 않는 것은?

① 세부사항, 규칙, 목록, 순서, 조직, 시간계획에 집착하여 일을 큰 틀에서 전체적으로 보지 못한다.

② 완벽주의 성향으로 인해 오히려 과제를 완수하기 어렵다.

③ 일과 생산성에 지나치게 몰두하여 여가활동을 즐기거나 가까운 사람들과 즐거운 시간을 가지지 못한다.

④ 강박사고 혹은 강박행동 중 어느 하나가 존재하거나 둘 다 존재한다.

⑤ 경직되고 완고한 모습을 보인다.

해설

강박장애(Obsessive-Compulsive Disorder)의 진단기준에 해당되는 내용이다.

정답 ④

---

23 강박장애와 연관된 방어기제로 가장 거리가 먼 것은?

① 격리(Isolation)　　　　　　　　　② 반동형성(Reaction Formation)

③ 대치(Substitution)　　　　　　　　④ 취소(Undoing)

⑤ 억압(Repression)

해설

⑤ 억압(Repression)은 주로 해리성 기억상실 등의 장애와 관련된다.

① 강박적 사고를 가지고 있는 사람은 강박적 사고와 그에 수반되는 감정을 격리시킴으로써 강박적·집착적 사고에 의한 불안감정에서 벗어나고자 한다.

② 강박적 사고를 가지고 있는 사람은 자신의 난폭하고 공격적인 성향과는 달리 평소 유순하고 친절하게 행동한다.

③ 강박적 사고를 가지고 있는 사람은 자신의 본래적 욕구를 다른 것으로 대치하여 위장함으로써 불안감정을 회피하려는 경향이 있다.

④ 강박적 사고를 가지고 있는 사람은 자신이 벌인 일을 무효화함으로써 죄의식이나 불안감정에서 벗어나고자 한다.

정답 ⑤

24 DSM-5상 신경성 식욕부진증(Anorexia Nervosa)의 주요증상으로 옳지 않은 것은?

① 필요한 양에 비해 영양분 섭취를 제한함으로써 나이, 성별, 발달수준, 신체건강의 맥락에서 현저한 저체중을 초래한다.

② 현저한 저체중 상태임에도 불구하고, 체중이 증가하거나 비만이 되는 것에 대한 극심한 두려움을 느끼며 체중 증가를 막기 위한 지속적인 행동을 보인다.

③ 체중이나 체형의 경험방식에서의 장해, 자기평가에 있어서 체중이나 체형의 지나친 영향, 혹은 현재의 체중미달의 심각성에 대한 지속적인 인식부족을 나타내보인다.

④ 과도한 체중감소에 의해 정상체중의 최저수준보다 15% 이상 체중감소(정상체중의 85% 이하)를 보이며, 신체질량지수(Body Mass Index)가 심각한 저체중 상태로 평가된다.

⑤ 폭식과 부절적한 보상행동이 평균적으로 최소 일주일에 1회 이상 3개월 동안 동시에 일어난다.

해설

신경성 폭식증(Bulimia Nervosa)의 진단기준에 해당되는 내용이다.

정답 ⑤

25 DSM-5의 성별불쾌감에 대한 설명으로 옳지 않은 것은?

① 타고난 성별과 경험하고 표현하는 성별 사이에 뚜렷한 불일치가 존재한다.

② 반대 성의 옷을 입거나, 반대 성처럼 행동하는 양상으로 나타난다.

③ 학령전기에 증상이 시작되고 성인이 될 때까지 만성적으로 이어지는 경우가 많다.

④ 청소년과 성인은 6개월 이상, 아동은 1년 이상 증상이 지속되는 경우 이를 진단한다.

⑤ 자신의 일차 또는 이차 성징을 제거하고자 하는 갈망을 느끼기도 한다.

해설

나이에 관계없이 증상이 6개월 이상 지속되는 경우 성별불쾌감을 진단할 수 있다.

정답 ④

01   학습에 대한 킴블(Kimble)의 정의에 해당하는 내용으로 적절하지 않은 것은?

① 학습 뒤에는 행동의 변화가 뒤따라야 한다.
② 학습의 결과는 비교적 영속적으로 나타나야 한다.
③ 학습의 효과는 즉각적으로 나타나야 한다.
④ 학습은 경험 또는 훈련을 통해 이루어진다.
⑤ 학습은 강화작용을 통해 일어난다.

> **해설**
> 학습으로 인한 행동의 변화가 학습 후에 즉각적으로 나타날 필요는 없다. 학습의 효과가 바로 나타나지 않더라도 과거와 다르게 행동할 수 있는 잠재력을 지니게 되었다고 볼 수 있다.
>
> **정답** ③

02   다음의 강화계획 중 학습된 행동이 쉽게 소거되지 않는 것은?

① 고정간격강화   ② 변동간격강화
③ 고정비율강화   ④ 변동비율강화
⑤ 계속강화

> **해설**
> 변동비율강화는 변동비율계획으로도 불리며 강화물을 받기 위해 요구되는 반응수가 시행에 따라 변화하는 것으로, 강화물은 1회 반응 후에 받을 수도 있고, 10회 반응 후에 받을 수도 있고, 15회 반응 후에 받을 수도 있다. 즉, 강화물을 받기 위해 요구되는 평균 반응수는 항상 일정하나, 정확하게 몇 번째 반응에 대해 강화가 제공되는지는 알 수 없다. 변동비율강화는 반응률이 높게 유지되며, 소거에 대한 저항도 크다.
>
> **정답** ④

03   다음 사례를 정적 강화와 부적 강화별로 옳게 연결한 것은?

ㄱ. 칭 찬	ㄴ. 청소 면제
ㄷ. 음 식	ㄹ. 진 급
ㅁ. 상처 치료	

	정적 강화	부적 강화
①	ㄱ, ㄴ, ㄷ	ㄹ, ㅁ
②	ㄱ, ㄷ	ㄴ, ㄹ, ㅁ
③	ㄱ, ㄷ, ㄹ	ㄴ, ㅁ
④	ㄷ, ㄹ	ㄱ, ㄴ, ㅁ
⑤	ㄷ, ㄹ, ㅁ	ㄱ, ㄴ

> **해설**
> 강화의 유형
> • 정적 강화 : 유쾌자극을 부여하여 바람직한 반응의 확률을 높인다.
> • 부적 강화 : 불쾌자극을 제거하여 바람직한 반응의 확률을 높인다.
>
> **정답** ③

04 고전적 조건형성(Classical Conditioning)에 대한 내용 중 옳지 않은 것은?

① 반응조건형성(Respondent Conditioning), 파블로프조건형성(Pavlovian Conditioning)이라고도 불린다.
② 먹이가 입속에 들어오면 개가 침을 흘리는 것처럼 선천적이고 영구적인 반사를 무조건 반응(Unconditioned Response)이라고 한다.
③ 유기체로 하여금 자연적이며 자동적인 반응을 일으키게 하는 자극으로 훈련이 없어도 반응을 유발하는 자극을 무조건 자극(Unconditioned Stimulus)이라고 한다.
④ 일반적으로 반사반응을 일으키지 않는 자극을 조건 자극(Conditioned Stimulus)이라고 한다.
⑤ 일반적으로 무조건 자극(Unconditioned Stimulus)의 크기와 강도가 강할수록 조건형성이 빠르게 일어난다.

해설

일반적으로 반사반응을 일으키지 않는 자극을 중성 자극(Neutral Stimulus)이라고 한다.

정답 ④

05 고전적 조건형성에서 나타나는 현상 중 다음에서 설명하는 것은 무엇인가?

> 어느 정도 휴식 후에 별다른 훈련 없이 소거된 반응이 다시 나타나는 현상으로, 이 경우 반응 크기는 처음 습득 시의 최고수준에는 못 미치고 지속시간도 일시적이다.

① 소 거
② 일반화
③ 탈억제
④ 자발적 회복
⑤ 변 별

해설

① 소거 : 일정한 반응 뒤에 강화가 주어지지 않는 경우 해당 반응이 사라지는 현상을 말한다.
② 일반화 : 특정 조건 자극에 대한 고전적 조건형성이 일어난 후에 무조건 자극과 짝지어진 적이 없는 자극에 조건 반응이 나타나는 현상을 말한다.
③ 탈억제 : 소거가 진행된 이후 방해자극을 제시하게 되면 반응을 억제하던 연합이 파괴되어 다시 자극에 대한 반응이 나타나는 현상을 말한다.
⑤ 변별 : 훈련 시 사용되었던 특정 자극에만 반응하는 경향성을 의미한다.

정답 ④

06 고전적 조건형성의 기본원리 중 다음에서 설명하는 것은 무엇인가?

> • 반복연습은 학습에 필수적이다.
> • 자극과 반응 간 연합을 반복하는 횟수가 많아질수록 조건형성이 용이하게 이루어진다.

① 계속성의 원리
② 시간의 원리
③ 근접의 원리
④ 강도의 원리
⑤ 일관성의 원리

해설

②·③ 시간의 원리는 근접의 원리라고도 하며 조건 자극은 무조건 자극보다 시간적으로 동시에 또는 약간 앞서서 주어져야 한다.
④ 처음에 제시되는 조건 자극보다 나중에 제시되는 무조건 자극이 더 커야 한다.
⑤ 동일한 조건 자극을 일관성 있게 강화할수록 조건형성이 용이하게 이루어진다.

정답 ①

07 고전적 조건형성과 관련이 없는 내용은 무엇인가?

① 파블로프(Pavlov)의 개　　　　　　　② 고차적 조건형성
③ 미신적 행동　　　　　　　　　　　　④ 일반화
⑤ 실험적 소거

해설

미신적 행동은 조작적 조건형성과 연관된다.

정답 ③

08 조작적 조건형성(Operant Conditioning)에 대한 내용 중 옳지 않은 것은?

① 스키너(Skinner)가 고안한 스키너상자(Skinner Box)에서의 쥐실험을 통해 구체화되었다.
② 인간이 환경적 자극에 수동적으로 반응하여 형성되는 행동인 반응적 행동에 대해 설명한다.
③ 어떤 행동의 결과에 대해 보상이 이루어지는 경우 그 행동이 재현되기 쉬우며, 반대의 경우 행동의 재현이
　　어렵다는 점을 강조한다.
④ 강화이론(Reinforcement Theory)이라고도 불린다.
⑤ 보상에 의한 강화를 통해 반응행동을 변화시키려는 방법으로 볼 수 있다.

해설

파블로프의 고전적 조건형성에 부합하는 내용이며, 스키너의 조작적 조건형성은 행동이 발생한 이후의 결과에 관심을 가진다.

정답 ②

09 다음 사례에 알맞은 조작적 조건형성의 기본원리는 무엇인가?

> 공손하게 인사를 해도 인사를 받아주지 않고 무시해버린다면 인사하는 빈도는 줄어들게 되고, 마침내 인사행동은 사라
> 지게 된다.

① 강화의 원리　　　　　　　　　　　　② 소거의 원리
③ 조형의 원리　　　　　　　　　　　　④ 자발적 회복의 원리
⑤ 변별의 원리

해설

소거는 일정한 반응 뒤에 강화가 주어지지 않는 경우 해당 반응이 사라지는 현상을 말한다.

정답 ②

10 고전적 조건형성과 조작적 조건형성의 특징을 옳게 연결한 것은?

ㄱ. 자극이 반응의 앞에 온다.
ㄴ. 특수반응을 일으키는 특수자극은 없다.
ㄷ. 반응이 추출된다.
ㄹ. 정서적·불수의적 행동이 학습된다.
ㅁ. 자극의 대치는 일어나지 않는다.

	고전적 조건형성	조작적 조건형성
①	ㄱ, ㄴ	ㄷ, ㄹ, ㅁ
②	ㄱ, ㄷ	ㄴ, ㄹ, ㅁ
③	ㄱ, ㄷ, ㄹ	ㄴ, ㅁ
④	ㄴ, ㄷ	ㄱ, ㄹ, ㅁ
⑤	ㄱ, ㄴ, ㅁ	ㄷ, ㄹ

해설

고전적·조작적 조건형성의 비교

구 분	고전적 조건형성	조작적 조건형성
자극-반응계열	자극이 반응의 앞에 온다.	반응이 효과나 보상 앞에 온다.
자극의 역할	반응이 추출된다.	반응이 방출된다.
자극의 자명성	특수자극이 특수반응을 일으킨다.	특수반응을 일으키는 특수자극은 없다.
자극의 대치	한 자극이 다른 자극을 대치한다.	자극의 대치는 일어나지 않는다.
내 용	정서적·불수의적 행동이 학습된다.	목적지향적·의도적 행동이 학습된다.

정답 ③

11 과거에 전혀 학습한 적이 없는 새로운 관계를 급작스럽게 파악하는 것을 의미하는 용어는?

① 관 찰 ② 연 습
③ 통 찰 ④ 소 거
⑤ 학 습

해설

쾰러(Köhler)는 학습이 자극반응의 조건형성이나 시행착오의 반복에 의해서가 아닌 전체적 구조에 대한 사태 파악, 즉 '통찰(Insight)'에 의해 이루어진다고 주장하였다.

정답 ③

12 다음 중 손다이크(Thorndike)의 학습의 법칙으로 옳지 않은 것은?

① 효과(결과)의 법칙 – 학습의 결과가 만족스러우면 행동이 강화되지만, 그렇지 않으면 행동이 감소한다.

② 중다 반응 – 하나의 반응으로 문제가 해결되지 않으면, 해결될 때까지 새로운 반응을 시도한다.

③ 연습의 법칙 – 연습과 훈련을 통해 학습효과가 강화될 수 있다.

④ 준비성의 법칙 – 학습에 대한 준비가 충분히 이루어져야 수행과 학습의 결합이 쉽게 이루어진다.

⑤ 훈련의 법칙 – 여러 반응 중에서 하나가 문제해결로 연결되면, 해당 반응이 시행착오를 거쳐 습득된다.

해설

시행착오의 법칙에 대한 설명이다.

정답 ⑤

---

13 무조건 강화물로도 불리는 일차적 강화물의 특징에 대한 내용 중 옳지 않은 것은?

① 학습경험에 의존하지 않는 강화물이다.

② 그 자체로 생리적 만족감과 쾌감을 주는 자극을 말한다.

③ 일부 일차적 강화물들은 그 효과가 상당히 빨리 상실되는데 이를 '물림 현상'이라고 한다.

④ 보통 다른 강화물들과 짝지어짐으로써 강화력을 획득한다.

⑤ 음식, 물, 성적 자극 등이 해당된다.

해설

이차적 강화물(조건 강화물)의 특징에 해당되는 내용이다.

이차적 강화물
• 선천적인 것이 아니라 학습에 의존하는 강화물이다.
• 보통 다른 강화물과 짝지어짐으로써 강화력을 획득한다.
• 칭찬, 인정, 미소, 박수 등이 해당된다.

정답 ④

---

14 헐(Hull)의 추동감소이론(Drive Reduction Theory)에 대한 내용 중 옳지 않은 것은?

① 강화물이란 하나 이상의 추동을 감소시키는 자극이다.

② 헐(Hull)은 이차적 강화물이 단독으로 강화력을 갖게 된다고 주장하였다.

③ 동물과 사람은 추동(Drive)이라는 동기상태 때문에 행동을 한다.

④ 음식이나 물과 같은 일차적 강화물은 추동을 감소시킨다.

⑤ 먹이가 박탈된 동물은 먹이를 획득하도록 추동된다.

해설

이차적 강화물이 추동을 감소시키는 일차적 강화물과의 연합을 통해 강화력을 갖게 된다고 주장하였다.

정답 ②

15 정적 강화와 부적 강화에 대한 설명으로 옳지 않은 것은?

① 정적 강화와 부적 강화 모두 행동의 빈도를 증가시키는 것이다.

② 정적 강화와 부적 강화는 독립적으로 일어나며 보통 같이 일어나지 않는다.

③ 상황에 따라 정적 강화물이 부적 강화물이 될 수도, 혹은 반대일 수도 있다.

④ 칭찬, 인정 등의 정적 강화물로 긍정적인 행동을 조성할 수 있다.

⑤ 정적 강화는 보상학습으로 바꿔 말할 수 있다.

해설

정적 강화와 부적 강화는 독립적으로만 일어나는 경우도 있으나 현실에서는 같이 일어나는 일이 흔하기 때문에 둘을 구분하기 어려운 경우도 발생한다.

정답 ②

16 다음 예시에서 설명하고 있는 모방학습의 유형은 무엇인가?

> 형이 방 청소를 똑바로 하지 않아서 혼나는 것을 본 동생이 시키지 않았는데도 방 청소를 열심히 한다.

① 대리강화   ② 대리처벌

③ 자기강화   ④ 정적 강화

⑤ 부적 강화

해설

다른 사람이 처벌받는 행동을 본 사람이 모방행동을 보이지 않는 현상이다.

정답 ②

17 나중에 학습한 정보가 먼저 학습한 정보를 방해하여 회상을 어렵게 하는 현상은?

① 순행간섭   ② 역행간섭

③ 부 식   ④ 비효율적 부호화

⑤ 인출실패

해설

① 순행간섭 : 먼저 학습한 정보가 새로운 정보의 저장을 방해하는 현상을 말한다.

③ 부식 : 정보를 정기적으로 회상하지 않으면 해당 정보가 부식되어 사라지는 것을 가리킨다.

④ 비효율적 부호화 : 저장률이 낮은 부호화 방식으로 정보를 저장하는 것을 말한다.

⑤ 인출실패 : 부호화과정과 인출과정의 처리 유형이 일치하지 않는 등으로 인해서 정보의 인출에 실패하는 것을 가리킨다.

정답 ②

18 다음 중 정보처리이론에 대한 내용으로 옳지 않은 것은?

① 컴퓨터의 정보처리과정에 기초하여 인간의 인지과정을 밝힌 이론이다.

② 감각기관으로 들어오는 모든 정보는 감각기억에 매우 짧은 시간 동안 저장된다.

③ 작동기억은 지금 이 순간 활성화된 기억저장소로 기억용량과 저장시간이 제한되어 있다.

④ 저장된 정보는 필요에 따라 인출되어 작동기억을 통해 반응으로 나타난다.

⑤ 단기기억은 개인의 경험을 저장하는 일상기억과 일반적인 지식을 저장하는 의미기억으로 구성된다.

해설

일상기억과 의미기억으로 구성되는 것은 단기기억이 아니라 장기기억이다.

정답 ⑤

19 가르시아(Garcia) 등이 주장한 내용으로 위험한 물질을 먹는 것에 대한 회피는 선천적 학습이 아니라 후천적 학습에 의해 이루어진다는 주장과 관련되는 것은?

① 고차적 조건화(Higher Order Conditioning)

② 행동조형(Shaping Behavior)

③ 향본능표류(Instinctive Drift)

④ 맛혐오학습(Taste-Aversion Learning)

⑤ 위험회피성향(Risk-Aversion Tendency)

해설

① 이미 이루어진 조건형성을 기반으로 새로운 조건형성을 만들어내는 것을 의미한다.

② 목표행동에 근접하는 반응들을 강화함으로써 새로운 행동을 가르치는 것으로 수족관의 돌고래가 재주를 부리는 행동 등이 그 사례이다.

③ 행동이 선천적인 고정행위 패턴으로 돌아가려는 경향성을 의미한다.

⑤ 낯선 것을 두려워하고 매사에 신중하고 소심하게 반응하는 성향 등을 의미한다.

정답 ④

20 학습이론에 대한 행동주의 접근에 대한 설명으로 옳지 않은 것은?

① 관찰가능한 행동을 연구하는 것에 집중해야 한다고 주장하였다.

② 교육과 치료를 통해 효과적으로 행동을 학습시키는 방법을 연구하는 데 기여하였다.

③ 심리학에 생물학이나 화학처럼 자연과학적 방식을 도입하고자 하였다.

④ 관찰불가능한 것과 잘 정의되지 않은 정신적 사건을 연구해서는 안 된다고 하였다.

⑤ 의식의 내용을 원자적 요소로 분석하여 종합하여야 한다고 보았다.

해설

분트(Wundt)가 주창한 구조주의적 접근에 해당하는 내용이다.

정답 ⑤

21 조작적 조건형성의 실제적 활용에 대한 내용으로 옳지 않은 것은?

① 부모로부터 언어에 관한 교습을 많이 받은 유아들은 나중에 잘 발달된 언어기술을 갖고 있었다.

② 강화는 자기통제교육의 핵심이다.

③ 고도의 노력과 끈기에 대한 강화를 주면 어려운 과제를 오랫동안 열심히 하는 경향이 증가한다.

④ 광고주들은 긍정적인 정서를 확실하게 일으키는 자극들을 제품과 짝지으려고 시도한다. 광고는 제품에 대한 조건 정서반응을 생성하는 작업으로 볼 수 있다.

⑤ 근로자에게 단순히 피드백을 주는 것만으로도 작업수행을 높일 수 있다.

> **해설**
>
> 고전적 조건형성의 원리를 응용한 사례로 볼 수 있다.
>
> **정답** ④

22 처벌과 부적 강화에 대한 내용 중 연결이 옳지 않은 것은?

① 정적 처벌 – 불법 주차 차량에 벌금을 매기는 것

② 부적 강화 – 약속에 늦는 친구에게 잔소리하는 것

③ 부적 처벌 – 컴퓨터 게임을 너무 많이 하는 자녀의 용돈을 깎는 것

④ 부적 강화 – 수업 태도가 좋은 학생에게 청소 당번을 면제해주는 것

⑤ 정적 처벌 – 미납된 세금에 대해 연체료를 부과하는 것

> **해설**
>
> 처벌은 바람직하지 않은 행동을 억제하고 부적 강화는 바람직한 행동을 증가시킨다. 약속에 늦는 친구에게 잔소리하는 것은 불쾌자극을 제공하여 행동을 억제하는 것이므로, 정적 처벌에 해당한다.
>
> **정답** ②

23 정서와 기억에 대한 내용으로 옳지 않은 것은?

① 강력한 정서는 초기단계부터 기억이 부호화될 것인지 아닌지를 결정한다.

② 사진을 보면서 정서적으로 각성되는 이야기를 들은 참가자들은 같은 사진을 보며 중성적인 이야기를 들은 참가자들에 비해서 후에 이야기의 중간부분에 대한 세부적인 내용을 더 잘 기억하였다.

③ 정서는 기억이 저장될 때에만 영향을 준다.

④ 행복한 기분을 느끼는 사람은 부정적이거나 중립적인 사건보다 행복한 사건을 더 많이 회상하는 경향을 보인다.

⑤ 슬픈 기분을 느끼는 사람은 좋은 기억은 적게 회상하고 부정적인 기억은 많이 회상하는 경향을 보인다.

> **해설**
>
> 정서는 기억이 저장될 때뿐만 아니라 그것이 회상될 때에도 영향을 준다.
>
> **정답** ③

24 각성이론(Arousal Theory)에 대한 설명 중 옳은 것은?

① 각성의 수준과 과제난이도는 무관하다.
② 새로운 과제 혹은 난이도가 높은 과제는 낮은 각성수준에서 가장 잘 수행된다.
③ 친숙한 과제 혹은 난이도가 낮은 과제는 높은 각성수준에서 가장 잘 수행된다.
④ 지나치게 높지도 낮지도 않은 수준의 각성은 강화력을 가진다.
⑤ 과제유형과는 무관한 최적의 각성수준이 존재한다.

> **해설**
> ① 각성의 수준과 과제난이도의 관계가 과제수행에 영향을 준다.
> ② 새로운 과제 혹은 난이도가 높은 과제는 높은 각성수준에서 가장 잘 수행된다.
> ③ 친숙한 과제 혹은 난이도가 낮은 과제는 낮은 각성수준에서 가장 잘 수행된다.
> ⑤ 과제유형에 따른 최적의 각성수준이 존재한다.

> **정답** ④

25 반두라(Bandura)의 사회학습이론(Social Learning Theory)에서 제시한 개념인 모델링(Modeling)의 주요기능에 해당하는 내용으로 옳지 않은 것은?

① 관찰자는 모델을 관찰함으로써 새로운 행동을 학습한다.
② 모델의 어떤 행동은 그것을 본 관찰자로 하여금 그와 유사한 행동을 따라하도록 촉진한다.
③ 모델의 행동과 그 후속결과가 긍정적으로 나타나는 것을 봄으로써 관찰자도 그와 같은 행동을 할 동기를 가지게 된다.
④ 불안을 불러일으키는 행동을 모델이 안전하게 수행하는 것을 봄으로써 관찰자의 불안도 감소하게 된다.
⑤ 모델의 행동이 좋지 않은 결과를 가져오는 것을 볼지라도 관찰자는 이를 절대적으로 받아들여 모방학습하게 된다.

> **해설**
> 다른 사람이 어떤 행동으로 인해 처벌받는 것을 봄으로써 관찰자는 그 행동을 모방할 가능성이 줄어들게 되는데, 이를 대리처벌 현상이라고 한다.

> **정답** ⑤

01 심리검사의 장점으로 볼 수 있는 것을 모두 고른 것은?

> ㄱ. 개인에 관한 자료수집 과정에서 주관적 판단을 방지해준다.
> ㄴ. 질적 측정을 통해 개인 간 행동을 비교할 수 있도록 해준다.
> ㄷ. 수검자의 검사반응을 비교함으로써 개인 내 비교를 가능하도록 해준다.
> ㄹ. 일회적이거나 횡단적인 시행을 통해 개인의 행동을 부분적으로 혹은 전체적으로 평가할 수 있도록 해준다.
> ㅁ. 장기적인 면담이나 행동관찰을 통해 발견할 수 있는 내용을 일회의 심리검사 시행으로 평가할 수 있도록 해준다.

① ㄱ, ㄴ, ㄷ   ② ㄱ, ㄷ, ㄹ, ㅁ
③ ㄴ, ㄷ, ㄹ, ㅁ   ④ ㄱ, ㄴ, ㄷ, ㄹ
⑤ ㄱ, ㄴ, ㄷ, ㄹ, ㅁ

해설
ㄴ. 심리검사는 양적 측정을 통해 개인 간 행동을 비교할 수 있도록 해준다.

정답 ②

02 다음 중 심리검사 관련 윤리와 거리가 먼 것은?

① 해석은 쉽게 이해할 수 있고 검사목적에 맞는 용어로 제시하는 것이 좋다.
② 자격을 갖춘 사람이 심리검사를 구매할 수 있다.
③ 자격을 갖춘 사람이 심리검사를 사용해야 한다.
④ 검사결과는 어떠한 경우라도 수검자 본인에게만 전달되어야 한다.
⑤ 비밀 보장의 원칙에 위배되더라도 가족이 원하면 결과를 전달할 수 있다.

해설
검사결과의 기밀성과 검사 안정성이 유지되도록 해야 하나, 법정 증언을 포함하여, 추천서, 보고서, 진단적, 평가적 진술서에서 수집된 자료의 제한성이 있는 경우에 대해서 정보가 제공되어야 한다.

정답 ④

03 심리검사 중 다음 특징을 모두 가진 것은 무엇인가?

> • 국가나 인종, 제도, 관습 등 특정한 사회적 주제에 대해 수검자의 응답으로 나타나는 개인적 선입견, 아이디어 등의 총체적인 선호를 측정한다.
> • 특정한 종류의 자극에 대한 개인의 정서적 반응이나 가치판단 등이 측정대상이 될 수 있다.
> • 이 검사의 문항은 질문내용에 대한 핵심대상, 방향성, 강도 등으로 다양하게 표현될 수 있다.
> • 문항이 동일한 주제인 경우에도 사용된 용어나 문장의 표현에 따라 응답자의 응답에 변화가 나타날 수 있다.

① 적성검사   ② 지능검사
③ 성격검사   ④ 태도검사
⑤ 성취도검사

해설
보기의 특징을 모두 가진 것은 태도검사가 적합하다.

정답 ④

04 검사도구가 갖춰야 할 요건과 그에 대한 설명이 옳게 연결된 것은?

> ㄱ. 타당도(Validity)   ㄴ. 신뢰도(Reliability)
> ㄷ. 객관도(Objectivity)   ㄹ. 실용도(Usability)

> A. 동일한 대상에게 같거나 유사한 측정도구를 사용하여 반복측정할 경우 동일하거나 비슷한 결과를 얻을 수 있는가를 말한다.
> B. 검사도구가 얼마나 적은 시간과 비용, 노력을 투입하여 얼마나 많은 목표를 달성할 수 있는가를 말한다.
> C. 측정하고자 하는 개념이나 속성을 얼마나 실제에 가깝게 정확히 측정하고 있는가를 말한다.
> D. 검사자의 채점이 어느 정도 신뢰할 만하고 일관성이 있는가를 말한다.

① ㄱ - A, ㄴ - B, ㄷ - C, ㄹ - D
② ㄱ - B, ㄴ - A, ㄷ - D, ㄹ - C
③ ㄱ - C, ㄴ - A, ㄷ - B, ㄹ - D
④ ㄱ - B, ㄴ - D, ㄷ - A, ㄹ - C
⑤ ㄱ - C, ㄴ - A, ㄷ - D, ㄹ - B

해설
• 타당도 : 측정하고자 하는 개념이나 속성을 얼마나 실제에 가깝게 정확히 측정하고 있는가를 말한다.
• 신뢰도 : 동일한 대상에게 같거나 유사한 측정도구를 사용하여 반복측정할 경우 동일하거나 비슷한 결과를 얻을 수 있는가를 말한다.
• 객관도 : 검사자의 채점이 어느 정도 신뢰할 만하고 일관성이 있는가를 말한다.
• 실용도 : 검사도구가 얼마나 적은 시간과 비용, 노력을 투입하여 얼마나 많은 목표를 달성할 수 있는가를 말한다.

정답 ⑤

05 검사의 제반과정에 대하여 일관성을 확보할 수 있게 만든 검사를 표준화검사라고 한다. 표준화검사에 대한 내용 중 다음 (A)와 (B)에 들어갈 말로 가장 옳은 것은?

> 표준화검사(Standardized Test)는 검사의 (A)에서부터 채점 및 해석에 이르기까지의 과정을 (B)하여 검사의 제반 과정에서 검사자의 주관적인 의도나 해석이 개입될 수 없도록 한 것이다.

	A	B
①	선 택	표준화
②	측 정	규준화
③	실 시	단일화
④	제 작	조건화
⑤	평 가	객관화

해설
표준화검사는 검사의 실시에서부터 채점 및 해석에 이르기까지의 과정을 단일화하여 검사의 제반과정에서 검사자의 주관적인 의도나 해석이 개입될 수 없도록 한 것이다.

정답 ③

06 표준화검사의 제작과정에 있어 일반적인 순서가 옳게 나열된 것은?

① 사전검사 설계 → 검사목적 정의 → 문항 준비 → 문항 분석 → 표준화 및 규준 작성 → 최종검사 준비 및 출판

② 검사목적 정의 → 문항 준비 → 사전검사 설계 → 문항 분석 → 표준화 및 규준 작성 → 최종검사 준비 및 출판

③ 문항 분석 → 표준화 및 규준 작성 → 검사목적 정의 → 사전검사 설계 → 문항 준비 → 최종검사 준비 및 출판

④ 검사목적 정의 → 사전검사 설계 → 문항 준비 → 문항 분석 → 표준화 및 규준 작성 → 최종검사 준비 및 출판

⑤ 사전검사 설계 → 문항 준비 → 문항 분석 → 검사목적 정의 → 표준화 및 규준 작성 → 최종검사 준비 및 출판

> **해설**
> 표준화검사의 제작과정
> 검사목적 정의 → 사전검사 설계 → 문항 준비 → 문항 분석 → 표준화 및 규준 작성 → 최종검사 준비 및 출판
>
> > **참고**
> > 표준화검사의 제작 또는 개발과정은 학자 혹은 교재마다 약간의 차이를 보이고 있으나 내용상 큰 차이는 없습니다. 중요한 것은 검사의 목적 또는 계획을 수립한 후 사전검사 또는 예비검사를 실시하며, 문항에 대한 분석을 거쳐 표준화 및 규준 작성에 이른다는 점입니다.
> > 다음의 심리검사 제작과정도 널리 알려져 있으므로 함께 기억해두시기 바랍니다.
> > • 검사목적의 명세화(제1단계) → 검사목적에 관한 조작적 정의(제2단계) → 문항 작성 및 수정(제3단계) → 예비검사 실시와 문항 분석(제4단계) → 최종검사 제작(제5단계) → 신뢰도, 타당도, 규준 작성(제6단계)
> > • 검사제작 계획의 수립(제1단계) → 문항 작성(제2단계) → 예비검사 실시 및 문항양호도 검증(제3단계) → 표준화검사의 제작 및 편집(제4단계) → 표준화 및 규준 작성(제5단계) → 검사요강 작성(제6단계)
>
> **정답** ④

---

07 다음 사례에서는 검사의 문항이 어떤 점에서 취약성을 보이는 것으로 볼 수 있는가?

> • 이 문항에서는 전체적으로 고득점을 받은 수검자나 전체적으로 낮은 득점을 받은 수검자가 동일한 점수를 받았다.
> • 이 문항에서는 전체적으로 고득점을 받은 수검자는 오답을, 전체적으로 낮은 득점을 받은 수검자는 정답을 기록하였다.

① 난이도　　　　　　　　　　　② 변별도
③ 추측도　　　　　　　　　　　④ 타당도
⑤ 신뢰도

> **해설**
> 문항의 변별도(Item Discrimination)
> • 어떤 평가의 각각의 문항이 해당 검사에서 높은 점수를 얻은 사람과 낮은 점수를 얻은 사람을 식별해 줄 수 있는 변별력을 의미한다.
> • 특정 문항에 대해 총점이 높은 응답자들이 대부분 맞게 답하는 반면, 총점이 낮은 응답자들이 대부분 틀리게 답을 했다면, 해당 문항은 변별력이 높다고 볼 수 있다.
>
> **정답** ②

08 다음 중 그 성격이 다른 하나는?

① 온 도   ② 시험점수
③ IQ   ④ 물가지수
⑤ 연 령

> **해설**
>
> ①·②·③·④ 등간척도
> **등간척도와 비율척도**
> • 등간척도(Interval Scale)
> – 점수단위들이 척도상 모든 위치에서 동일한 값을 가지는 것
> – IQ, EQ, 온도, 학력, 학점, 시험점수, 물가지수, 사회지표 등
> • 비율척도(Ratio Scale)
> – 가장 높은 수준의 측정척도로 절대영점이 존재하면서 등간척도가 가진 모든 성격을 가지는 것
> – 연령, 무게, 신장, 수입, 매출액, 출생률, 사망률, 이혼율, 경제성장률, 졸업생 수, 서비스 대기인수, 서비스 수혜기간 등
>
> **정답** ⑤

09 신뢰도란 측정도구가 측정하고자 하는 현상을 일관성 있게 측정하는 능력을 말하며, 어떤 측정도구를 사용해서 동일한 대상을 측정하였을 때 항상 같은 결과가 나온다면 이 측정도구는 신뢰도가 높다고 할 수 있다. 다음 중 신뢰도에 영향을 미치는 요인으로 볼 수 없는 것은?

① 개인차   ② 문항오답수
③ 검사유형   ④ 신뢰도 추정방법
⑤ 문항반응수

> **해설**
>
> **신뢰도에 영향을 미치는 요인**
> • 개인차
> • 문항수
> • 문항반응수
> • 검사유형
> • 신뢰도 추정방법(검증법)
>
> **정답** ②

10 다음에서 설명하고 있는 개념은 무엇인가?

> • 단일의 신뢰도계수를 계산할 수 없는 반분법의 문제점을 고려하여 가능한 모든 반분 신뢰도를 구한 다음 그 평균값을 신뢰도로 추정하는 방법이다.
> • 동일한 개념을 측정하는 항목인 경우 그 측정결과에 일관성이 있어야 한다는 논리에 따라 일관성이 없는 항목, 즉 신뢰성을 저해하는 항목을 찾아서 배제시킨다.
> • 쿠더와 리처드슨(Kuder & Richardson)에 의해 처음 개발되었으며, 이후 크론바흐(Cronbach)가 이에 대한 수학적 설명을 시도하였다.

① 관찰자 신뢰도(Observer Reliability)
② 문항 내적 합치도(Item Internal Consistency)
③ 검사-재검사 신뢰도(Test-Retest Reliability)
④ 동형검사 신뢰도(Equivalent-Form Reliability)
⑤ 반분 신뢰도(Split-Half Reliability)

해설

① 관찰의 안정성을 기초로 신뢰도를 측정하는 방법으로 주로 탐색적인 목적을 위하여 사용된다.
③ 동일한 대상에게 동일한 측정도구를 이용해 서로 상이한 시간에 두 번 측정한 다음 그 결과를 비교하는 방법이다.
④ 새로 개발한 검사와 여러 면에서 거의 동일한 검사를 하나 더 개발해서 두 검사의 점수 간 상관계수를 구하는 방법이다.
⑤ 검사를 한 번 실시한 후 이를 적절한 방법에 의해 두 부분의 점수로 분할하여 그 각각을 독립된 두 개의 척도로 사용함으로써 신뢰도를 추정하는 방법이다.

정답 ②

11 연구의 내적 타당도를 저해하는 요인과 외적 타당도를 저해하는 요인별로 알맞게 연결된 것은?

> ㄱ. 시간의 경과   ㄴ. 표본의 대표성
> ㄷ. 반응효과   ㄹ. 통계적 회귀요인
> ㅁ. 선별요인

	내적 타당도	외적 타당도
①	ㄱ, ㄴ, ㅁ	ㄷ, ㄹ
②	ㄱ, ㄹ	ㄴ, ㄷ, ㅁ
③	ㄷ, ㄹ, ㅁ	ㄱ, ㄴ
④	ㄱ, ㄹ, ㅁ	ㄴ, ㄷ
⑤	ㄱ, ㄴ, ㄹ, ㅁ	ㄷ

해설

내적 타당도를 저해하는 요인
• 성숙요인(시간의 경과)
• 선별요인(선택요인)
• 통계적 회귀
• 도구요인
• 인과적 시간-순서(인과관계 방향의 모호성)
• 역사요인(우연한 사건)
• 상실요인(실험대상의 탈락)
• 검사요인(테스트 효과)
• 모방(개입의 확산)

외적 타당도를 저해하는 요인
• 연구표본의 대표성
• 조사반응성(반응효과)

정답 ④

12 신뢰도와 타당도에 관한 내용 중 옳지 않은 것은?

① 신뢰도와 타당도는 반비례적 관계이다.
② 타당도는 반드시 신뢰도를 보장한다.
③ 타당도와 신뢰도는 비대칭적 관계이다.
④ 신뢰도 없이 타당도만 있는 것은 불가능하다.
⑤ 타당도가 없으면 신뢰도는 있을 수도 있고 없을 수도 있다.

> **해설**
> 신뢰도와 타당도는 비례적 관계 또는 반비례적 관계가 아니라, 비대칭적 관계이다. 타당도는 신뢰도의 충분조건이고, 신뢰도는 타당도의 필요조건이다.
>
> **정답** ①

13 다음 중 지능에 관한 일반적인 정의와 가장 거리가 먼 것은?

① 지능이란 학습능력이다.
② 지능이란 적응능력이다.
③ 지능이란 다량기억능력이다.
④ 지능은 종합적이고 전체적인 능력이다.
⑤ 지능이란 환경에 대한 적응능력이다.

> **해설**
> 지능에 대한 일반적인 정의는 다양하나, 전반적으로 문제해결 및 인지적 반응을 나타내는 개인의 총체적 능력을 의미한다고 볼 수 있다. 비네는 지능을 학습능력이라고 하였고, 핀트너와 피아제는 지능은 환경이나 새로운 상황 및 문제에 적응하는 능력이라 하였으며, 웩슬러는 개인이 합목적적으로 행동하고 합리적으로 사고하며 환경에 효과적으로 적응할 수 있는 종합적이고 전체적인 능력으로 정의하였다.
>
> **정답** ③

14 카텔과 혼(Cattell & Horn)은 위계적 요인설에서 인간의 지능을 유동성 지능(Fluid Intelligence)과 결정성 지능(Crystallized Intelligence)으로 구분하였다. 다음 중 그 성격이 다른 하나는?

① 유전적·신경생리적 영향에 의해 발달이 이루어지는 반면 경험이나 학습의 영향을 거의 받지 않는다.
② 신체적 요인에 따라 청소년기에 이르기까지 발달이 이루어지다가 이후 퇴보 현상이 나타난다.
③ 나이가 들수록 더욱 발달하는 경향이 있다.
④ 웩슬러(Wechsler) 지능검사의 소검사 중 빠진곳찾기, 차례맞추기, 토막짜기, 모양맞추기, 공통성문제, 숫자외우기 등이 측정한다.
⑤ 속도, 기계적 암기, 지각능력, 일반적 추론능력 등이 해당한다.

> **해설**
> ③ 결정성 지능
> ①·②·④·⑤ 유동성 지능
> **결정성 지능의 특징**
> • 경험적·환경적·문화적 영향의 누적에 의해 발달이 이루어지며, 교육 및 가정환경 등에 의해 영향을 받는다.
> • 나이가 들수록 더욱 발달하는 경향이 있다.
> • 언어이해능력, 문제해결능력, 상식, 논리적 추리력 등이 해당한다.
> • 웩슬러 지능검사의 소검사 중 상식문제, 어휘문제, 공통성문제, 이해문제 등이 결정성 지능을 반영한다.
>
> **정답** ③

15 웩슬러 지능검사의 특징에 해당되지 않는 것은?

① 비율지능지수를 사용
② 언어성 검사와 동작성 검사로 구성
③ 병전지능 수준을 추정
④ 개인검사
⑤ 문맹자도 검사 가능

16 웩슬러 지능검사에서 언어이해능력을 평가하는 소검사 중 정규교육이나 특정 학습, 교육적 배경 등의 영향을 가장 적게 받는 소검사는 무엇인가?

① 상식문제   ② 공통성문제
③ 어휘문제   ④ 이해문제
⑤ 숫자외우기

17 K-WISC-Ⅳ와 비교해서 K-WISC-Ⅴ에 관한 설명으로 옳지 않은 것은?

① 언어이해 핵심소검사가 2개로 축소되었다.
② 처리속도 핵심소검사는 그대로 유지되었다.
③ 시각공간 핵심소검사가 토막짜기와 공통그림찾기로 구성되었다.
④ 작업기억 핵심소검사가 숫자와 그림폭으로 구성되었다.
⑤ 지각추론 지수가 시각공간 지수와 유동추론 지수로 분리되었다.

18 우울증을 앓고 있는 경우 웩슬러 지능검사에서 나타날 수 있는 특징을 모두 고른 것은?

> ㄱ. 전반적으로 반응속도가 느리다.
> ㄴ. 사고의 와해를 보인다.
> ㄷ. 쉽게 포기하는 경향을 보이는 등 지구력이 부족하다.

① ㄱ, ㄴ
② ㄷ
③ ㄱ, ㄴ, ㄷ
④ ㄱ, ㄷ
⑤ ㄴ, ㄷ

해설

ㄴ. 우울증 환자에게서 사고의 와해는 보이지 않는다. 사고의 와해는 조현병의 특징이다.

정답 ④

19 성격의 정의에 대한 설명으로 옳지 않은 것은?

① 성격은 환경에 대한 개인의 독특한 적응을 결정하는 개인 내의 신체적·정신적 체계들의 역동적 조직이다.
② 성격은 한 개인이 환경과 상호작용하면서 나타나는 독특하고 일관되며, 인지적이고 정동적인 안정된 행동양식이다.
③ 성격은 다른 사람이나 환경과 상호작용하는 관계에서 행동양식을 통해 드러난다.
④ 성격은 개인이 가지고 있는 긍정적 혹은 부정적 특성 모두를 포함하여 특정 개인을 다른 사람과 구별해주는 것이다.
⑤ 성격에는 성장과 함께 학습하면서 생기게 된 것의 영향력이 절대적이다.

해설

성격에는 태어날 때부터 유전적으로 가지고 있는 것뿐만 아니라 성장과 함께 학습하면서 생기게 된 것의 영향력이 모두 중요하다.

정답 ⑤

20 MMPI-2를 실시하기 전 수검자에게서 고려해야 할 사항에 해당되지 않는 것은?

① 독해력
② 연 령
③ 지 능
④ 임상적 상태
⑤ 학 력

해설

MMPI-2 실시 전 수검자에 대한 고려사항
- 수검자의 독해력 : 독해력은 초등학교 6학년 이상의 수준이어야 한다.
- 수검자의 연령 : 수검자의 연령하한선은 본래 16세이나, 일정 수준의 독해력이 인정되는 경우 12세까지 가능하다.
- 수검자의 지능수준 : 수검자의 언어성 지능이 80 이하인 경우 검사 실시가 부적합한 것으로 간주되고 있다.
- 수검자의 임상적 상태 : 원칙적으로 검사시간에 제한이 없으므로 수검자가 심리적인 혼란상태에 있는 경우를 제외하고 수검자의 정신적 손상을 검사 제한 사유로 고려하지 않으나 우울증, 강박성향 등은 필요에 따라 고려하기도 한다.

정답 ⑤

21 MMPI-2에서 '?' 척도가 상승하게 되는 이유로 옳지 않은 것은?

① 수검자가 강박성으로 인해 문항내용에 대한 정확한 응답에 과도하게 집착하는 경우

② 수검자가 정신적 부주의나 혼란으로 인해 문항을 빠뜨리는 경우

③ 수검자가 방어적인 태도로 자신을 드러내는 것에 대해 거부감을 느끼거나 검사 및 검사자에 대해 불신하는 경우

④ 수검자가 검사자에게 비협조적이고 반항적인 태도를 보이는 경우

⑤ 수검자가 남들에게 좋게 보이려고 다소 고의적이며 부정직한 시도를 하는 경우

> **해설**
> L척도가 상승하게 되는 이유 중 하나로 볼 수 있다.

정답 ⑤

22 주제통각검사에 대한 설명 중 옳은 것은?

① 모든 수검자에게 31장의 카드를 반드시 실시한다.

② 각 그림을 보면서 될 수 있는 한 연극적인 장면을 만들어보도록 지시한다.

③ 수검자의 반응이 매우 피상적이고 기술적인 경우라도 검사자는 개입하지 않는다.

④ 카드는 성인 남자와 여자, 청소년 남자와 여자로 구분된다.

⑤ 수검자가 사람의 성별을 묻는 경우, 검사 요강을 참고하여 성별을 알려준다.

> **해설**
> ① 성별과 연령을 고려하여 20개의 카드를 선정하고, 2회에 걸쳐 검사를 실시한다.
> ③ 수검자의 반응이 피상적이고 기술적인 경우 흐름을 해치지 않는 범위 내에서 검사자가 개입할 수 있다.
> ④ 카드는 14세 이상의 성인 남성(M), 성인 여성(F), 어린 소년(B), 어린 소녀(G)로 구분되어 있다.
> ⑤ 수검자가 카드에 관해 질문하더라도, 중간에 개입하지 않고 이후 추가적 질문을 통해 보충해야 한다.

정답 ②

23 마이어스-브릭스 성격유형검사(MBTI ; Myers-Briggs Type Indicator) 중 다음에서 설명하는 선호지표는 무엇인가?

• 가능성 중시	• 이해로 수용
• 과정을 즐김	• 융통성과 적응성
• 유연성과 호기심	• 목적과 방향의 변화에 대한 개방성
• 상황 및 재량에 따른 포용성	

① 직관형   ② 감정형

③ 감각형   ④ 인식형

⑤ 사고형

> **해설**
> 인식형(Perceiving)은 결정을 가능한 한 미루면서 새로운 가능성의 소지를 남겨두는 것을 선호한다.

정답 ④

24 다음 중 로샤검사(Rorschach Test) 검사자의 질문으로 적절한 것은?

① "그 사람이 뭔가를 하고 있나요?"

② "어느 쪽이 위인가요?"

③ "그 동물은 왜 싸웠을까요?"

④ "모양 외에 그것처럼 보신 이유가 더 있습니까?"

⑤ "곤충이라면… 나비를 말씀하시는 것인가요?"

해설

로샤검사의 질문단계에서 검사자는 수검자에게 직접적인 질문, 유도질문, 반응을 상세히 묘사하도록 하는 질문 등을 삼가야 한다.

정답 ④

25 문장완성검사(SCT ; Sentence Completion Test)의 특징으로 옳지 않은 것은?

① 투사검사의 일종이다.

② 수검자의 내적 갈등이나 욕구, 환상, 주관적 감정, 가치관, 자아구조, 정서적 성숙도 등을 효과적으로 파악할 수 있다.

③ 집단검사로 사용하기에는 적합하지 않으며 개인용 검사에 적합하다.

④ 검사문장을 통해 나타나는 상황적 맥락이나 감정적 색채 등이 수검자의 태도나 관심영역을 잘 반영하고 있다는 주장이 받아들여지고 있다.

⑤ 검사문항의 작성이 매우 용이하며, 특히 다양한 상황에 부합하도록 검사문항을 수정할 수 있다.

해설

집단검사가 가능하므로 시간 및 노력이 상대적으로 적게 소요된다.

정답 ③

아이들이 답이 있는 질문을 하기 시작하면
그들이 성장하고 있음을 알 수 있다.

- 존 J. 플롬프 -

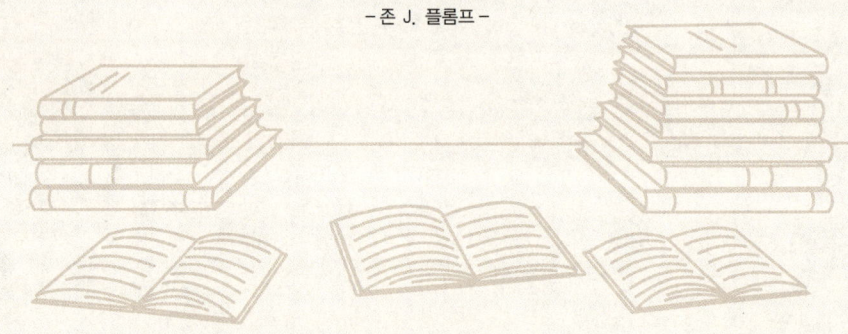

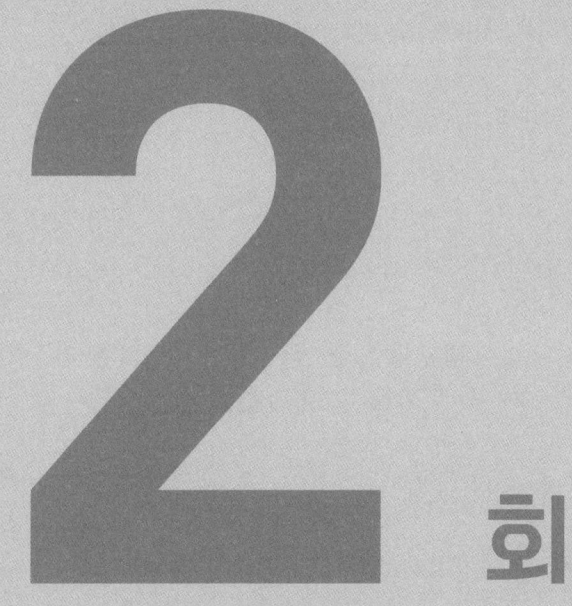

2 회

최종모의고사(125제)

많이 보고 많이 겪고 많이 공부하는 것은 배움의 세 기둥이다.

– 벤자민 디즈라엘리 –

---

01 | 상담심리학

01 상담과정에서 나타날 수 있는 역전이(Counter Transference)의 해결방안으로 옳지 않은 것은?

① 상담자는 자기분석(Self Analysis)을 통해 자신의 과거경험이 현재 자신에게 미치는 영향에 대해 지속적으로 점검한다.

② 상담자는 교육분석(Training Analysis)을 통해 자신에 대한 분석결과 및 경험내용을 지속적으로 축적한다.

③ 상담자는 애정, 욕망, 기대, 적개심 등 내담자가 과거 중요한 대상에게 가졌던 감정을 상담자에게 표현하도록 격려한다.

④ 자기분석과 교육분석을 받을 수 없는 경우 수퍼바이저의 지도·감독을 받는다.

⑤ 역전이의 문제가 풀리지 않은 채 상담과정에 진전이 없는 경우 내담자를 다른 상담전문가에게 보내는 것이 바람직하다.

> **해설**
>
> 내담자가 어린 시절 어떤 중요한 인물에게 가졌던 감정을 상담자에게 표출하는 현상인 전이의 해결방안에 해당되는 내용이다.
>
> **정답** ③

02 아들러(Adler)의 개인주의상담의 목표에 해당되는 내용으로 옳지 않은 것은?

① 패배감을 극복하고 열등감을 감소시킬 수 있도록 돕는다.

② 잘못된 가치와 목표를 수정하도록 돕는다.

③ 잘못된 동기를 바꾸도록 돕는다.

④ 내담자의 부적응행동을 변화시킨다.

⑤ 사회의 구성원으로서 기여하도록 돕는다.

> **해설**
>
> 행동주의상담의 목표에 해당되는 내용이다.
>
> > **참고**
> >
> > **행동주의상담의 목표(George & Cristiani)**
> > • 내담자의 부적응행동을 변화시킨다.
> > • 내담자로 하여금 효율적인 의사결정과정을 학습하도록 한다.
> > • 내담자의 부적응행동을 예방한다.
> > • 내담자가 호소하는 구체적인 행동상의 문제들을 해결한다.
> > • 행동의 변화가 일상생활에 전이될 수 있도록 한다.
>
> **정답** ④

03 행동주의상담에 대한 비판으로 옳지 않은 것은?

① 상담자와 내담자의 관계를 중시하며 상담기술을 지나치게 강조한다.

② 행동의 변화는 가져오지만, 느낌의 변화는 가져오지 못한다.

③ 인간의 고차원적 기능과 창조성, 자율성이 무시될 수 있다.

④ 내담자의 문제에 대한 통찰이나 심오한 이해가 불가능하다.

⑤ 상담과정에서 감정과 정서의 역할을 강조하지 않는다.

해설

행동주의상담은 상담자와 내담자의 관계를 간과하는 경향이 있다.

정답 ①

---

04 엘리스(Ellis)가 제안한 비합리적 신념과 그 사례가 옳게 연결된 것은?

> ㄱ. 나는 반드시 성공해야만 한다.
> ㄴ. 기말시험을 망치는 것은 정말 끔찍한 일이다.
> ㄷ. 학교 친구가 나를 좋아하지 않는 것 같은데 이렇게 미움을 받으면서 살 수 없다.
> ㄹ. 열심히 공부하고도 성적이 떨어졌으니, 나와 같은 바보가 세상에 또 있을까?

> A. 파국화   B. 자기 및 타인에 대한 비하
> C. 당위적 사고   D. 좌절에 대한 인내심 부족

① ㄱ – A, ㄴ – B, ㄷ – C, ㄹ – D

② ㄱ – B, ㄴ – D, ㄷ – C, ㄹ – A

③ ㄱ – A, ㄴ – B, ㄷ – D, ㄹ – C

④ ㄱ – C, ㄴ – A, ㄷ – D, ㄹ – B

⑤ ㄱ – D, ㄴ – B, ㄷ – A, ㄹ – C

해설

비합리적 신념의 특징(Ellis & Dryden)

• 당위적 사고 : 영어의 'Must'와 'Should'로 대변되는 것으로, 우리말로는 "반드시 ~해야 한다"로 표현된다. 이는 인간문제의 근본요인에 해당하는 매우 경직된 사고로 어떠한 강한 요구가 포함되어 있다.

• 파국화 또는 재앙화 : '지나친 과장'을 의미하는 것으로 우리말로는 "~하는 것은 끔찍한 일이다"로 표현된다.

• 좌절에 대한 인내심 부족 : 좌절을 유발하는 상황을 잘 견디지 못하는 것으로 세상에 대한 부정적·비관적인 시각을 가지게 된다.

• 자기 및 타인에 대한 비하 : 자기 자신이나 타인 혹은 상황에 대해 경멸하거나 비하하는 파멸적인 사고를 하는 것이다.

정답 ④

05 인지적 치료의 상담기법 중 다음 사례는 무엇에 해당하는가?

> • 문제가 자신의 통제를 넘어선 것이라고 믿는 내담자의 부적절한 신념을 수정하는 것이다.
> • 내담자가 부정적인 사고로 인해 무기력한 상태에 놓이는 경우 사용한다.

① 재귀인(Reattribution)

② 재정의(Redefining)

③ 탈중심화(Decentering)

④ 임의적 추론(Arbitrary Inference)

⑤ 개인화(Personalization)

해설

인지적 치료기법

• 재귀인
  - 사건에 대한 모든 변인들을 고려하여 내담자로 하여금 자동적 사고와 가정을 검증하도록 하는 것이다.
  - 내담자가 사건의 원인을 개인화하거나 단일변수를 유일한 원인으로 결론짓는 경우 사용한다.
• 재정의
  - 문제가 자신의 통제를 넘어선 것이라고 믿는 내담자의 부적절한 신념을 수정하는 것이다.
  - 내담자가 부정적인 사고로 인해 무기력한 상태에 놓이는 경우 사용한다.
• 탈중심화
  - 다른 사람들의 관심이 자신에게 집중되어 있다고 믿는 내담자의 부적절한 신념을 수정하는 것이다.
  - 내담자가 불안증상을 나타내는 경우 사용한다.

정답 ②

06 다음 한계점은 어떤 상담접근과 관련되는 것으로 볼 수 있는가?

> • 상담의 조건을 조성하고, 계속해서 내담자에게 초점을 두는 것에 숙달되는 것이 쉽지 않다.
> • 어떤 상담자는 이론의 주요개념을 지나치게 단순화한 나머지 자신의 반응을 반영과 공감에만 제한함으로써 상담기법의 사용, 자신의 성격관의 사용, 도구로서의 자아 등이 종종 구별되지 않는다.
> • 내담자는 종종 상담자가 무엇을 이루려고 하는지 그 의도를 이해하지 못하며, 상담과정에서 상담의 목표가 불분명하다.

① 인지행동상담　　　　　　　　② 게슈탈트상담

③ 정신분석상담　　　　　　　　④ 인간중심상담

⑤ 개인주의상담

해설

위 내용은 인간중심상담의 한계점에 해당하는 내용이다. 인간중심상담은 정서적 요인을 지나치게 강조하여 지적 요인을 무시한다는 비판을 받고 있다.

정답 ④

07 다음 특징을 가지는 상담접근의 상담목표로 옳은 것은?

> • 윌리암슨(Williamson)이 파슨스(Parsons)의 '개인', '직업', '개인과 직업 간의 관계'를 기본으로 하여 만든 직업이론의 원리를 토대로 발전시킨 것이다.
> • 개인차심리학과 응용심리학에 근거를 두고 있으며 개인의 특성과 직업을 구성하는 요인에 관심을 둔다. 특히 다양한 검사를 통해 개인의 특성을 밝혀내어 이를 직업의 특성에 연결시키는 것에 초점을 둔다.
> • '특성(Trait)'은 성격, 적성, 흥미, 가치관 등 검사에 의해 측정가능한 개인의 특징을 의미한다. 한편 '요인(Factor)'은 책임감, 성실성, 직업성취도 등 성공적인 직업수행을 위해 요구되는 조건을 의미한다.

① 내담자가 이성적으로 생활하도록 하며 스스로 자신의 가능성을 확인하고 이를 활용할 수 있도록 돕는다.
② 삶에 있어서 바람직하지 못한 결과가 나오더라도 그 원인을 스스로의 무기력이나 무능력 또는 다른 사람의 탓으로 돌리지 않으며, 자신의 삶에 대한 책임을 받아들임으로써 문제에 직면하도록 돕는다.
③ 내담자가 호소하는 구체적인 행동상의 문제들을 해결한다.
④ 내담자가 스스로 성숙·성장할 수 있도록 돕고, 이를 통해 통합에 이르도록 하는 것을 기본적인 목표로 한다.
⑤ 내담자가 자신의 현재 상태에 대해 인식하고 피해자적 역할로부터 벗어날 수 있도록 돕는 것이다.

해설
② 인지행동치료의 목표
③ 행동주의상담의 목표
④ 형태주의상담의 목표
⑤ 실존주의상담의 목표

참고
특성-요인상담(Trait-Factor Theory)의 목표
• 내담자가 이성적으로 생활하도록 한다.
• 내담자 스스로 자신의 가능성을 확인하고 이를 활용할 수 있도록 한다.
• 내담자 스스로 자신을 통제할 수 있도록 한다.
• 내담자 자신의 동기, 능력, 적성, 성격, 흥미 등 다양한 특성 및 요인을 이해하고 수용하도록 한다.
• 내담자 스스로 자신이 필요로 하는 정보를 수집, 분석, 종합할 수 있도록 한다.
• 내담자가 자신의 특성이나 요인, 직업이나 외부조건 등을 검토하여 현명한 결정을 내릴 수 있도록 한다.
• 내담자가 자신의 문제를 스스로 해결하도록 한다.

정답 ①

08 현실주의상담에서 글래서(Glasser)가 제안한 8단계에 해당되지 않는 것은?

① 상담자가 내담자와 개인적인 접촉을 하면서 관계를 형성하는 것은 필수적이다.
② 상담자는 내담자의 성격과 관련된 과거기록을 강조하지 않는다.
③ 내담자로 하여금 자신의 행동이 스스로에게 어떠한 도움이 되는지 자기 행동에 대해 평가하도록 해야 한다.
④ 현재보다 미래에 초점을 맞춘다.
⑤ 내담자에게 행동계획을 세우도록 하여 그 계획에 따라 반드시 실천하겠다는 약속을 다짐받는다.

해설
현실치료의 8단계 원리
• 제1단계 : 관계 형성 단계
• 제3단계 : 자기 행동 평가를 위한 내담자 초청 단계
• 제5단계 : 내담자의 의무 수행 단계
• 제7단계 : 처벌 금지 단계
• 제2단계 : 현재 행동에 대한 초점화 단계
• 제4단계 : 내담자의 행동계획 발달을 위한 원조 단계
• 제6단계 : 변명 거부 단계
• 제8단계 : 포기 거절 단계

정답 ④

09 상담의 구조화에 대한 내용으로 옳지 않은 것은?

① 상담자와 내담자가 상담목표를 성취하기 위해 상담의 기본성격, 상담자 및 내담자의 역할적 한계, 바람직한 태도 등을 설명하고 인식시켜주는 작업이다.
② 상담자는 내담자가 편안한 느낌을 가질 수 있도록 구조화를 최소한으로 줄이는 것이 바람직하다.
③ 결코 내담자에게 일방적으로 지시를 내리거나 내담자를 처벌하는 방식으로 이루어져서는 안 된다.
④ 상담 첫 회기에 단 한 번 이루어질 수 있다.
⑤ 공감적인 분위기 속에서 상담자와 내담자 간의 자연스러운 합의로 전개되어야 한다.

해설
상담의 구조화는 상담 첫 회기에 한 번만 이루어지는 것이 아닌 상담의 전 과정에서 필요에 따라 진행될 수 있다.

정답 ④

10 상담심리사 윤리강령 중 비밀보호의 한계에 대한 내용으로 옳지 않은 것은?

① 내담자의 생명이나 타인 및 사회의 안전을 위협하는 경우, 내담자의 동의 없이도 내담자에 대한 정보를 관련 전문인이나 사회에 알릴 수 있다.
② 내담자가 감염성이 있는 치명적인 질병이 있다는 확실한 정보를 가졌을 때, 상담심리사는 내담자의 의도를 확인하지 않고 제 삼자에게 그 사실을 알릴 수 있다.
③ 여러 전문가로 구성된 팀이 개입하는 상담의 경우, 상담심리사는 팀의 존재와 구성을 내담자에게 알린다.
④ 법원이 내담자의 동의 없이 상담심리사에게 상담관련 정보를 요구할 경우, 상담심리사는 내담자의 권익이 침해되지 않도록 법원과 조율하여야 한다.
⑤ 비밀보호의 예외 및 한계에 관한 타당성이 의심될 때에 상담심리사는 동료전문가 및 학회의 자문을 구한다.

해설
내담자가 감염성이 있는 치명적인 질병이 있다는 확실한 정보를 가졌을 때 상담심리사는 그 질병에 위험한 수준으로 노출되어 있는 제 삼자(내담자와 관계 맺고 있는)에게 그러한 정보를 공개할 수 있다. 상담심리사는 제 삼자에게 이러한 정보를 공개하기 전에, 내담자가 자신의 질병에 대해서 그 사람에게 알렸는지, 아니면 스스로 알릴 의도가 있는지를 확인한다.

정답 ②

11 상담의 기술 중 공감은 내담자가 전달하려는 내용에서 한발 더 나아가 그 내면적 감정에 대하여 반응하는 것을 의미한다. 다음 중 공감적 이해의 수준이 가장 높은 사례는?

① 자네가 지난번에 처리했던 일이 아마 잘못됐었지?
② 기분이 나쁘더라도 상사의 지시대로 해야지.
③ 자네가 알아서 할 일을 내가 부당하게 간섭한다고 생각하지 말게.
④ 자네 업무에 대해 이야기하는 것이 간섭받는다고 생각이 되어서 기분이 상했군.
⑤ 믿고 맡겨준다면 잘할 수 있을 것 같은데, 간섭받는다는 기분이 들어 불쾌한 게로군.

해설
가장 높은 수준의 공감적 이해는 내담자의 표면적인 감정은 물론 내면적인 감정에 대해 정확하게 반응하며, 내담자의 내면적인 자기탐색과 동일한 몰입수준에서 내담자가 표현한 의미와 정서를 바탕으로 의사소통이 이루어지는 것이다.

정답 ⑤

12 상담 시 사용하는 개방형 질문과 폐쇄형 질문에 대한 내용 중 옳지 않은 것은?

① 개방형 질문은 질문범위가 포괄적이나, 폐쇄형 질문은 질문범위가 좁고 한정되어 있다.

② 개방형 질문은 내담자에게 가능한 한 많은 대답을 선택할 기회를 제공하나, 폐쇄형 질문은 예/아니요, 또는 다른 단답식 답변으로 제한한다.

③ 개방형 질문은 내담자로 하여금 시야를 넓히도록 유도하나, 폐쇄형 질문은 내담자의 시야를 좁게 만든다.

④ 개방형 질문은 위기상황에서 내담자를 위한 신속대응에 유리하고, 폐쇄형 질문은 상담초기에 유용하게 사용될 수 있다.

⑤ 개방형 질문은 바람직한 촉진관계를 열어놓는 반면, 폐쇄형 질문은 바람직한 촉진관계를 닫아놓는다.

해설

개방형 질문은 상담초기에 유용하게 사용될 수 있으며, 폐쇄형 질문은 위기상황에서 내담자를 위한 신속대응에 유리하다.

정답 ④

13 해결중심 치료기법과 그 예시가 적절한 것은?

① 대처질문 – 해당 증상이 발생하지 않는 때는 언제인가요?

② 기적질문 – 최근에 바람직한 행동을 했던 때는 언제인가요?

③ 척도질문 – 현재 느끼는 스트레스 정도를 0과 10 사이의 점수로 표현해보세요.

④ 예외질문 – 아침에 일어나 지난밤에 모든 일들이 해결되었다고 생각해보세요.

⑤ 관계성 질문 – 그런 문제를 어떻게 극복할 수 있었나요?

해설

①·② 예외질문, ④ 기적질문, ⑤ 대처질문에 해당한다.

정답 ③

14 단기상담은 상담수행기간이 비교적 짧은 상담을 의미한다. 단기상담에 적합한 내담자의 경우가 아닌 것은?

① 내담자가 급성적 상황으로 인해 정서적인 어려움을 겪는 경우

② 내담자가 비교적 건강하며 그 문제가 심각하지 않은 경우

③ 호소하는 문제가 구체적인 성격장애로 추정되는 내담자의 경우

④ 내담자가 자신의 경미한 문제에 대해 명확하게 인식하고 싶어하는 경우

⑤ 내담자가 중요인물의 상실로 인해 생활상의 적응을 필요로 하는 경우

해설

성격장애를 가진 내담자는 단기상담으로 효과를 보기가 어렵다.

정답 ③

15 상담자의 바람직한 자세 및 역할 중 내담자의 말과 생각 등을 상담자의 말로 다시 요약함으로써 내담자의 감정을 명료화해주는 것은?

① 반영하기
② 경청하기
③ 무조건적·긍정적 존중
④ 공감적 이해
⑤ 진실성

해설

② 경청하기 : 내담자의 말을 주목하여 듣고 있음을 전함으로써 내담자가 생각이나 감정을 자유롭게 표현할 수 있도록 북돋워준다.
③ 무조건적·긍정적 존중 : 내담자를 판단하지 않고 온전하게 받아들이며, 상담자의 가치를 내담자에게 전가하지 않는 것이 중요하다.
④ 공감적 이해 : 내담자가 경험하는 방식으로 내담자의 세계를 경험하는 것이다.
⑤ 진실성 : 상담자의 진실된 태도는 내담자가 스스로를 가치 있다고 느끼게 하며, 상담관계를 강화해준다.

정답 ①

16 집단상담의 효과에 대한 내용 중 옳지 않은 것은?

① 집단상담은 현실적이고 실제생활에 근접한 사회장면을 제공하므로 새로운 행동을 검증하거나, 문제해결 행동을 구체적으로 실천할 수 있는 경험을 제공한다.
② 집단상담에서 개인은 외적인 비난이나 처벌의 두려움 없이 새로운 행동을 시험해보며, 현실을 검증해볼 수 있는 기회를 가진다.
③ 집단상담에서는 동료들 간에 서로의 관심사나 감정들을 터놓고 이야기할 수 있으므로 소속감과 동료의식을 발전시킬 수 있다.
④ 집단상담에서는 다양한 구성원들을 접할 수 있으므로 개인상담이 줄 수 없는 여러 가지 풍부한 학습경험이 가능하다.
⑤ 모든 집단원에게 심층적인 상담이 가능하여 만족감을 느끼게 할 수 있다.

해설

집단상담에서는 모든 집단원에게 심층적인 상담이 어렵다.

정답 ⑤

17 집단상담에서 다음에 해당하는 상담의 형태는 무엇인가?

- 서로 유사한 문제나 공동의 관심사를 가진 사람들이 자발적으로 구성하여 각자의 경험을 공유하는 형태의 집단상담이다.
- 개인이 각자 자신의 문제상황에 대처할 수 있도록 하며, 자신에 대한 긍정적인 느낌과 함께 자신의 삶에 책임감을 가지도록 하는 것을 목표로 한다.

① 치료집단(Therapy Group)
② 자조집단(Self-help Group)
③ 가이던스집단(Guidance Group)
④ 감수성집단(Sensitivity Group)
⑤ 참만남집단(Encounter Group)

해설

① 정상적인 기능을 할 수 없는 사람들을 대상으로 집중적인 심리치료를 주된 목표로 한다.
③ 집단지도자가 집단원들의 개인적 요구나 관심사에 따라 교육적·직업적·사회적 정보를 제공하는 것을 주된 목표로 한다.
④ 심리사회적 문제나 정신적 장애의 해결보다는 집단원들의 의식화 또는 일정한 훈련을 통한 효과에 목표를 둔다.
⑤ 개별 집단원들로 하여금 다른 사람과의 의미 있는 만남을 통해 인간관계 및 인간실존에 대해 자각하도록 돕는다.

정답 ②

18 벡(Beck)의 인지치료에서 자동적 사고(Automatic Thoughts)의 식별방법에 해당하지 않는 것은?

① 내담자의 슬픔, 고통 등의 감정은 그 감정에 실린 지극히 즉각적이고 개인적인 생각들을 만들어내므로, 치료자는 그와 같은 내담자의 감정변화에 대해 즉시 질문한다.

② 내담자로 하여금 상상을 통해 자신의 중요한 사건을 회상하도록 함으로써 그 사건이 일어났을 당시의 생각과 감정을 생생하게 떠올리도록 돕는다.

③ 삶에 대한 만족이라는 주제를 내담자와 함께 다루는 것으로 내담자가 눈앞의 문제에 지나치게 몰두한 나머지 삶의 다른 부분에 내재한 가능성을 보지 못하는 것을 풀어나간다.

④ 내담자에게 부정적인 자동적 사고의 문항들이 담긴 설문지의 체크리스트를 작성하도록 한다.

⑤ 내담자의 감정을 자극하면서 한 가지 주제에 대해 집중적으로 질문을 한다.

> **해설**
> 엘리스(Ellis)의 ABCDE 모형에서 제기한 논박의 유형 중 철학적 논박(Philosophical Dispute)에 해당하는 내용이다.
>
> **정답** ③

19 합리적정서행동치료(REBT)의 특징에 대한 내용으로 옳지 않은 것은?

① 인지이론과 행동주의적 요소가 결합된 것으로 인지과정의 연구로부터 도출된 개념과 함께 행동주의 및 사회학습이론으로부터 나온 개념들을 통합하여 적용하고 있다.

② 인간의 정서적인 문제가 일상생활에서 구체적으로 경험하는 사건 자체가 아니라 이를 합리적이지 못한 방식으로 받아들이는 것에서 비롯된다고 본다.

③ 인간의 역기능적인 사고는 잘못된 생각 또는 인지체계에 의해 나타나며, 이는 정서상의 왜곡과 함께 행동에 직접적인 영향을 미친다.

④ 문제에 초점을 둔 시간제한적 접근으로, 내담자가 자신의 사고와 행동을 통제하기 위한 대처기제를 학습하는 것의 중요성을 강조한다.

⑤ 감정둔화, 암시, 유머, 역할놀이, 자기주장, 지지, 행동치료 등 여러 기법을 활용한다.

> **해설**
> 펄스(Perls)는 게슈탈트상담을 주창하였으며, 인지행동치료에서는 엘리스(Ellis)의 합리적정서행동치료, 벡(Beck)의 인지치료, 마이켄바움(Meichenbaum)의 자기교습훈련 등이 대표적이다.
>
> **정답** ⑤

20 상담자가 개인적인 심리적 문제를 갖고 있다든지, 너무 많은 부담 때문에 지쳐 있다든지, 교만하여 더 이상 배울 필요가 없다고 생각한다든지, 해당되는 특정 전문교육 수련을 받지 않고도 특정 내담자군을 잘 다룰 수 있다고 여긴다면, 이는 다음 중 어느 항목의 윤리적 원칙에 위배되는 것인가?

① 전문적 능력   ② 성실성
③ 권리의 존엄성   ④ 사회적 책임
⑤ 다양성 존중

> **해설**
> 전문가로서의 태도에 대한 조항 중 전문적 능력에 대한 원칙을 위배한 것으로 볼 수 있다.
>
> **정답** ①

21 상담이론에 영향을 준 학자와 그 학자가 주장한 내용이 옳게 연결된 것을 모두 고른 것은?

> ㄱ. 프로이트(Freud) – 정신분석의 창시자로 무의식의 개념과 심리성적 발달단계를 제시하였다.
> ㄴ. 아들러(Adler) – 열등감에 대하여 연구하였으며, 프로이트의 후계자로 그의 이론을 확장하는 역할을 하였다.
> ㄷ. 로저스(Rogers) – 인간을 미래지향적 존재로 보며, 성격은 유기체, 자기, 현상학적 장으로 구성된다고 주장하였다.
> ㄹ. 파블로프(Pavlov) – 개에게 먹이를 주는 실험을 통해 다양한 행동과 정서반응이 학습될 수 있음을 보여주었다.

① ㄱ, ㄴ   ② ㄱ, ㄴ, ㄷ
③ ㄱ, ㄷ, ㄹ   ④ ㄴ, ㄷ, ㄹ
⑤ ㄱ, ㄴ, ㄷ, ㄹ

해설

ㄴ. 아들러는 인간을 의식과 전의식, 무의식, 원초아와 자아, 초자아로 구분한 프로이트의 입장에 반대하면서 인간은 더 이상 분류·분리·분할할 수 없는 완전한 전체라고 주장하였다.

정답 ③

22 게슈탈트 상담접근의 접촉경계 장애기제에 대한 설명으로 옳은 것은?

① 내사(Introjection) – 개인이 자신의 욕구, 감정, 생각 등의 책임을 타인의 것으로 지각하는 현상
② 반전(Retroflection) – 개인이 타인이나 환경에 대하여 하고 싶은 행동을 자기 자신에게 하는 것
③ 편향(Deflection) – 타인의 가치관 등을 무비판적으로 수용하는 것
④ 융합(Confluence) – 부정적인 내적 갈등이나 외부환경적 자극을 피하기 위해 자신의 감각을 둔화시킴으로써 자신 및 환경과의 접촉을 피해버리거나 약화시키는 것
⑤ 투사(Projection) – 개체가 자신에 대해 지나치게 의식하고 관찰하는 현상을 의미하며 자신에 대한 타인의 반응을 지나치게 의식하기 때문에 생김

해설

게슈탈트 상담접근의 접촉경계 장애기제
• 내사(Introjection) : 개체가 타인의 행동이나 신념, 기준, 가치관을 무비판적으로 수용함으로써 자기 것으로 만들지 못한 채 내면적인 갈등을 일으키는 현상이다.
• 투사(Projection) : 자신의 문제를 부인하고 타인에게 책임을 전가시키는 현상이다.
• 반전(Retroflection) : 타인에게 하고 싶은 행동을 자기 자신에게 하는 것으로, 외부로 향해야 할 에너지를 내부로 향하게 하여 자신을 공격하는 현상이다.
• 융합(Cofluence) : 밀접한 관계에 있는 두 사람이 일심동체의 관계를 합의함으로써 어떤 갈등이나 불일치도 용납하지 않아 혼란을 야기하는 현상이다.
• 편향(Deflection) : 감당하기 힘든 불안, 죄책감, 갈등, 긴장 등 부정적인 내적 갈등이나 외부의 자극을 피하기 위해 자신의 감각을 둔화시킴으로써 접촉을 피해버리거나 최소화하는 현상이다.
• 자의식(Egotism) : 자기애적 욕구로 인해서 자기 자신 또는 타인의 반응에 대해 민감하게 의식하는 현상이다.

정답 ②

23 글래서(Glasser)의 현실치료(Reality Therapy)에 대한 설명으로 옳은 것을 모두 고른 것은?

> ㄱ. 글래서는 인간에게 5가지 기본욕구가 있다고 보았다.
> ㄴ. 전체행동이란 행동하기, 생각하기, 느끼기, 생리적 반응을 포함하는 개념이다.
> ㄷ. 정신병 증상으로서의 행동조차 모두 인간의 선택으로 본다.
> ㄹ. 현실치료의 상담과정은 R-W-D-E-P 과정이라고 불린다.

① ㄱ, ㄴ   ② ㄷ, ㄹ
③ ㄱ, ㄴ, ㄷ   ④ ㄴ, ㄷ, ㄹ
⑤ ㄱ, ㄴ, ㄷ, ㄹ

해설

현실치료는 글래서(Glasser)가 정신분석의 결정론적 입장에 반대하여 개발한 것으로 행동을 인간이 스스로 선택하고 결정한다는 것을 강조한 치료법이다.

정답 ⑤

24 해결중심상담에 관한 설명으로 옳지 않은 것은?

① 변화를 원치 않는 내담자에게는 해결중심상담의 접근방식이 적합하지 않다.
② 예외적 상황의 발생은 변화라는 측면에서 문제해결에 도움이 된다.
③ 어떤 것이 잘 기능하면 그것을 바꾸지 않고, 효과가 없으면 다른 방법을 사용한다.
④ 이론보다 내담자의 견해를 존중하며 내담자가 문제해결에 필요한 자원을 이미 가지고 있다고 가정한다.
⑤ 문제의 원인과 특성 등 문제 자체보다는 긍정적인 면에 초점을 둔다.

해설

해결중심상담에서는 모든 내담자가 변화를 원하며 내담자의 저항은 발생하지 않는다고 간주한다.

정답 ①

25 T-집단 상담자의 역할에 대한 설명으로 옳지 않은 것은?

① 학습이 일어날 수 있도록 허용적이고 안정적인 분위기를 도모해야 한다.
② 집단원들의 과거행동을 분석하고 이에 대해 피드백을 준다.
③ 집단원들이 모방할 수 있도록 개방성, 타인의 감정에 대한 관심의 모범을 보여야 한다.
④ 의사소통의 장애요인을 극복하도록 의문을 제기하고, 문제를 명료히 한다.
⑤ 특수한 상황에서 집단의 요구에 따른 조력자, 전문가, 집단원 3가지 역할을 융통성 있게 수행한다.

해설

T-집단에서는 과거의 이야기를 하지 않고 '지금-여기'의 감정과 행동에 초점을 둔다.

정답 ②

01 발달에 관해 사회학습이론을 주장한 이론가는 누구인가?

① 피아제(Piaget)

② 브론펜브레너(Bronfenbrenner)

③ 파블로프(Pavlov)

④ 반두라(Bandura)

⑤ 프로이트(Freud)

해설

① 피아제 : 인지발달이론을 주장하였으며, 인지발달의 단계를 감각운동기, 전조작기, 구체적 조작기, 형식적 조작기의 4단계로 나누어서 설명하였다.

② 브론펜브레너 : 생태학적 관점의 이론가로, 환경 또는 맥락이 발달에 영향을 미친다고 보고 이를 미시체계, 중간체계, 외체계, 거시체계, 시간체계로 나누어서 설명하였다.

③ 파블로프 : 행동주의 이론가로, 무조건 자극과 조건 자극의 결합을 통해 반응이 학습된다고 보는 고전적 조건화 이론을 통해 발달을 설명하였다.

⑤ 프로이트 : 정신분석이론가로, 심리성적 발달단계를 구강기, 항문기, 남근기, 잠복기(잠재기), 성기기의 5단계로 나누어서 설명하였다.

정답 ④

02 유아기의 신체발달 및 운동발달에 대한 내용으로 옳지 않은 것은?

① 뇌와 머리는 신체의 다른 어떤 부분보다도 빠르게 성장한다.

② 성장과 발달은 문화적 배경과는 상관없이 보편적인 과정을 따른다.

③ 유아기에는 걷기, 달리기, 뛰기 등 많은 운동기술을 습득한다.

④ 유아는 손가락으로 물건을 잡을 수 있으며, 많은 양의 액체가 담긴 컵이나 용기를 엎지르지 않고 옮길 수 있다.

⑤ 괄약근이 발달하여 배변훈련을 통하여 대소변을 가리기 시작한다.

해설

신체의 성장과 발달에는 개인차와 문화적 차이가 나타난다.

정답 ②

03 영·유아기 뇌발달의 특징에 대한 내용으로 옳지 않은 것은?

① 뇌발달의 가장 큰 특징은 일단 많이 만들어놓고 불필요한 것을 버리는 방식이다.

② 시냅스와 뉴런은 여러 자극을 통해 신경망을 더 발달시키고 이 과정에서 정보를 잘 처리하면서 발달한다.

③ 뇌가소성은 뇌신경회로가 외부자극, 경험, 학습에 의해 구조적으로 움직이면서 재조직을 되풀이하는 것을 의미한다.

④ 6세경에는 뇌의 무게가 성인의 90~95%에 달한다.

⑤ 전두엽의 발달은 초등학교 무렵 완성되어 성인의 전두엽과 질적으로 차이가 없는 것으로 여겨진다.

해설

전두엽의 발달은 초등학교 시절에 1차로 완성되었다가 사춘기를 전후하여 기능의 재편성에 들어가며 25~30세 정도 되어서야 완성이 된다.

정답 ⑤

04 원시반사(Primitive Reflex)의 종류와 그 특징이 옳게 연결된 것은?

> ㄱ. 바빈스키반사(Babinski Reflex)
> ㄴ. 모로반사(Moro Reflex)
> ㄷ. 잡기반사(Grasping Reflex)
> ㄹ. 걷기반사(Stepping Reflex)

> A. 갑자기 큰소리가 나거나 빛의 자극이 달라지면 팔과 다리를 뻗쳤다가 다시 오므리는 반사이다. 출생 후 6~7개월 사이에 사라진다.
> B. 바닥에 아이의 발을 닿게 하여 바른 자세가 갖추어지면 아이는 걷는 것처럼 두 발을 번갈아 떼어놓는다.
> C. 신생아의 발바닥에 자극을 주면 부채처럼 발을 편다. 약 1세까지 나타난다.
> D. 손바닥에 물체를 대면 꼭 쥐는 반사로 생후 3~4개월에 의도적으로 잡는 행동으로 대체되면서 사라진다.

① ㄱ - C, ㄴ - D, ㄷ - A, ㄹ - B
② ㄱ - B, ㄴ - A, ㄷ - D, ㄹ - C
③ ㄱ - C, ㄴ - A, ㄷ - D, ㄹ - B
④ ㄱ - D, ㄴ - B, ㄷ - A, ㄹ - C
⑤ ㄱ - A, ㄴ - C, ㄷ - D, ㄹ - B

해설

바빈스키반사는 발바닥을 자극했을 때 발바닥을 펼치는 반사, 모로반사는 큰소리나 빛의 자극에 따라 팔다리를 펼쳤다가 오므리는 반사, 잡기반사는 손바닥에 물체를 대면 손을 꼭 쥐는 반사. 걷기반사는 바닥에 발을 대면 걷는 것과 같이 행동하는 반사이다.

정답 ③

05 발달의 일반적 원리에 대한 내용으로 옳지 않은 것은?

① 발달은 분화와 통합의 과정으로 진행된다.
② 발달에는 개인차가 존재하므로 발달의 속도나 진행정도가 동일하지 않다.
③ 발달에는 유전적 요인이 절대적인 영향을 미치며 환경적 요인의 영향은 미미하다.
④ 발달은 전 생애를 통하여 계속된다.
⑤ 발달은 기존의 기초 위에서 다음 발달이 이루어지며 점성의 원리가 적용된다.

해설

발달은 유전적 요인뿐만 아니라 외부환경과의 상호작용으로 진행된다.

정답 ③

06 발달심리학의 역사에서 다음 설명에 해당하는 심리학자는?

> • 최초로 발달심리학 분야를 확립한 미국의 심리학자이다.
> • 질문지법을 적용하여 아동들의 활동과 흥미에 대해 질문하여 발달의 순서와 시기를 작성하였다.
> • 객관적인 측정을 적용하여 과학적 연구를 도입하였다.

① 루소(Rousseau)　　　　　　　② 다윈(Darwin)
③ 홀(Hall)　　　　　　　　　　④ 비네(Binet)
⑤ 게젤(Gesell)

해설

발달심리학의 아버지라고도 불리는 홀(Hall)에 대한 설명이다.

정답 ③

---

07 발달연구를 위하여 사용하는 연구법에서 다음 단점을 가지는 것은 무엇인가?

> • 대상자의 내면적인 특성이나 사적 문제, 과거사실에 대한 자료는 수집할 수 없다.
> • 대상자가 평소와 다른 행동양식을 보일 수 있다.
> • 조사대상의 변화양상을 포착할 수 없으므로 결과를 일반화하는 데 제약이 있다.
> • 시간과 비용, 노력이 많이 소요된다.

① 관찰법　　　　　　　　　　② 질문지법
③ 면접법　　　　　　　　　　④ 사례연구법
⑤ 실험법

해설

관찰법의 단점에 해당하는 내용이다.
관찰법의 장점
• 현재의 상태를 가장 생생하게 기록할 수 있다.
• 응답과정에서 발생하는 오차를 줄일 수 있다.
• 언어와 문자의 제약 때문에 측정하기 어려운 사실도 조사가 가능하다.
• 연구대상의 무의식적인 행동이나 인식하지 못한 문제도 관찰이 가능하다.
• 대상자가 조사에 비협조적이거나 면접을 거부할 경우 효과적이다.

정답 ①

---

08 프로이트(Freud)의 심리성적 발달이론에 관한 설명으로 옳은 것은?

① 어릴 때의 경험이 성격발달에 중요하다.
② 성격은 9단계에 따라 발달한다.
③ 성격은 전 생애를 통해 발달한다.
④ 성격발달의 사회문화적 요인을 강조한다.
⑤ 구강기, 항문기, 남근기, 이행기, 생식기의 단계로 이루어진다.

해설

② 프로이트는 심리성적 발달을 구강기, 항문기, 남근기, 잠복기, 생식기 단계의 5단계로 설명하였다.
③ 심리성적 발달이론에 따르면 인간의 성격은 생후 6년 동안의 경험으로 결정되며, 이는 성인이 되어서도 변하지 않는다.
④ 프로이트는 인간의 성격발달에 있어 무의식적 성적 본능과 공격 본능을 강조하였다.
⑤ 심리성적 발달단계 중 4단계는 이행기가 아니라 잠복기이다.

정답 ①

09 인지발달에 대한 이론적 접근에서 다음 설명에 가장 알맞은 것은?

> • 발달하는 인간이 환경과 어떻게 관계되어 있는지 설명하기 위해 인간발달의 생태학을 제시하였다.
> • 인간에 대한 이해는 인위적인 실험실 연구가 아닌 인간을 둘러싼 삶의 맥락 속에서 연구되어야 한다고 주장하였다.
> • 유아의 발달이 이루어지는 주변세계와 더 넓은 세계와의 관계를 이해하기 위해 유아의 주변세계에 대한 해석과 그 해석들이 어떻게 변화하는지에 초점을 맞추었다.
> • 인간을 둘러싸고 있는 생태학적 환경을 4개의 체계로 구분했으며 이후 시간체계를 추가했다.

① 비고츠키(Vygotsky)의 사회문화이론
② 게젤(Gesell)의 성숙이론
③ 브론펜브레너(Bronfenbrenner)의 생태학적 체계이론
④ 피아제(Piaget)의 인지발달이론
⑤ 반두라(Bandura)의 사회학습이론

해설
브론펜브레너(Bronfenbrenner)의 생태학적 체계이론에 대한 설명이다.
생태학적 체계이론의 5가지 체계
미시체계, 중간체계, 거시체계, 외체계, 시간체계

정답 ③

10 피아제의 인지발달이론의 전조작기(Pre-operational Stage)에 해당되는 특징을 모두 고른 것은?

> ㄱ. 이 시기의 아동은 지각적 경험에만 의존하지 않으나 논리보다는 지각에 더 의존하는 경향이 있다.
> ㄴ. 이 단계에서 가장 중요한 것은 언어를 사용하기 시작하고 언어능력이 발달한다는 것이다.
> ㄷ. 논리적인 사고는 가능하나 가설·연역적 사고에 이르지는 못한다.
> ㄹ. 언어의 습득으로 사물이나 사건을 내재화할 수 있는 능력이 생기며, 보이지 않는 것을 기억하는 표상이 가능하다. 그러나 직접적으로 지각적 경험을 하지 않은 사건이나 대상을 조작하는 능력은 제한되어 있다.
> ㅁ. 자신과 타인에 대한 추상적인 관점을 구분하지 못하는 새로운 형태의 자아중심성이 나타난다.
> ㅂ. 자기중심성, 상징놀이, 물활론, 도덕적 타율성, 꿈을 외적 사건으로 생각하는 것, 보존개념의 부족이 특징이다.

① ㄱ, ㄴ, ㄷ
② ㄱ, ㄴ, ㄹ, ㅁ
③ ㄱ, ㄴ, ㄹ, ㅂ
④ ㄴ, ㄹ, ㅁ, ㅂ
⑤ ㄱ, ㄴ, ㄷ, ㄹ, ㅁ, ㅂ

해설
ㄷ : 구체적 조작기의 특징에 해당된다.
ㅁ : 형식적 조작기의 특징에 해당된다.

정답 ③

11　비고츠키(Vygotsky)의 사회문화적 발달이론에 대한 내용으로 옳지 않은 것은?

① 사회적 맥락과 협력의 중요성을 강조하는 새로운 교수학습을 제시하였다.

② 다양한 문화나 경험과 관계된 발달경로의 모습을 제시하였다.

③ 인간은 태어날 때 선천적으로 언어획득장치(LAD)를 가지고 태어난다고 보았다.

④ 타인의 역할을 지나치게 강조한 반면 아동의 능동적 참여자로서의 역할은 부각하지 못하였다.

⑤ 언어가 인지발달에 미치는 영향을 지나치게 강조하여 다른 형태의 상징적 기능들이 고등정신기능의 발달에 어떻게 영향을 미치는지 제대로 설명하지 못하였다.

해설

생득이론적 접근에 해당하는 내용이다. 촘스키는 인간이 선천적으로 언어획득장치(LAD)와 보편문법(UG)을 가지고 태어난다고 보았다.

정답　③

12　피아제(Piaget)와 비고츠키(Vygotsky)의 인지발달에 대한 관점을 각각 알맞게 연결한 것은?

> ㄱ. 자연적이고 생물학적인 면 강조
> ㄴ. 문화적 맥락이 아동의 인지과정 유형을 결정
> ㄷ. 모든 아동의 인지발달은 비슷한 단계를 거침
> ㄹ. 어른은 아동이 내재화하는 지적 적응의 문화적 도구를 전수함으로써 아동을 변화시키는 중요한 존재
> ㅁ. 언어는 인지발달의 부산물
> ㅂ. 사회적 과정이 개인적·심리적 과정으로 전환됨

	피아제	비고츠키
①	ㄱ, ㄴ, ㄷ	ㄹ, ㅁ, ㅂ
②	ㄱ, ㄷ, ㅁ	ㄴ, ㄹ, ㅂ
③	ㄴ, ㄹ, ㅂ	ㄱ, ㄷ, ㅁ
④	ㄱ, ㄴ, ㄹ	ㄷ, ㅁ, ㅂ
⑤	ㄷ, ㄹ, ㅂ	ㄱ, ㄴ, ㅁ

해설

피아제(Piaget)와 비고츠키(Vygotsky)의 인지발달이론

피아제(Piaget)	비고츠키(Vygotsky)
• 자연적이고 생물학적인 면 강조	• 사회적이고 역사적인 환경을 강조
• 문화적 맥락과 관계없이 보편적	• 문화적 맥락이 아동의 인지과정 유형을 결정
• 모든 아동의 인지발달은 비슷한 단계를 거침	• 인지발달은 개인에 따라 다양화
• 자기중심적 과정이 사회적 과정으로 변화	• 사회적 과정이 개인적·심리적 과정으로 전환됨. 즉, 내적 언어로 구현됨
• 언어는 인지발달의 부산물	• 언어는 인지발달에 주도적 역할
• 사고와 인지발달이 언어보다 선행	• 어른은 아동이 내재화하는 지적 적응의 문화적 도구를 전수함으로써 아동을 변화시키는 중요한 존재
• 스스로 학습해나가는 능동적 존재	• 학습이 아동의 발달을 주도
• 아동의 발달수준이 학습능력을 결정	• 부모나 교사의 도움으로 문제해결
• 구체적 조작기에 이르러 자기중심성을 극복할 때까지 협동학습이 이루어지지 않음	• 협동학습의 가능 시기는 정해져 있지 않으며 새로운 인지능력은 모든 연령이 익힐 수 있음
• 기존의 인지구조에 새로운 정보가 들어옴	• 사람들과의 상호작용 가운데 얻어짐

정답　②

13 심리평가를 위해 수행되는 면담에 관한 설명으로 옳지 않은 것은?

① 면담은 형식에 따라 구조화된 면담, 비구조화된 면담, 반구조화된 면담이 있다.
② 면담은 평가를 위한 목적으로 상담 전에 진행되는 것이므로 치료적인 효과는 없다.
③ 피검자가 솔직하게 답변하지 않을 경우, 신뢰도와 타당도에 문제가 생길 수 있다.
④ 면담 시 표정, 몸짓 등을 관찰하는 행동평가가 함께 이루어지기도 한다.
⑤ 면담을 통해 피검자의 방문사유, 태도, 대인관계양상, 개인력 등의 다양한 정보를 얻을 수 있다.

> **해설**
> 피면담자가 자기 문제를 살펴봄에 따라 스스로에 대한 새로운 시각이나 이해를 배울 수 있다는 점에서 면담은 치료적 효과도 있다.
>
> **정답** ②

14 가드너(Gardner)의 다중지능이론에 대한 설명으로 옳지 않은 것은?

① 각각의 지능은 독립적이며 서로 다른 발달과정을 거친다.
② 인간의 지능은 일반지능과 같은 단일한 능력이 아닌 다수의 능력으로 구성되며, 각각의 능력들의 상대적 중요도는 서로 동일하다.
③ 아동의 지능이 높을수록 모든 영역에서 우수하다는 관점을 비판하고 각각의 특수한 능력을 진단하고 이를 발달시켜야 한다고 보았다.
④ 일반지능이 낮더라도 음악이나 미술 등 예능에서 뛰어남을 보이는 경우가 있으며, 이는 일반요인이 아닌 특수요인에 의한 것이다.
⑤ 언어지능, 논리-수학지능, 공간지능, 신체-운동지능, 음악지능, 대인관계지능, 개인 내적 지능 등의 독립된 지능으로 구분하였다.

> **해설**
> 스피어만(Spearman)이 지능의 2요인설에서 주장한 내용이다.
>
> **정답** ④

15 영·유아기의 기억발달에 대한 내용으로 옳지 않은 것은?

① 아동의 주의집중시간은 연령이 증가할수록 길어지며, 3~5세경에는 특정 정보에 선택적으로 주의를 배분하는 능력이 생긴다.
② 피아제는 지연모방이 시작되는 18개월경부터 회상기억이 가능하다고 주장했으나 최근 연구로 9개월 전부터 회상기억이 발달한다는 것이 밝혀졌다.
③ 영유아의 기억발달은 기억용량의 증가와 기억방략의 발달로 인한 것이다.
④ 재인기억은 생후 3개월경부터 발달하여 생후 1년을 전후하여 정교화된다.
⑤ 기억에 다른 정보를 덧붙이거나 기억을 다른 정보와 연관시키는 정교화방략의 자발적 사용은 3~5세부터 가능하다.

> **해설**
> 자발적인 정교화방략은 청소년기부터 사용될 수 있다.
>
> **정답** ⑤

16 언어발달에 대하여 다음 관점을 주장한 학자는 누구인가?

> • 아동의 언어는 행동조성의 과정을 거쳐 발달한다.
> • 아이들은 어른의 언어를 모방하면서 학습한다.

① 스키너(Skinner)   ② 워프(Whorf)
③ 셀만(Selman)   ④ 비고츠키(Vygotsky)
⑤ 피아제(Piaget)

해설
스키너가 학습이론적 접근에서 주장한 내용이다.

정답 ①

---

17 언어발달과정 중에 영유아들에게서 나타나는 다음 개념은 무엇인가?

> • 영아가 성인들과는 달리 비교적 특수한 사물, 사건, 또는 행동에 대해 비교적 넓은 범주의 단어를 사용하는 경향을 말한다.
> • 영아들에게 '멍멍이'는 일반적인 강아지를 의미하는 것이 아니라 자기 집에서 기르는 강아지를 의미한다.

① 생략화   ② 과잉확장
③ 과소확장   ④ 발판화
⑤ 일반화

해설
과소확장(Under Extension)은 어떤 단어를 실제 그 단어가 의미하는 것보다 더 협소한 의미로 사용하는 경향을 말한다.

정답 ③

---

18 다음은 비고츠키(Vygotsky)의 언어발달단계 중 어느 단계에 속하는가?

> • 언어와 사고가 점차 결합되기 시작한다.
> • 유아의 생각을 반영하고 사회적 언어를 사용한다.
> • 단어나 문장과 같은 형태로 변형되어 나타난다.
> • 이 단계에서 사회적 의사소통이 가능해진다.
> • 문법에 대한 이해 없이도 문장형성이 가능하다.

① 원시적 언어단계   ② 외적 언어단계
③ 자기중심적 언어단계   ④ 내적 언어단계
⑤ 형식적 조작기

비고츠키(Vygotsky)의 언어발달단계

원시적 언어단계 (만 2세 이전)	언어와 사고의 발달이 독립적으로 일어나며, 발달수준이 미약하다. 이 시기의 언어는 특정 단어에 대한 반응 또는 정서적 반응으로 나타난다.
외적 언어단계 (만 2~3세)	언어와 사고가 점차 결합되기 시작한다. 이 시기의 언어는 단어나 문장의 수준으로 발전되며, 문법에 대한 이해 없이도 문장의 형성이 가능하다. 또한, 사회적 의사소통이 가능해진다.
자기중심적 언어단계 (만 3~6세)	타인과 의사소통할 때는 외적 언어를 사용하고 스스로 문제를 해결할 때는 자기중심적 언어를 사용하는 경향을 보인다. 자기중심적 언어란 아동이 자신의 사고과정을 혼잣말로 중얼거리듯이 표현하는 것을 의미한다.
내적 언어단계 (만 7세)	언어를 가지고 머릿속에서 사고하기 시작한다. 이전 단계의 자기중심적 언어가 누적되어 내적 언어가 된다.

정답 ②

19 성역할 개념의 발달단계에 대한 내용으로 옳지 않은 것은?

① 1단계는 성동일성(Gender Identity) 단계로 성별이 영속적이라는 것을 알지 못한다.
② 성동일성(Gender Identity) 단계는 2~4세경에 해당된다.
③ 2단계는 성일관성(Gender Consistency) 단계이다.
④ 2단계의 남아는 남자 성인으로, 여아는 여자 성인으로 성장한다는 것을 인식한다.
⑤ 3단계는 6~7세경이다.

해설
2단계는 성안정성(Gender Stability) 단계이다.
성역할 개념의 발달
• 1단계 : 성동일성(Gender Identity) 단계
  - 2~4세
  - 자신을 남성 혹은 여성으로 범주화시키는 것이 가능
  - 성별이 영속적이라는 것을 알지 못함
• 2단계 : 성안정성(Gender Stability) 단계
  - 5~6세
  - 남자아이는 남자 성인으로, 여자아이는 여자 성인으로 성장한다는 것을 인식
  - 성이 고정적이라는 것을 이해하나, 옷차림, 행동 등으로 성을 변화시킬 수 있다고 여김
• 3단계 : 성일관성(Gender Consistency) 단계
  - 6~7세
  - 성은 상황 등과 상관없이 불변한다는 것을 인식

정답 ③

20 성역할발달의 명칭과 그 개념이 옳게 연결된 것은?

ㄱ. 남성과 여성에 대한 조직화된 신념과 기대
ㄴ. 성에 대한 문화적 고정관념에 부합하는 방식으로 생물학적 성과 연관된 대상, 행위, 습성, 역할
ㄷ. 남성과 여성이 가져야 한다고 여겨지는 특성에 관한 일반적 관념
ㄹ. 남성이 해야 할 일과 여성이 해야 할 일의 역할분담을 하는 것

A. 성도식(Gender Scheme)　　　　　B. 성유형화(Sex Typing)
C. 성고정관념(Gender Stereotype)　　D. 성역할(Sex Role)

① ㄱ - B, ㄴ - A, ㄷ - C, ㄹ - D　　② ㄱ - A, ㄴ - B, ㄷ - D, ㄹ - C
③ ㄱ - C, ㄴ - B, ㄷ - A, ㄹ - D　　④ ㄱ - D, ㄴ - B, ㄷ - C, ㄹ - A
⑤ ㄱ - A, ㄴ - B, ㄷ - C, ㄹ - D

해설

• 성도식 : 남성과 여성에 대한 조직화된 신념과 기대
• 성유형화 : 성에 대한 문화적 고정관념에 부합하는 방식으로 생물학적 성과 연관된 대상, 행위, 습성, 역할
• 성고정관념 : 남성과 여성이 가져야 한다고 여겨지는 특성에 관한 일반적 관념
• 성역할 : 남성이 해야 할 일과 여성이 해야 할 일의 역할분담을 하는 것

정답 ⑤

21 애착유형과 그 개념이 옳게 연결된 것은?

ㄱ. 양육자에게 접근 및 접촉을 시도하지 않고 안정감이 결여된 상태를 보인다.
ㄴ. 양육자에 대한 태도를 쉽게 결정하지 못하고 안정감이 결여된 상태를 보인다.
ㄷ. 양육자에게 접근 및 접촉을 시도하고 양육자의 존재를 안전기반으로 여긴다.
ㄹ. 양육자에게 이율배반적 행동을 보이며 안정감이 결여된 상태를 보인다.

① ㄱ - 불안정 저항애착, ㄴ - 불안정 혼돈애착, ㄷ - 안정애착, ㄹ - 불안정 회피애착
② ㄱ - 불안정 혼돈애착, ㄴ - 불안정 저항애착, ㄷ - 안정애착, ㄹ - 불안정 회피애착
③ ㄱ - 불안정 회피애착, ㄴ - 불안정 혼돈애착, ㄷ - 안정애착, ㄹ - 불안정 저항애착
④ ㄱ - 불안정 저항애착, ㄴ - 불안정 회피애착, ㄷ - 안정애착, ㄹ - 불안정 혼돈애착
⑤ ㄱ - 불안정 회피애착, ㄴ - 불안정 저항애착, ㄷ - 안정애착, ㄹ - 불안정 혼돈애착

해설

안정애착과 불안정애착

• 안정애착 : 아동이 양육자에게 접근 및 접촉을 시도하고 양육자의 존재를 안전기반으로 여긴다. 양육자는 아동에게 충분한 주의를 기울이며 수용적인 태도를 보인다.
• 불안정 회피애착 : 아동이 양육자에게 접근 및 접촉을 시도하지 않고 안정감이 결여된 상태를 보인다. 양육자는 아동에게 주의를 기울이거나 간섭하지 않지만, 아동을 거부하지도 않는다.
• 불안정 저항애착 : 아동이 양육자에게 이율배반적 행동을 보이며 안정감이 결여된 상태를 보인다. 양육자는 아동에게 주의를 기울이지 않으며 아동을 거부한다.
• 불안정 혼돈애착 : 아동이 양육자에 대한 태도를 쉽게 결정하지 못하고 안정감이 결여된 상태를 보인다. 양육자는 비일관적인 양육 태도를 보인다.

정답 ③

22 에릭슨(Erikson)의 심리사회적 발달단계에 대한 내용 중 옳지 않은 것은?

① 모두 7단계가 있으며 각각의 단계마다 위기가 발생한다.
② 성숙은 점성적 원리에 따라 일어난다.
③ 노년기에는 자아통합 대 절망의 위기를 겪게 된다.
④ 단계별 위기는 개인이 덕목을 발달시킬 기회를 준다.
⑤ 성인기에는 생산성 대 침체감의 위기를 겪게 된다.

해설
에릭슨은 심리사회적 발달단계를 총 8단계로 구분하였다.

정답 ①

23 성인중기에 나타나는 변화로 옳지 않은 것은?

① 기억정보를 활성화하는 데 필요한 시간이 눈에 띄게 증가한다.
② 사회적 지위와 역할이 상실됨에 따라 이에 대한 대처방식이 요구된다.
③ 여성은 폐경으로 인해 여러 가지 생물학적인 변화와 증상들을 겪게 된다.
④ 언어능력과 관계적 사고, 지혜가 발달하는 한편 수리능력은 약간 감소한다.
⑤ 시각범위가 좁아지고 가까운 거리의 사물을 보는 것이 어려워진다.

해설
성인중기가 아니라 노년기에 해당하는 내용이다. 노년기에 이른 노인들은 사회적 지위와 역할이 상실됨에 따라 근로형, 한거형, 사회오락형 등의 대처 유형을 보이게 된다.

정답 ②

24 성인기 은퇴의 단계를 순서대로 나열한 것은?

① 퇴직전단계 → 환멸단계 → 재지향단계 → 밀월단계 → 안정단계 → 종결단계
② 퇴직전단계 → 안정단계 → 밀월단계 → 환멸단계 → 재지향단계 → 종결단계
③ 퇴직전단계 → 밀월단계 → 재지향단계 → 환멸단계 → 안정단계 → 종결단계
④ 퇴직전단계 → 밀월단계 → 환멸단계 → 재지향단계 → 안정단계 → 종결단계
⑤ 퇴직전단계 → 밀월단계 → 재지향단계 → 안정단계 → 환멸단계 → 종결단계

해설
은퇴의 단계
퇴직전단계 → 밀월단계 → 환멸단계 → 재지향단계 → 안정단계 → 종결단계

정답 ④

25 레빈슨(Levinson)의 인생주기에 관한 설명으로 옳지 않은 것은?

① 인생주기 모형은 '성인기 사계절이론'이라고도 불린다.
② 성인의 인생주기를 17세부터 65세까지 12개의 단계로 나눠 설명하였다.
③ 개인의 선택에 따라 생애구조는 달라질 수 있다고 보았다.
④ 생애구조란 일정한 시기에서의 개인의 생에 내재된 양식과 설계를 말한다.
⑤ 생애구조의 요소에는 인간관계, 결혼과 가족, 직업 등이 포함된다.

해설
레빈슨의 인생주기 모형에서는 성인의 인생주기를 총 9개의 주요 단계로 나눠 설명하였다.

정답 ②

01 취약성-스트레스 모델(Vulnerability-Stress Model)에 대한 설명 중 옳은 것을 모두 고른 것은?

> ㄱ. 이상행동은 유전적·생리적·심리적으로 특정 장애에 걸리기 쉬운 개인적 특성과 스트레스 경험이 상호작용함으로써 발생한다.
> ㄴ. 심리사회적 스트레스는 이상행동을 유발하는 원인으로, 동일한 불행한 사건을 경험한 사람은 동일한 이상행동을 나타내게 된다.
> ㄷ. 각 개인은 저마다 성격이나 심리적 특성이 다르므로 불행한 사건에 대처하는 방식과 그 심리적 결과 또한 다르다.
> ㄹ. 이상행동의 유발과정을 이해하기 위해 환경으로부터 주어지는 심리사회적 스트레스와 그에 대응하는 개인적 특성을 동시에 고려해야 한다고 주장한다.

① ㄱ, ㄴ
② ㄷ, ㄹ
③ ㄱ, ㄴ, ㄷ
④ ㄱ, ㄷ, ㄹ
⑤ ㄴ, ㄷ, ㄹ

해설

ㄴ. 심리사회적 스트레스는 이상행동을 유발하는 원인이지만, 모든 사람들이 동일한 문제사건을 경험한다고 해서 동일한 이상행동을 나타내는 것은 아니다.

정답 ④

02 DSM-5의 정신장애 범주에서 신경발달장애(Neurodevelopmental Disorders)에 해당되지 않는 것은?

① 의사소통장애(Communication Disorders)
② 특정학습장애(Specific Learning Disorder)
③ 운동장애(Motor Disorders)
④ 주요 및 경도 신경인지장애(Major and Mild Neurocognitive Disorders)
⑤ 자폐스펙트럼장애(Autism Spectrum Disorder)

해설

신경인지장애(Neurocognitive Disorders)에 해당된다.

정답 ④

03 DSM-5의 범불안장애 진단기준에 해당되지 않는 것은?

① 걱정의 초점이 주로 과거 자신의 잘못에 맞추어짐
② 장애가 물질의 생리적 효과나 다른 의학적 상태로 인한 것이 아님
③ 걱정을 통제하기 어려움
④ 불안과 걱정이 당사자에게 심각한 고통을 유발함
⑤ 과도한 불안과 걱정의 기간이 6개월 이상 지속됨

해설

범불안장애는 일상 속에서 겪게 되는 여러 사건이나 활동에 대해서 지나치게 걱정함으로써 지속적인 불안과 긴장을 경험하는 것을 말한다. 이런 상태가 오랫동안 지속되면 개인은 몹시 고통스러우며 현실적응에도 어려움을 겪게 된다.

정답 ①

04 광장공포증(Agoraphobia)이 나타나는 상황으로 옳지 않은 것은?

① 대중교통수단을 이용하는 상황
② 개방된 공간에 있는 상황
③ 사회적 상호작용 상황
④ 줄을 서 있거나 군중 속에 있는 상황
⑤ 집 밖에 혼자 있는 상황

해설
사회공포증(Social Phobia)이 나타나는 상황에 해당된다.

정답 ③

05 강박 및 관련 장애(Obsessive-Compulsive and Related Disorders)의 하위유형에 속하지 않는 것은?

① 신체변형장애
② 저장장애
③ 발모광
④ 피부벗기기장애 또는 피부뜯기장애
⑤ 전환장애

해설
전환장애는 신체증상 및 관련 장애(Somatic Symptom and Related Disorders)의 하위유형에 해당된다.

정답 ⑤

06 교통사고를 크게 당한 사람이 차에 타면 극심한 불안증상을 느낄 때 의심할 수 있는 장애는?

① 외상 후 스트레스장애
② 특정공포증
③ 적응장애
④ 사회공포증
⑤ 범불안장애

해설
외상 후 스트레스장애는 충격적인 사건, 예를 들어 강간, 폭행, 교통사고, 자연재해, 가족이나 친구의 죽음 등을 경험한 후 불안상태가 지속적으로 나타나는 장애로, 충격적 경험 후 과각성 상태가 지속되고 고통스런 기억에서 벗어나지 못하며 그로 인해 자극을 회피하는 증상이나 사건에 대한 인지와 감정의 부정적 변화가 현저한 상태가 포함된다.

정답 ①

07 반응성 애착장애(Reactive Attachment Disorder)에 대한 내용으로 옳지 않은 것은?

① 대략 생후 9개월 이상 만 5세 이전의 아동에게서 주로 발병하며, 아동이 양육자와의 애착외상(Attachment Trauma)으로 인해 부적절하고 위축된 대인관계패턴을 나타낸다.
② 유아기 및 초기아동기에 특정 양육자와 일관성 있고 안정된 애착형성이 중요함에도 불구하고 양육자에게서 충분한 애정을 받지 못하거나 학대 혹은 방임상태로 양육되면서 애착외상이 발생한다.
③ 반응성 애착장애를 가진 아동은 부모를 비롯하여 타인과의 접촉을 두려워하고 이를 회피하므로 사회성 발달에 어려움을 경험하게 된다.
④ 언어발달이 늦어지거나 상동증적 행동을 보이기도 하나 인지발달에서는 지연이 일어나지 않는 특징이 있다.
⑤ 아동의 흥미를 유발하고 쉽게 몰입할 수 있도록 하는 놀이치료가 효과적인 것으로 알려져 있다.

해설
인지발달, 언어발달이 늦어지거나 상동증적 행동을 보이는 경우도 있다.

정답 ④

08　파괴적 기분조절부전장애에 대한 설명으로 옳지 않은 것은?

① 언어적 또는 행동적 분노발작이 나타난다.

② 분노발작 사이에 아동은 분노, 짜증, 또는 우울감을 보인다.

③ 일주일에 3회 이상 발달수준에 맞지 않는 분노발작이 나타난다.

④ 지속시간은 관계없이 분노발작의 강도를 가장 중요하게 고려한다.

⑤ 발달수준에 적합하지 않은 분노발작이 일주일에 3회 이상 발생한다.

해설

파괴적 기분조절부전장애는 언어적 또는 행동적 분노발작의 강도나 지속시간이 극도로 비정상적일 경우에 진단된다.

정답　④

09　아브람슨(Abramson)의 우울증의 귀인이론(Attribution Theory of Depression)에 의한 우울유발적 귀인의 내용으로 옳지 않은 것은?

① 실패의 원인을 자신의 능력 또는 노력의 부족, 성격상의 결함 등 내부적 요인으로 귀인하는 경우 우울감이 증폭된다.

② 실패의 원인을 자신의 능력 부족이나 성격상의 결함 등 안정적 요인으로 귀인하는 경우 우울감은 장기화된다.

③ 실패의 원인을 자신의 특수한 능력 부족이나 성격상 일부의 문제 등으로 귀인하는 경우 우울증이 일반화된다.

④ 실패의 원인을 과제의 난이도나 운 등의 외부적 요인으로 귀인하는 경우 우울감은 상대적으로 낮은 수준을 보인다.

⑤ 실패의 원인을 노력 부족 등 불안정적 요인으로 귀인하는 경우 우울감은 상대적으로 단기화된다.

해설

우울증의 귀인이론(Abramson)

귀 인	우울증의 진행양상
내부적 · 외부적	• 실패의 원인을 자신의 능력 또는 노력의 부족, 성격상의 결함 등의 내부적 요인으로 귀인하는 경우 우울감이 증폭된다. • 실패의 원인을 과제의 난이도나 운 등의 외부적 요인으로 귀인하는 경우 우울감은 상대적으로 낮은 수준을 보인다.
안정적 · 불안정적	• 실패의 원인을 자신의 능력 부족이나 성격상의 결함 등의 안정적 요인으로 귀인하는 경우 우울감은 장기화된다. • 실패의 원인을 노력 부족 등 불안정적 요인으로 귀인하는 경우 우울감은 상대적으로 단기화된다.
전반적 · 부분적	• 실패의 원인을 자신의 전반적인 능력 부족이나 성격 전체의 문제 등의 전반적 요인으로 귀인하는 경우 우울증이 일반화된다. • 실패의 원인을 자신의 특수한 능력 부족이나 성격상 일부의 문제 등의 부분적 요인으로 귀인하는 경우 우울증이 특수화된다.

정답　③

10 우울증을 설명하는 이론 중 인지삼제(Cognitive Triad)에 대한 내용으로 옳지 않은 것은?

① 자기 자신에 대한 비관적 사고를 말한다.
② 자기 자신의 앞날에 대한 염세주의적 사고를 말한다.
③ 이 사고체계는 자동적으로 부정적인 생각을 불러일으킨다.
④ 글래서(Glasser)가 주장한 내용이다.
⑤ 자기 주변은 물론 세상 전반에 대한 부정적 사고를 말한다.

해설

벡(Beck)이 인지치료에서 주장한 내용이다.
인지삼제
• 자신에 대한 비관적인 생각
• 미래에 대한 염세주의적인 생각
• 세상에 대한 부정적인 생각

정답 ④

11 DSM-5상 공황발작의 특징을 모두 고른 것은?

> ㄱ. 어지럼증
> ㄴ. 몸이 떨리고 땀을 흘림
> ㄷ. 호흡이 가빠지고 숨이 막힐 것 같은 느낌
> ㄹ. 미쳐버리거나 통제력을 상실할 것 같은 느낌

① ㄱ, ㄴ   ② ㄴ, ㄷ
③ ㄷ, ㄹ   ④ ㄱ, ㄴ, ㄹ
⑤ ㄱ, ㄴ, ㄷ, ㄹ

해설

공황발작의 13가지 증상
• 가슴이 두근거리거나 심장박동이 강렬하거나 또는 급작스럽게 빨라짐
• 땀흘림
• 몸떨림 또는 손발떨림
• 숨이 가쁘거나 막히는 느낌
• 질식할 것 같은 느낌
• 가슴통증 또는 답답함
• 구토감 또는 복부통증
• 현기증, 비틀거림, 몽롱함, 기절상태의 느낌
• 몸에 한기나 열기를 느낌
• 감각이상(마비감이나 저린 느낌)
• 비현실감 또는 이인감(자기 자신으로부터 분리된 느낌)
• 자기통제를 상실하거나 미칠 것 같은 두려움
• 죽을 것 같은 두려움

정답 ⑤

12 장애에 대한 설명 중 그 성격이 다른 것은?

① 의식, 기억, 행동 및 자기정체감의 통합적 기능에 있어서 갑작스러운 이상증상을 나타내는 장애이다.

② 일상생활에서 누구나 겪을 수 있는 정상적인 경험에서부터 심한 부적응상태를 초래하는 병리적 현상에 이르기까지 광범위하고 연속적인 심리적 현상으로 볼 수 있다.

③ 정신분석학적 관점에서 이 장애의 과정은 정신의 능동적 과정이다.

④ 감당하기 어려운 충격적 경험으로부터 자신을 보호하기 위한 기능을 담당한다는 측면에서 적응적인 것으로 간주되기도 하지만, 그것이 지나치거나 부적응적인 양상으로 나타나는 경우 이 장애로 진단된다.

⑤ 환청, 환시 등을 경험하며 다양한 주제에 관하여 망상적 사고를 보인다.

해설

⑤ 외부자극 없이 유사 지각경험(환청, 환시, 환후, 환촉, 환미)을 하게 되며, 다양한 주제의 망상(피해망상, 관계망상, 과대망상, 색정망상, 허무망상, 신체망상 등)적 사고를 보이는 것은 조현병에 관한 설명이다.

①·②·③·④ 해리장애에 관한 설명이다.

정답 ⑤

13 심리적 요인이 운동기능 또는 감각기능에 영향을 미쳐서 발병하게 되며, 증상을 명확히 설명하거나 밝혀내기 어려운 장애는 무엇인가?

① 전환장애(Conversion Disorder)

② 질병불안장애(Illness Anxiety Disorder)

③ 신체증상장애(Somatic Symptom Disorder)

④ 이인증/비현실감장애(Depersonalization/Derealization Disorder)

⑤ 해리성 기억상실(Dissociative Amnesia)

해설

운동기능이나 감각기능상의 장해가 나타나지만 그와 같은 기능상의 장해를 설명할 수 있는 신체적 혹은 기질적 이상이 발견되지 않는 장애인 전환장애에 대한 내용이다.

정답 ①

14 조현병(Schizophrenia)에 대한 내용으로 옳지 않은 것은?

① DSM-5 진단기준으로 최소 3개월 이상 지속되어야 조현병으로 진단한다.

② 뇌의 특별한 기질적 이상 없이 사고나 감정, 언어, 지각, 행동 등에서 부적응적인 양상을 나타내는 정신장애이다.

③ 현실검증력이 손상되어 비현실적 지각과 비논리적 사고를 나타내며, 혼란스러운 심리상태에 빠지게 된다.

④ 단일질환이라기보다는 다양한 원인에 의해 유사한 증상들을 보이는 일종의 질환군으로 보아야 한다.

⑤ 망상, 환각, 와해된 언어를 핵심증상으로 간주한다.

해설

증상이 최소 6개월 이상 지속되고, 최소 1개월 이상 활성기 증상을 보여야 조현병으로 진단할 수 있다.

정답 ①

15 슈나이더(Schneider)의 정신분열증(DSM-5상 조현병)의 11가지 1급 증상에 포함되지 않는 것은?

① 사고반향
② 환청과의 대화나 논쟁
③ 자신의 활동을 간섭하거나 논평하는 환청
④ 사고철수
⑤ 자폐증

해설

정신분열증(조현병)의 11가지 1급 증상
• 사고반향(자신의 생각이 크게 말해지는 소리를 들음)
• 환청과의 대화나 논쟁
• 자신의 활동을 간섭하거나 논평하는 환청
• 망상적 지각(지각 자체는 정상이나 그에 대해 망상적 해석을 내림)
• 신체적 피동체험(외부의 힘에 의해 자신의 행동이 지배당한다는 믿음)
• 사고투입(외부의 힘에 의해 이질적인 사고가 자신에게 주입되는 느낌)
• 사고철수(외부의 힘에 의해 자신의 사고를 빼앗기는 느낌)
• 사고전파(자신의 사고가 마술적이고 불수의적으로 다른 사람에게 전달된다는 믿음)
• 만들어진 감정(외부의 힘에 의해 부여되고 조정되는 감정의 경험)
• 만들어진 충동(외부의 힘에 의해 부여되고 조정되는 충동의 경험)
• 만들어진 수의적 행동(외부의 힘에 의해 자신의 행동이 조정되는 경험)

정답 ⑤

16 도파민가설에 대한 설명 중 옳지 않은 것은?

① 조현병의 원인을 설명하는 이론들 가운데 가장 주목받는 이론 중 하나이다.
② 도파민 과소가 조현병의 원인이라고 주장한다.
③ 도파민은 정신장애와 관련되어 있는 주요 신경전달물질의 일종이다.
④ 환자에게 중추신경흥분제인 암페타민(Amphetamine)을 투여하여 도파민의 활성도를 조절할 수 있다.
⑤ 도파민의 전구물질인 레보도파(L-Dopa)를 조현병 환자에게 투여하는 경우 증상이 악화될 수 있다.

해설

도파민 과잉이 조현병의 원인이라고 주장한다.

정답 ②

17 상동증적 운동장애에 관한 설명 중 다음 괄호 안에 들어갈 말로 옳지 않은 것은?

> • 기능성이 없는 특정 행동을 반복적이고 충동적으로 실행하는 운동장애를 말한다.
> • 상동증적 운동장애의 정형적인 행동인 (   ) 등은 틱에 비해 자해적인 측면이 있으며 율동적이다.

① 손가락 깨물기   ② 고개를 좌우로 흔들기
③ 머리를 벽에 부딪치기   ④ 머리카락 뽑기
⑤ 몸에 구멍 뚫기

해설

머리카락을 뽑는 행위는 상동증적 운동장애가 아닌, 발모광 또는 털뽑기장애에 해당하는 내용이다.

정답 ④

18 블로일러(Bleuler)가 제시한 조현병의 네 가지 근본증상에 속하지 않는 것은?

① 사고형태 및 조직화의 장해　　　　　② 둔마된 감정

③ 혼란스러운 행동　　　　　　　　　　④ 무언어증

⑤ 비현실적 공상

> **해설**
>
> 무언어증(Alogia)은 정상적·적응적 기능의 결여를 나타내는 음성증상으로 조현병의 4A 증상에 해당하지 않는다.
> **조현병의 4A 증상(Bleuler)**
> • 연상의 장해(Association Disturbance) : 사고형태 및 조직화의 장해, 연상의 이완 또는 탈선, 와해된 언어 등
> • 정서의 장애(Affective Impairment) : 부적절한 정서, 둔마된 감정, 무감동, 무욕증 등
> • 양가성(Ambivalence) : 감정·의지·사고의 양가성, 사고와 충동 간의 내적 갈등, 혼란스러운 행동 등
> • 자폐증(Autism) : 현실에서의 철수, 자폐적 고립, 비현실적 공상 등
>
> **정답** ④

19 망상장애(Delusional Disorder)의 하위유형이 옳게 설명된 것은?

① 색정형(Erotomanic Type) – 망상의 중심주제가 자신의 배우자나 연인이 부정을 저지르고 있다는 것일 때 적용된다.

② 과대형(Grandiose Type) – 망상의 중심주제가 신체적 기능이나 감각을 수반하는 것일 때 적용된다.

③ 피해형(Persecutory Type) – 망상의 중심주제가 자신이 음모나 속임수, 염탐, 추적, 독극물이나 약물 투입, 악의적 비방, 희롱 혹은 장기목표 수행상의 방해를 받고 있다는 것일 때 적용된다.

④ 신체형(Somatic Type) – 망상의 중심주제가 어떤 위대한 (그러나 확인되지 않은) 재능이나 통찰력을 갖고 있다거나 어떤 중요한 발견을 하였다고 확신하는 것일 때 적용된다.

⑤ 질투형(Jealous Type) – 망상의 중심주제가 다른 사람이 자신을 사랑하고 있다는 것일 때 적용된다.

> **해설**
>
> ① 색정형 : 망상의 중심주제가 다른 사람이 자신을 사랑하고 있다는 것일 때 적용된다.
> ② 과대형 : 망상의 중심주제가 어떤 위대한 (그러나 확인되지 않은) 재능이나 통찰력을 갖고 있다거나 어떤 중요한 발견을 하였다고 확신하는 것일 때 적용된다.
> ④ 신체형 : 망상의 중심주제가 신체적 기능이나 감각을 수반하는 것일 때 적용된다.
> ⑤ 질투형 : 망상의 중심주제가 자신의 배우자나 연인이 부정을 저지르고 있다는 것일 때 적용된다.
>
> **정답** ③

20 성격장애(Personality Disorder)에 대한 설명으로 옳지 않은 것은?

① 성격장애는 성격 자체의 부적응성으로 인해 개인이 사회적·문화적 기대에 어긋난 내적 경험과 행동양식을 보이는 경우를 말한다.

② 아동기부터 점진적으로 형성되기 시작하여, 학령전기를 전후로 진단된다.

③ 성격장애는 부적응적인 성격특성이 생활 전반에 걸쳐 널리 퍼져 있으며, 그 기간이 최소 1년 동안 지속되어야 한다.

④ 성격장애는 시간이 지나더라도 쉽게 변하지 않으며, 그로 인한 고통과 장애를 동반한다.

⑤ 중요한 지지자나 지지기반을 상실한 경우, 사회적·직업적 적응에 현저한 문제가 발생한 경우 악화될 수 있다.

> **해설**
>
> 임상적 증후군과 달리 아동기부터 점진적으로 형성되기 시작하여, 성격적·인격적 특성이 굳어지는 대략 18세 이후의 청소년후기 또는 성인초기에 진단된다.
>
> **정답** ②

21 DSM-5상 다음 진단기준에 해당하는 장애는 무엇인가?

> • 가족의 일원이 되는 것을 포함하여 친밀한 관계를 원하지도 즐기지도 않는다.
> • 거의 항상 혼자서 하는 활동을 선택한다.
> • 타인과 성적 경험을 가지는 것에 대해 흥미가 없다.
> • 즐거움을 주는 활동이 거의 없으며, 극히 소수의 활동에서 즐거움을 얻는다.
> • 직계가족 이외에 가까운 친구나 속내를 털어놓을 수 있는 친구가 없다.
> • 타인의 칭찬이나 비평에 무관심한 반응을 보인다.
> • 정서적으로 냉담하고 고립적이며 단조로운 정동을 보인다.

① 조현형 성격장애(Schizotypal Personality Disorder)
② 반사회성 성격장애(Antisocial Personality Disorder)
③ 조현성 성격장애(Schizoid Personality Disorder)
④ 경계선 성격장애(Borderline Personality Disorder)
⑤ 회피성 성격장애(Avoidant Personality Disorder)

해설
조현성 성격장애의 진단기준에 해당되는 내용이다.

정답 ③

22 반사회성 성격장애(Antisocial Personality Disorder) 환자를 치료할 때 유의할 점으로 옳지 않은 것은?

① 일상적이고 사회적인 자극이 치료에 도움을 줄 수 있으므로 일상생활 속에서 내원하는 방식의 치료를 진행하는 것이 좋다.
② 치료를 시작하기에 앞서 확고한 한계를 설정하며, 환자의 자기파괴적 행동을 통제할 수 있는 대책을 수립하여야 한다.
③ 권위적 인물에 저항하는 경향이 있으므로, 치료자는 중립적이고 수용적인 태도를 유지하여야 한다.
④ 책임을 져야 하는 상황에서 이를 회피 또는 도피하려는 경향이 있으므로, 치료자는 이와 같은 회피 또는 도피 욕구를 받아주어서는 안 된다.
⑤ 환자가 자신의 행동에 대해 책임을 질 줄 아는 능력을 키우는 데 치료의 목표를 두도록 한다.

해설
특수한 치료시설에 장기간 입원시킨 상태에서 치료를 시작하는 것이 바람직하다.

정답 ①

23 다음 특징을 가지는 성격장애는 무엇인가?

> • 자신이 관심의 초점이 되지 못하는 상황에서 불편해한다.
> • 다른 사람과의 상호작용에서 종종 부적절한 성적 유혹 또는 도발적 행동을 한다.
> • 감정변화가 급격하며, 감정표현이 피상적이다.
> • 주위의 관심을 자신에게로 끌어들이기 위해 시종일관 육체적 외모를 사용한다.
> • 지나치게 인상적으로 말하면서도 세부적 내용이 결여된 대화양식을 가지고 있다.
> • 자기연극화(Self-dramatization), 연극조, 과장된 감정표현을 한다.
> • 피암시성이 높다.
> • 대인관계를 실제보다 더욱 친밀한 것으로 생각한다.

① 히스테리성 성격장애(Histrionic Personality Disorder)
② 자기애성 성격장애(Narcissistic Personality Disorder)
③ 의존성 성격장애(Dependent Personality Disorder)
④ 강박성 성격장애(Obsessive-Compulsive Personality Disorder)
⑤ 회피성 성격장애(Avoidant Personality Disorder)

해설
연극성 성격장애라고도 부르는 히스테리성 성격장애의 특징에 해당된다.

정답 ①

24 다음에 해당하는 장애는?

> • 적어도 1개월 동안 비영양성·비음식 물질을 먹는다.
> • 먹는 행동이 사회적 관습 혹은 문화적 지지를 받지 못한다.
> • 비영양성·비음식 물질을 먹는 것이 발달수준에 비추어 볼 때 부적절하다.

① 되새김장애   ② 이식증
③ 회피적/제한적 음식섭취장애   ④ 영양결핍
⑤ 신경성 식욕부진증

해설
이식증
• 영양분이 없는 물질이나 먹지 못할 것(종이, 천, 흙, 머리카락)을 적어도 1개월 이상 지속적으로 먹는 경우이다.
• 가정의 경제적 빈곤, 부모의 무지와 무관심, 아동의 발달지체와 관련된 경우가 흔하다.

정답 ②

25 주의력결핍 및 과잉행동장애(Attention-Deficit/Hyperactivity Disorder)의 진단기준에서 성격이 다른 하나는?

① 종종 세밀하게 주의를 기울이지 못하거나 학업, 직업 또는 다른 활동에서 빈번히 실수를 저지른다.
② 종종 과제를 하거나 놀이를 할 때 지속적으로 주의를 집중하지 못한다.
③ 종종 조용한 여가활동에 참여하거나 놀지 못한다.
④ 종종 다른 사람이 직접 말을 할 때 경청하지 않는 것처럼 보인다.
⑤ 종종 과제나 활동을 하는 데 필요한 물건들을 잃어버린다.

해설
③ 과잉행동-충동 우세형
①·②·④·⑤ 주의력결핍 우세형

정답 ③

01 다음 중 고전적 조건형성에 해당하는 내용을 모두 고른 것은?

> ㄱ. 덩치가 크고 사납게 생긴 개를 보고 놀란 경험이 있는 어린아이는 개에 대한 강력하고 일반화된 공포증을 학습함으로써 이후 어떤 개에게도 접근하기를 두려워하게 된다.
> ㄴ. 광고업자들은 상품을 매력적인 인물이나 즐거움을 주는 배경과 연합시켜 보여준다.
> ㄷ. 야구선수가 빨간 장갑을 착용한 날 우연히 성적이 좋게 나오자 다음 경기부터 빨간 장갑을 지속적으로 착용한다.
> ㄹ. 한 마리의 개가 무슨 짓을 해도 전기충격 상자를 탈출할 수 없자 자포자기한 채 탈출을 포기하고 전기충격을 받고 있다.

① ㄱ   ② ㄱ, ㄴ
③ ㄱ, ㄴ, ㄷ   ④ ㄴ, ㄷ, ㄹ
⑤ ㄱ, ㄴ, ㄷ, ㄹ

해설
ㄷ. 조작적 조건형성(미신적 행동)
ㄹ. 조작적 조건형성(학습된 무력감)

정답 ②

02 고전적 조건형성과 조작적 조건형성에 대한 내용으로 옳지 않은 것은?

① 고전적 조건형성은 자극이 반응의 앞에 오고, 조작적 조건형성은 반응이 보상 앞에 온다.
② 고전적 조건형성에서는 자극이 반응을 추출하지만, 조작적 조건형성에서는 자극이 반응을 방출한다.
③ 고전적 조건형성에서는 특수자극이 특수반응을 일으키지만, 조작적 조건형성에서 특수반응을 일으키는 특수자극은 존재하지 않는다.
④ 고전적 조건형성에서는 한 자극이 다른 자극을 대치하는 형태로 조건형성이 일어나지만, 조작적 조건형성에서는 이러한 자극의 대치가 일어나지 않는다.
⑤ 고전적 조건형성에서는 목적지향적·수의적 행동이 학습되지만, 조작적 조건형성에서는 정서적·불수의적 행동이 학습된다.

해설
고전적 조건형성에서는 정서적·불수의적 행동이 학습되지만 조작적 조건형성에서는 목적지향적·수의적 행동이 학습된다.

참고
②의 반응의 추출(Elicit)과 반응의 방출(Emit)이라는 용어는 전자의 경우 반응이 선행자극에 의해 수동적으로 좌우되며, 후자의 경우 반응은 결과에 따라 능동적으로 결정된다는 의미로 볼 수 있습니다.

정답 ⑤

03 다음에서 설명하는 학습이론의 개념은 무엇인가?

> 숙제하는 것을 몹시 싫어하는 아이에게 숙제를 마치면 좋아하는 TV 프로그램을 시청할 시간을 준다.

① 프리맥의 원리　　　　　　　　　　② 행동수정
③ 조 형　　　　　　　　　　　　　　④ 이차적 조건형성
⑤ 일반화

해설

프리맥의 원리(Premack's Principle)
• 높은 빈도의 행동(선호하는 활동)은 낮은 빈도의 행동(덜 선호하는 행동)에 대해 효과적인 강화인자가 될 수 있다.
• 프리맥의 원리가 효과적이기 위해서는 낮은 빈도의 행동(덜 선호하는 행동)이 먼저 일어나야 한다.

정답 ①

04 다음 사례에서 조건 자극(CS) - 무조건 자극(US) - 조건 반응(CR)을 옳게 연결한 것은?

> 고교 시절의 첫사랑인 미인이는 항상 하늘색 머리띠를 하고 다녔습니다. 미인이가 너무 좋지만 용기가 없어서 고백은 못한 채 항상 삐딱하게 괴롭히는 방식으로 관심을 표현하였지요. 주로 머리띠를 가지고 도망치는 방식으로 괴롭혔어요... 지금 생각하면 참...
> 결국 고교를 졸업하고 다른 지역의 대학으로 진학하면서 영원히 헤어지게 되었네요... 벌써 10년 전 일인데 사실 아직도 하늘색 머리띠만 보면 마음이 설레는 경험을 하곤 합니다.

① 미인 - 하늘색 머리띠 - 설렘　　　　② 하늘색 머리띠 - 미인 - 설렘
③ 괴롭힘 - 미인 - 설렘　　　　　　　④ 미인 - 괴롭힘 - 설렘
⑤ 첫사랑 - 미인 - 설렘

해설

• 조건 자극(CS) : 하늘색 머리띠
• 무조건 자극(US) : 미인
• 조건 반응(CR) : 설렘

정답 ②

05 변동비율계획(VR), 고정비율계획(FR), 변동간격계획(VI), 고정간격계획(FI)을 반응률이 높은 순서대로 나열한 것은?

① 변동간격계획(VI) > 고정간격계획(FI) > 변동비율계획(VR) > 고정비율계획(FR)
② 변동비율계획(VR) > 변동간격계획(VI) > 고정비율계획(FR) > 고정간격계획(FI)
③ 변동비율계획(VR) > 고정비율계획(FR) > 변동간격계획(VI) > 고정간격계획(FI)
④ 고정비율계획(FR) > 변동간격계획(VI) > 변동비율계획(VR) > 고정간격계획(FI)
⑤ 고정간격계획(FI) > 변동비율계획(VR) > 고정비율계획(FR) > 변동간격계획(VI)

해설

강화계획에 따른 반응률의 크기
변동비율계획(VR) > 고정비율계획(FR) > 변동간격계획(VI) > 고정간격계획(FI)

정답 ③

06 반두라(Bandura)의 사회학습이론에 대한 내용으로 옳지 않은 것은?

① 행동주의적 관점에 따르면, 행동에 대한 직접적인 보상이 없더라도 모델 행동이 강화인으로 작용하여 학습이 일어나는 효과가 있다.

② 관찰학습, 모방학습, 또는 대리학습이라고도 부른다.

③ 사회학습이론에서 강화는 단지 학습에 영향을 주는 조건화를 촉진시키는 한 요소이다.

④ 인간은 자기효능감을 성취하는 방향으로 행동을 규제할 수 있다.

⑤ 관찰학습에 영향을 주는 변인으로는 모델의 특성, 모델이 한 행동의 결과, 관찰자의 특성 등이 있다.

해설

모델 행동에 의한 강화는 간접경험 모방학습과 관련된 설명이다. 행동주의적 관점은 직접경험 모방학습이 일어난다고 보았으며, 이에 따르면 행동에 강화를 받을수록 모방학습이 더 잘 일어난다고 하였다.

정답 ①

07 학습에 대한 학자들의 정의 중 연결이 옳지 않은 것은?

① 파블로프(Pavlov) - 학습은 자극과 반응의 결합이다.

② 스키너(Skinner) - 학습은 강화에 의한 조건화의 과정이다.

③ 킴블(Kimble) - 학습은 강화된 훈련의 결과로 나타나는 행동잠재력의 비교적 영속적인 변화이다.

④ 코프카(Koffka) - 학습은 통찰에 의한 관계의 발견이다.

⑤ 켈러(Keller) - 학습은 추상적 개념과 구체적 사실을 연관시키는 과정이다.

해설

서스톤의 지능에 대한 정의에 해당하는 내용이다. 켈러는 학습이론에 있어 학습자의 동기를 유발하는 것에 초점을 두었으며, ARCS 이론을 통해 주의(Attention), 관련성(Relevance), 자신감(Confidence), 만족감(Satisfaction)을 동기의 4가지 요소로 제시하였다.

정답 ⑤

08 연합주의(Connectionism)에 대한 개념을 도입한 학자로, 학습을 특정한 자극과 자발적 행동 사이의 매듭(Bond) 또는 연결(Connection)로 설명한 이는?

① 쾰러(Köhler)   ② 반두라(Bandura)

③ 파블로프(Pavlov)   ④ 손다이크(Thorndike)

⑤ 서스톤(Thurstone)

해설

손다이크(Thorndike)는 연합주의(자극-반응 결합론, 시행착오설) 개념을 도입하여 자극과 행동 사이의 연합을 통해 학습이 이루어진다고 주장하였으며, 학습의 법칙으로 효과의 법칙, 연습의 법칙, 준비성의 법칙, 중다 반응의 법칙 등을 제시하였다.

정답 ④

09 기억과정에 대한 내용에서 순서가 알맞게 연결된 것은?

> ㄱ. 지각이나 표상의 흔적을 재생가능한 형태로 보존시키는 것
> ㄴ. 현재 경험하고 있는 것이 과거에 경험한 것과 같은 것임을 알아내는 것
> ㄷ. 어떤 경험의 인상이나 흔적을 대뇌피질의 기억부위에 남기는 것
> ㄹ. 경험의 내용이 어떤 인연이나 필요에 의해 다시 의식으로 떠오르는 것

① ㄱ → ㄴ → ㄷ → ㄹ   ② ㄴ → ㄷ → ㄹ → ㄱ
③ ㄷ → ㄹ → ㄱ → ㄴ   ④ ㄷ → ㄱ → ㄹ → ㄴ
⑤ ㄹ → ㄷ → ㄴ → ㄱ

해설

기억의 과정
기명 → 파지 → 재생 → 재인
• 기명(Signation) : 어떤 경험의 인상이나 흔적을 대뇌피질의 기억부위에 남기는 것이다.
• 파지(Retention) : 지각이나 표상의 흔적을 재생가능한 형태로 보존시키는 것이다.
• 재생(Recall) : 경험의 내용이 어떤 인연이나 필요에 의해 다시 의식으로 떠오르는 것이다.
• 재인(Recongnition) : 현재 경험하고 있는 것이 과거에 경험한 것과 같은 것임을 알아내는 것이다.

정답 ④

10 파블로프(Pavlov)의 고전적 조건형성에 대한 내용 중 옳지 않은 것은?

① 행동의 강화는 유기체의 반응과는 무관하게 불수의적으로 일어나는 것이다.
② 더 이상 강화가 주어지지 않으면 학습된 행동이 점차 사라지는 것을 실험적 소거라고 한다.
③ 무조건 자극은 일차적 강화인이고 무조건 자극과 짝지어진 조건 자극도 이차적 강화인이 될 수 있다.
④ 소거가 일어나고 시간이 지난 뒤 다시 조건 자극을 주면 일시적으로 조건 반응이 다시 나타난다.
⑤ 고전적 조건형성이 일어나기 위해서는 무조건 자극이 먼저 제시되고 그다음에 조건 자극이 제시되어야 한다.

해설

고전적 조건형성이 일어나기 위해서는 조건 자극이 먼저 제시되고 그다음에 무조건 자극이 제시되어야 한다.

정답 ⑤

11 인간기억에 대한 정보처리모형의 기본가정으로 옳지 않은 것은?

① 인간은 정보를 처리하는 존재로 정보처리란 정보에 대하여 일어나는 정신적인 행위과정을 말한다.
② 지각, 시연, 사고, 문제해결, 망각 등의 모든 인지활동에는 정보처리가 포함된다.
③ 정보는 일련의 단계를 거쳐 순서대로 처리된다.
④ 인간은 무한정의 정보를 획득할 수 있지만 정보처리단계에서 처리할 수 있는 정보량은 한계가 있다.
⑤ 주의나 지각과 같은 정보처리과정과 기억 속에 저장된 정보는 서로 독립적으로 작용한다.

해설

주의나 지각과 같은 정보처리과정과 기억 속에 저장된 정보는 서로 상호작용한다.

정답 ⑤

12 기억과정에서 나타날 수 있는 망각에 대한 설명으로 옳지 않은 것은?

① 부호화에 실패한 것들을 기억해낼 수는 없다.

② 잘 부호화해도 때로는 나중에 망각하기도 하는데 이를 저장소멸이라고 한다.

③ 순행간섭은 새로운 학습이 기존정보의 회상을 방해할 때 일어나고, 역행간섭은 기존의 학습내용이 새로운 정보의 회상을 방해할 때 일어난다.

④ 기억 인출에 실패하는 이유는 고통스럽거나 불유쾌한 기억을 떠올리고 싶지 않기 때문인데 이를 동기적 망각이라고 한다.

⑤ 인출문제는 나이 든 사람들이 자주 겪는 기억실패의 원인이며 이들은 설단 현상에 의한 망각으로 더 자주 좌절을 경험한다.

> **해설**
> 순행간섭은 기존의 학습내용이 새로운 정보의 회상을 방해할 때 일어나고, 역행간섭은 새로운 학습이 기존정보의 회상을 방해할 때 일어난다.
>
> **정답** ③

13 레빈(Lewin)의 장이론(Field Theory)에 대한 내용으로 옳지 않은 것은?

① 레빈은 인본주의 심리학파로 환경과 개인의 역동적 관계성·전체성을 중심으로 장이론을 전개하였다.

② 장은 개인을 둘러싸고 그의 행동에 역동적인 힘을 가하는 주관적인 심리적 환경을 의미한다.

③ 장은 독립적인 의미를 가지면서 또한 장의 한 구성요소인 개인 자신과의 통합체라고 할 수 있다.

④ 레빈에 의하면 행동은 개인과 그가 처한 환경과의 상호작용의 결과로 나타나는 역동적이며 전체적인 통합체에 의한 결과이다.

⑤ 학습은 개인과 환경과의 역동적 관계에 의해 형성되는 장을 통하여 인지구조가 새로이 형성되거나 기존의 인지구조가 재구조화되는 과정이라고 하였다.

> **해설**
> 레빈(Lewin)은 형태주의 심리학파로 환경과 개인의 역동적 관계성·전체성을 중심으로 장이론을 전개하였다.
>
> **정답** ①

14 정보처리이론의 주요개념의 하나인 메타인지(Meta-Cognition)에 대한 내용으로 옳지 않은 것은?

① 타인의 인지과정 전체를 지각하고 통제하는 정신활동으로 사고과정에 대한 인식과 조절을 의미한다.

② 기억체계의 과정 전체를 지각하고 통제한다.

③ 인지과정 전체를 계획하고 점검하며 평가하는 일을 한다.

④ 어떤 정보에 주의를 기울여야 하는지, 시연을 사용할 것인지, 부호화를 사용할 것인지, 자신이 어떤 전략을 잘 사용하는지, 얼마나 많은 시간이 걸리는지, 새로운 학습이 장기기억에 잘 저장되었는지를 확인하는 것 모두가 이것의 활동에 해당된다.

⑤ 메타인지적 학습자는 목표와 동기를 계획하고 통제하고 이끄는 방법을 안다.

> **해설**
> 메타인지(Meta-Cognition)는 자신의 인지과정 전체를 지각하고 통제하는 정신활동으로 자신의 사고과정에 대한 인식과 조절을 의미한다.
>
> **정답** ①

15 학습과정에서 나타나는 것으로 선행학습이 새로운 학습에 영향을 미치는 것을 전이(Transfer)라고 한다. 전이에 대한 내용으로 옳지 않은 것은?

① 학교에서 배운 영어로 길을 묻는 외국인에게 영어로 길을 알려준다면 영어학습이 실생활에 잘 전이된 것이다.

② 바이올린을 배우면 비올라를 쉽게 배울 수 있는 것은 긍정적 전이, 이미 암기한 영어 단어가 프랑스어 단어를 암기하는 데 혼란을 주는 것은 부정적 전이에 해당한다.

③ 전이의 질은 초기학습의 질과 맥락의 영향을 많이 받는다.

④ 가게에서 물건을 사고 계산을 해서 이것의 가격을 지불하는 것은 수평적 전이, 구구단을 외워서 나중에 곱셈이나 나누기에 활용하는 것은 수직적 전이에 해당한다.

⑤ 기계적 학습과 이해를 동반한 학습 모두 전이를 촉진한다.

해설

기계적 학습은 전이를 촉진하지 않으며 이해를 동반한 학습은 전이를 촉진한다.

정답 ⑤

16 외부의 정보가 전달되는 과정에 대한 설명으로 적절하지 않은 것은 무엇인가?

① 상향처리는 정보의 흐름이 감각정보로부터 뇌로 진행되는 과정이다.

② 하향처리는 뇌로부터 감각 방향으로 진행하는 과정이다.

③ 약한 자극에도 흥분하는 경우 역치가 높고, 강한 자극을 주어야 흥분하면 역치가 낮은 것이다.

④ 단순한 바닥수준의 세부특징들의 조합은 우리가 더 복잡한 전체 대상을 재인할 수 있도록 돕는다.

⑤ 시각은 빛 에너지를 처리하고, 청각은 음파를 처리한다.

해설

약한 자극에도 흥분하는 경우 역치가 낮고, 강한 자극을 주어야 흥분하면 역치가 높은 것이다.

정답 ③

17 학습에 대한 행동주의적 접근과 인지주의적 접근에 대한 내용으로 옳지 않은 것은?

① 행동주의와 인지주의는 세계가 학습자의 외부에 실재하고 있다고 가정하는 객관주의적 견해이다.

② 행동주의에서는 학습을 상황에 대한 반응이자 자극과 반응 간의 연합으로 보고 인지주의에서는 수업의 과정적 측면과 학습자의 인지활동, 사고의 측면을 중요시한다.

③ 행동주의적 접근과 인지주의적 접근 모두 학습자가 외부세계의 구조를 파악하도록 하는 것으로 보고 있다.

④ 행동주의에서는 정보를 내면화해서 학습을 최적으로 설계하려는 시도에서 학습자의 특성을 파악한다. 인지이론에서는 학습자의 현재 학습수준을 사전에 측정하여 학습자들이 수업할 준비가 되어 있는지를 결정하고 이에 대한 조치를 취하기 위해 학습자의 특성을 파악한다.

⑤ 행동주의적 접근은 미시적 관점을 취하나 인지적 접근법은 거시적 관점을 취한다.

해설

행동주의에서는 학습자의 현재 학습수준을 사전에 측정하여 학습자들이 수업할 준비가 되어 있는지를 결정하고 이에 대한 조치를 취하기 위해 학습자의 특성을 파악한다. 인지이론에서는 정보를 내면화해서 학습을 최적으로 설계하려는 시도에서 학습자의 특성을 파악한다.

정답 ④

18 강화와 처벌에 대한 내용으로 옳지 않은 것은?

① 정적 강화는 유쾌자극을 부여하여 바람직한 반응의 확률을 높이는 것이고, 부적 강화는 불쾌자극을 제거하여 바람직한 반응의 확률을 높이는 것이다.

② 강화는 처벌과 달리 지연해서 이루어져도 지난 행동에 대하여 효과를 기대할 수 있다.

③ 강화계획은 체계적·점증적인 단계들로 이루어져야 한다.

④ 처벌은 일관성 있게 이루어져야 한다.

⑤ 반복적인 처벌에도 불구하고 효과가 없는 경우 다른 방법을 강구해야 한다.

> **해설**
>
> 강화는 즉시 이루어져야 하며, 지난 행동에 대한 강화는 그 효과를 기대할 수 없다.
>
> **정답** ②

19 강화물의 유형에 대한 내용 중 이차적 강화물(Secondary Reinforcer)에 대한 설명으로 옳지 않은 것은?

① 조건 강화물(Conditioned Reinforcer)이라고도 한다.

② 본래 중성 자극이었던 것이 강화능력을 가진 다른 자극과 연결됨으로써 강화의 속성을 가지게 된 것을 말한다.

③ 돈은 그 자체로 종이에 불과하나 이를 사용하여 음식 등의 필요한 물건을 구입할 수 있으므로 이차적 강화물에 해당한다.

④ 다른 강화물과 연합하지 않은 보상 그 자체로서의 강화물이다.

⑤ 사회적 자극인 미소, 칭찬, 토큰, 점수 등은 이차적 강화물에 해당한다.

> **해설**
>
> 일차적 강화물(Primary Reinforcer)에 대한 내용이다.
>
> **일차적 강화물**
> • 다른 강화물과 연합하지 않은 보상 그 자체로서의 강화물이다.
> • 무조건 강화물에 해당하는 것으로서, 학습에 의하지 않고도 강화의 효과를 가지는 자극을 말한다.
> • 상대적으로 강력하나 그 가짓수가 적으며, 인간의 학습에서는 제한된 역할만을 한다.
> • 물이나 음식, 과자, 장난감, 성행위와 같이 일반적으로 귀중한 것으로 간주되는 대상 또는 활동을 예로 들 수 있다.
>
> **정답** ④

20 사회학습이론은 환경 속에서 의식적 또는 무의식적으로 타인의 행동을 관찰하고 모방하는 과정을 통해서 학습이 일어난다고 보는 관점이다. 다음 중 사회학습이론에 대한 내용으로 옳지 않은 것은?

① 광고업자들은 소비자들이 선호하고 모방할 것으로 여겨지는 사람을 광고 모델로 선정한다.

② 모델의 유형에는 사람만 있는 것이 아니라 매스미디어 등의 상징적 모델, 설명 등의 비수행적 모델도 포함된다.

③ 다른 사람이 벌 받는 행동을 본 사람이 모방행동을 보이지 않는 현상을 대리처벌이라고 한다.

④ 시간이 지나면서 학습된 모방행동이 점차 사라지기 때문에 반드시 직접적인 일차 강화물이 필요하다.

⑤ 직접 행동을 해보지 않고 모델의 행동을 관찰하는 것만으로 학습이 이루어지는 것은 무시행학습이다.

> **해설**
>
> 행동주의적 관점에서는 직접적인 강화와 처벌에 의해서 학습이 일어난다고 보았지만, 반두라의 사회학습이론(모방학습이론)에서는 모델링과 대리적 조건형성을 통해서도 학습이 일어날 수 있다고 보았다.
>
> **정답** ④

21 장기기억의 특징에 해당되는 것을 모두 고른 것은?

> ㄱ. 심리학자들은 장기기억의 용량을 무제한이라고 평가한다.
> ㄴ. 장기기억에 저장되는 정보는 그 양이 얼마이든지 간에 주어진 한순간에 모든 정보가 다 인출될 수 있는 것은 아니다.
> ㄷ. 자동적 처리는 특정 자극에 대한 의식적 주의나 노력 없이도 부호화가 자동적으로 발생하는 것을 말하며, 통제적 처리는 기억하기 위해 특정 정보에 의도적으로 주의를 기울이고 노력함으로써 부호화가 발생하는 것을 말한다.
> ㄹ. 사용되지 않는 정보는 통상적으로 시간이 경과함에 따라 망각될 확률이 높아진다.
> ㅁ. 앳킨슨과 쉬프린(Atkinson & Shiffrin)은 초기의 이중기억모형에서 시연은 정보를 장기기억에 저장하는 방법이 된다고 제안하였다.

① ㄱ, ㄴ
② ㄱ, ㄴ, ㄷ
③ ㄱ, ㄴ, ㄷ, ㄹ
④ ㄱ, ㄷ, ㄹ, ㅁ
⑤ ㄱ, ㄴ, ㄷ, ㄹ, ㅁ

장기기억
정보를 무제한·영구적으로 저장할 수 있는 곳으로, 주로 의미로 부호화되어 현재 사용하지 않더라도 필요한 때 저장된 정보를 사용할 수 있도록 한다.

정답 ⑤

22 장기기억을 위한 정교화(Elaboration)는 기억해야 할 정보에 무엇인가를 덧붙이거나 다른 정보와 서로 연결하여 기억하는 전략이다. 이에 대한 내용으로 옳지 않은 것은?

① 정교화는 새로운 정보를 같이 묶어 내적으로 조직화하는 과정에서 도움이 되는 전략이다.
② 정교화된 정보는 장기기억 안에 저장된 다른 유사한 정보와 혼동이 덜 된다.
③ 정보를 특정한 방식으로 변형해서 기억하는 방법인 정교화시연과 달리, 유지시연은 기계적인 반복을 통해서 기억하는 방법이다.
④ 정교화는 정보 자체만으로 정확하게 회상할 수 없을 때 그 정보가 무엇일 것 같은지를 추론하는 데 도움이 될 수 있다.
⑤ 정보를 시각적 의미로 바꾸고, 그것을 친숙한 장소에 저장하는 방법이기도 하다.

시각적 심상 부호화에 대한 설명이다.

정답 ⑤

23 일화기억(Episodic Memory)과 의미기억(Semantic Memory)에 대한 내용으로 옳지 않은 것은?

① 일화기억과 의미기억 모두 비교적 오랫동안 저장되는 기억에 해당한다.
② 일화기억은 한 번의 경험으로 획득될 수 있으나, 의미기억은 한 번의 경험으로 획득되는 것이 불가능하다.
③ 일화기억과 의미기억은 의식적인 회상을 통해 접근이 가능하다.
④ 일화기억이 형성되기 이전에 상당한 의미적 정보들을 가지고 있어야 한다.
⑤ 의미기억은 우리가 반복적으로 마주치는 정보로 그 정보를 얻는 상황은 계속 변하지만 의미적인 사실은 고정적으로 남아있다.

일화기억은 한 번의 경험으로 획득될 수 있으며, 의미기억 역시 한 번의 경험으로 획득될 수 있으나 반복에 의해 강화된다.

정답 ②

24 다음 사례는 기억과 관련된 개념 중 무엇을 의미하는가?

> - 현실적으로 발생하지 않은 사건의 기억들이다.
> - 참가자에게 자신의 어린 시절이라는 합성사진을 보여주면 실제 그것이 자신이 경험한 일이라고 생각했다.
> - 이것으로 인해 목격자가 잘못된 증언을 하는 결과를 가져오기도 한다.
> - 목격자가 용의자의 사진을 본다면 목격자의 기억은 범죄의 실제 기억과 혼동될 수 있다.
> - 연구자들은 목격자 기억이 대부분의 사람들이 생각하는 것보다 훨씬 오류 확률이 높다고 경고한다.

① 섬광기억　　　　　　　　　　　② 위조기억
③ 원천기억상실　　　　　　　　　④ 간 섭
⑤ 섬 망

해설

위조기억이란 실제로 발생하지 않은 사건을 일어난 것으로 판단하는 기억이다.

정답 ②

25 켈러의 ARCS 이론에서 동기유발의 기능에 해당하는 내용이 아닌 것은?

① 조작적 기능(Operative Function)
② 강화적 기능(Reinforcing Function)
③ 활성적 기능(Activating Function)
④ 조절적 기능(Adjusting Function)
⑤ 지향적 기능(Directive Function)

해설

동기유발의 기능
- 활성적 기능(Activating Function) : 동기는 행동을 일으키고 지속시키며, 추진하는 힘을 제공한다.
- 지향적 기능(Directive Function) : 동기는 행동의 방향을 선택하는 데 영향을 미친다.
- 조절적 기능(Adjusting Function) : 동기는 행동을 수행하는 과정에서 조절하는 역할을 한다.
- 강화적 기능(Reinforcing Function) : 동기유발의 수준에 따라 행동이 일어날 확률이 달라진다.

정답 ①

01 웩슬러 지능검사의 소검사 중 병전지능 추정에 사용할 수 있는 것은?

① 이해문제, 행렬추리
② 동형찾기, 공통성문제
③ 산수문제, 숫자외우기
④ 어휘문제, 상식문제
⑤ 토막짜기, 기호쓰기

해설

웩슬러 지능검사는 인지기능 중 기억력, 언어력, 시공간능력을 측정한다. 웩슬러 지능검사에서 병전지능 추정에 사용하는 것은 상식문제 (Information), 어휘문제(Vocabulary), 토막짜기(Block Design) 등이다.

정답 ④

02 표준화검사가 다른 검사에 비하여 객관적인 해석이 가능한 이유는 무엇인가?

① 타당도가 높기 때문이다.
② 규준이 확보되어 있기 때문이다.
③ 신뢰도가 높기 때문이다.
④ 실시가 용이하기 때문이다.
⑤ 검사자의 기술이 뛰어나기 때문이다.

해설

표준화과정은 '규준과정'으로 검사의 규준을 제공하기 위한 절차이다. 개별적·주관적인 속성이 강한 인간의 심리를 파악하고자 하는 경우 그에 대한 객관적이고 일반화된 해석이 필요하며, 이를 위해 표준화된 측정으로 심리검사가 필요하다. 심리검사는 검사의 실시에서 채점 및 해석에 이르기까지 일정한 조건 또는 규준하에서 이루어지므로 여러 수검자들에게 유효하게 적용할 수 있으며, 그 결과 간 비교도 가능하다. 이와 같이 표준화검사는 규준의 확보를 통해 검사의 객관적인 해석을 가능하도록 해준다.

정답 ②

03 심리검사의 시행에 관한 설명으로 옳은 것은?

① 표준절차 외에 자신만의 효과적인 절차를 사용한다.
② 표준절차 외의 부가적 절차로 산출된 결과는 규준에 의거하여 해석하지 않는다.
③ 중립적 검사 시행을 위해 라포형성은 가급적 배제되어야 한다.
④ 검사를 자동화된 컴퓨터검사로 전환한 경우 원검사에 대한 전문적 훈련은 요구되지 않는다.
⑤ 검사는 최대한 다양하게 하는 것이 좋다.

해설

① 결과의 유의미한 해석을 위해 표준절차를 엄격하게 따라야 한다.
③ 검사 시행에 앞서 검사자와 수검자 간 라포형성이 중요한데 이를 통해 수검자의 긴장 등을 완화하고 협조적 태도를 유도하여 검사에 충분히 반응할 수 있는 동기를 부여하는 역할을 한다.
④ 검사를 자동화된 컴퓨터검사로 전환한 경우에도 검사자는 원검사에 대한 전문적 훈련을 통해 철저하게 채점원리를 파악하여 정확한 채점을 할 수 있어야 한다.
⑤ 다양성보다는 검사의 목적에 부합하는 검사를 시행하는 것이 중요하다.

정답 ②

04 행동평가에 대한 내용으로 옳지 않은 것은?

① 내담자의 특정 행동과 관련된 선행사건, 사건에 대한 반응, 결과 등을 분석하는 것이다.

② 상담자가 직접 피검자를 관찰하는 직접적인 평가과정이다.

③ 면담 및 심리검사를 진행하면서 내담자가 보이는 행동을 관찰하는 것이다.

④ 상담의 종결단계에서 내담자에 대한 정보를 종합하여 최종적인 해석을 내리기 위한 과정이다.

⑤ 행동평가의 관찰대상에는 내담자의 표정, 몸짓, 언어표현, 질문에 대한 반응 등이 포함된다.

> **해설**
> 행동평가는 상담이 시작되기 전에 내담자에 대한 다양한 정보를 취합하는 과정이다.

정답 ④

05 투사적 성격검사에 대한 내용으로 옳지 않은 것은?

① 수검자의 방어적 반응이 어렵기 때문에 솔직한 응답이 유도될 수 있다.

② 수검자의 풍부한 심리적 특성 및 무의식적 요인이 반영된다.

③ 신뢰도와 타당도의 검증이 어렵다.

④ 사회적 바람직성(Social Desirability), 반응경향성(Orientation), 묵종경향성(Acquiescence)에 영향을 받을 수 있다.

⑤ 검사의 채점 및 해석에 있어서 높은 전문성이 요구된다.

> **해설**
> 객관적 검사의 특징에 해당하는 내용이다.

정답 ④

06 신뢰도(Reliability)의 추정방법에서 검사-재검사 신뢰도(Test-Retest Reliability)는 무엇을 의미하는가?

① 서로 상이한 시간에 동일한 대상에게 동일한 측정도구로 두 번 측정한 다음 그 결과를 비교하는 것이다.

② 새로 개발한 검사와 여러 면에서 거의 동일한 검사를 하나 더 개발해서 두 검사의 점수 간 상관계수를 구하는 방법이다.

③ 조사항목의 반을 가지고 조사결과를 획득한 다음 같은 항목의 다른 반쪽을 동일한 대상에게 적용하여 얻은 결과와의 일치성 또는 동질성 정도를 비교하는 것이다.

④ 단일의 신뢰도계수를 계산할 수 없는 반분법의 문제점을 고려하여, 가능한 모든 반분 신뢰도를 구한 다음 그 평균값을 신뢰도로 추정하는 방법이다.

⑤ 관찰의 안정성을 기초로 한 신뢰도 측정방법으로 두 가지 유형으로 분류된다.

> **해설**
> ② 동형검사 신뢰도(Equivalent-Form Reliability)
> ③ 반분 신뢰도(Split-Half Reliability)
> ④ 문항 내적 합치도(Item Internal Consistency)
> ⑤ 관찰자 신뢰도(Observer Reliability)

정답 ①

07 다음 중 1종 오류에 대한 설명으로 옳지 않은 것은?

① 표본이 잘못된 경우 또는 표본에서 극단적인 점수가 추출된 경우 발생한다.

② 1종 오류의 최대 허용치는 일반적으로 10%, 5%로 정한다.

③ 실험의 처치효과가 없었음에도 처치효과가 있었다고 결론 내리는 것을 말한다.

④ 1종 오류의 최대 허용치는 a라고 표기하고 유의수준이라고 한다.

⑤ 영가설을 채택해야 하는데 기각하는 경우이다.

> **해설**
> 1종 오류의 최대 허용치인 유의수준(a)은 대개 5%, 1%로 정한다.

정답 ②

08 다음에서 설명하고 있는 타당도는 무엇인가?

> • 경험적 근거에 의해 타당도를 확인하는 방법으로 이미 전문가가 만들어놓은 신뢰도와 타당도가 검증된 측정도구에 의한 측정결과를 기준으로 한다.
> • 통계적으로 타당도를 평가하는 것으로, 사용하고 있는 측정도구의 측정값과 기준이 되는 측정도구의 측정값 간 상관관계에 관심을 둔다.

① 내용타당도(Content Validity)

② 안면타당도(Face Validity)

③ 개념타당도(Construct Validity)

④ 수렴타당도(Convergent Validity)

⑤ 준거타당도(Criterion Validity)

> **해설**
> ① 내용타당도 : 측정항목이 연구자가 의도한 내용대로 실제로 측정되고 있는가와 관련되며 전문가의 평가 및 판단에 근거한다.
> ② 안면타당도 : 전문가가 아닌 일반인(피검자 등)의 상식에 준하여 분석하는 것으로 측정항목이 연구자가 의도한 내용대로 실제로 측정되고 있는지와 관련된다.
> ③ 개념타당도 : 측정대상 개념이 관련을 맺고 있는 개념들이나 가정을 토대로, 그 개념의 전반적인 이론적 틀 속에서 측정도구의 타당성을 경험적으로 검증하는 방법이다.
> ④ 수렴타당도 : 동일한 개념을 측정하는 경우 서로 다른 측정방법을 사용하더라도 측정값이 하나의 차원으로 수렴하는지와 관련된다.

정답 ⑤

09 스턴버그(Sternberg)의 삼원지능이론에서는 지능을 세 가지로 분류하고 있다. 이 분류차원에 해당되는 것은 무엇인가?

① 성분적 지능(Componential Intelligence), 경험적 지능(Experiential Intelligence), 상황적(맥락적) 지능 (Contextual Intelligence)

② 언어지능(Linguistic Intelligence), 논리-수학지능(Logical-Mathematical Intelligence), 공간지능(Spatial Intelligence)

③ 자연탐구지능(Naturalist Intelligence), 실존적 지능(Existential Intelligence), 도덕적 감수성(Moral Sensibility)

④ 신체-운동지능(Bodily-Kinesthetic Intelligence), 대인관계지능(Interpersonal Intelligence), 개인 내적 지능(Intra-personal Intelligence)

⑤ 유동성 지능(Fluid Intelligence), 결정성 지능(Crystallized Intelligence), 도덕적 감수성(Moral Sensibility)

> **해설**
> ① 스턴버그는 지능을 개인의 내부세계와 외부세계에서 비롯되는 경험의 측면에서 성분적 지능(Componential Intelligence), 경험적 지능(Experiential Intelligence), 상황적(맥락적) 지능(Contextual Intelligence)으로 구분하였다.
> ② · ③ · ④ 가드너(Gardner)의 다중지능이론에 해당하는 내용이다.
> ⑤ 유동성 지능과 결정성 지능은 카텔과 혼(Cattell & Horn)의 위계적 요인설에 해당하는 내용이고, 도덕적 감수성은 가드너의 다중지능에 해당하는 내용이다.
>
> **정답** ①

10 K-WISC-IV를 통해 인지효능을 알아볼 수 있는 소검사끼리 옳게 묶인 것은?

① 기호쓰기, 행렬추리, 순차연결
② 공통그림찾기, 숫자, 동형찾기
③ 숫자, 순차연결, 동형찾기
④ 행렬추리, 기호쓰기, 숫자
⑤ 기호쓰기, 어휘, 공통그림찾기

> **해설**
> K-WISC-IV의 측정지표
>
> | 일반능력지수(GAI) | 언어이해 | 공통성, 어휘, 이해 |
> |---|---|---|
> | | 지각추론 | 토막짜기, 공통그림찾기, 행렬추리 |
> | 인지효능지수(CPI) | 작업기억 | 숫자, 순차연결 |
> | | 처리속도 | 기호쓰기, 동형찾기 |
>
> **정답** ③

11 MMPI 성격검사를 실시, 해석할 때 고려할 점으로 옳지 않은 것은?

① 검사의 지시는 가능하면 간결할수록 좋다.
② 보호자나 주변 인물을 통한 보다 객관적인 정보를 획득해야 한다.
③ 검사를 채점한 후에 다시 수검자와 추가 면접을 실시해야 한다.
④ 검사를 실시하기 전에 관계형성이 중요하다.
⑤ 실시 전에 검사의 목적, 용도 등 검사에 대한 질문에 솔직하게 설명해 주어야 한다.

> **해설**
> 검사자는 검사를 실시하기 전에 검사와 그와 관련된 질문에 대해 설명해 줌으로써 수검자의 협조를 얻도록 노력하고, 검사 도중에는 한두 번 정도 검사진행을 확인하여 수검자에게 방해가 되지 않도록 한다.
>
> **정답** ①

12 MMPI-2의 타당도 척도에 관한 해석으로 옳지 않은 것은?

① ? 점수가 100 이상일 때는 해석하지 않는다.

② 방어성 척도 중 L 점수가 높으면 본인의 사소한 결점이나 약점을 인정하는 태도를 보인다.

③ 비전형 척도 중 F 점수는 보통 사람과는 다른 이상한 사고나 행동, 기이한 경험을 가진 사람에게서 높아지는 경향이 있다.

④ L, K, S 척도의 급격한 하락은 방어력이 감소되어 있음으로 해석된다.

⑤ 방어성 척도 중 K 점수가 낮으면 과도하게 솔직하고 자기비판적임을 나타낸다.

해설

L 점수
- L 점수가 높은 사람은 자신의 행동에 대한 통찰력이 부족하거나 지나치게 관습적이고, 사회에 순응하며, 사고에 독창성이 없고, 문제해결에서 유연성이 부족하다.
- L 점수가 낮은 사람은 문항에 솔직하게 답한 경우로, 본인의 사소한 결점이나 문제점들을 인정하는 태도를 보인다.

F 점수
- F 점수가 높은 사람은 정상인들과 다른 비전형적인 방식을 보일 수 있으며, 판단력 장애, 기태적 경험, 현실 회피, 혼란, 현실검증력의 장애 등을 보일 수 있다.
- F 점수가 낮은 사람은 스트레스를 비교적 느끼지 않는 정상인의 경우일 수 있고, 사회적 순응성이 좋은 사람들로서 정상적인 생활을 하고 있다고 볼 수 있다.

정답 ②

13 MMPI-2의 코드타입에서 다음 특징을 갖는 상승척도쌍은?

> - 심각한 정서적 어려움을 겪고 있는 정신병 초기의 환자에게서 종종 나타난다.
> - 평소 우울한 상태에 있으며, 그러한 우울한 감정에는 분노와 적개심이 내재되어 있다.
> - 보통의 우울증 환자와 달리 자신의 공격성을 공공연하게 드러낸다.
> - 타인의 친절을 거부하고 곧잘 시비를 걸며, 보통의 상황에 대해 악의적인 해석을 내린다.
> - 편집증적 경향이 현저하게 나타날 수 있다.

① 1-2/2-1 코드(Hs & D)

② 1-3/3-1 코드(Hs & Hy)

③ 2-6/6-2 코드(D & Pa)

④ 3-8/8-3 코드(Hy & Sc)

⑤ 4-6/6-4 코드(Pd & Pa)

해설

2-6/6-2코드(D & Pa)에 대한 내용이다.

정답 ③

14 MMPI-2에서 2-4-7 코드유형의 특징에 해당하는 것은?

① 분노감정을 가지고 있으면서도 이를 적절히 표현하지 못하며, 자신이 제대로 역할을 하지 못하는 것에 대한 죄책감을 가지고 있다.

② 기괴한 생각이나 믿음을 가지기 쉬우며, 특히 종교나 성적 문제, 신체증상과 관련된 망상을 나타낼 수 있다.

③ 심리적인 갈등에 대해 회피적·방어적인 태도를 보이며, 대인관계에서 적대적이고 화를 잘 내며 의심이 많다.

④ 피해망상, 과대망상, 환각이 나타나고 정서적으로 둔화되어 있거나 부적절한 정서를 보인다.

⑤ 만성적인 건강염려증을 나타낸 과거력이 있으며, 우울과 불안, 흥미 상실, 무감동 등을 경험한다.

> **해설**
> ① 2-4-7/2-7-4/4-7-2 코드의 특징
> ② 1-3-8 코드의 특징
> ③ 4-6-8/6-8-4 코드의 특징
> ④ 6-8/8-6 코드의 특징
> ⑤ 1-2-3/2-1-3 코드의 특징

정답 ①

15 인지기능의 유형 및 특성에 대한 설명 중 다음에서 설명하는 것은?

> • 자기 자신과 외부와의 연관성을 파악하는 능력에 관계된다.
> • 고위인지기능의 일종으로 시간, 장소, 사람과 관련이 있다.
> • 뇌질환의 경우 시간 → 장소 → 사람 순서로 이것에 장애가 발생하며, 회복 시에는 역순으로 회복된다.

① 지남력   ② 주의력

③ 기억력   ④ 추론력

⑤ 구성능력

> **해설**
> • 주의력
> – 지각형성과정을 조절하는 기본적 인지기능
> – 무기력증과 관련됨
> – 알츠하이머병 초기에는 단순주의력은 유지되나 복잡한 주의력은 초기부터 문제 발생
> • 기억력
> – 주의력, 집행력, 언어능력 등 다양한 인지기능과 복합적으로 연계
> – 기억시스템은 복잡한 신경망으로 구성
> • 추론력
> – 문제해결 및 적응에 중요한 능력
> – 사고의 유연성
> – 전두엽이 주로 담당(이 부위 손상 시 고지식해지거나 경직된 사고를 하는 등의 증상)
> – 고위인지기능의 일종
> • 구성능력
> – 전두엽 기능과 시각주의력 등과 관련됨
> – 알츠하이머병 초기에는 시각주의력이 감퇴

정답 ①

16 MBTI 성격유형검사의 기준에 해당하지 않는 것은?

① 에너지의 방향   ② 선호하는 생활양식

③ 정서적 안정성   ④ 인식방법

⑤ 판단방법

> **해설**
>
> MBTI 성격유형은 에너지의 방향에 따라 외향형(E)과 내향형(I), 인식방법에 따라 감각형(S)과 직관형(N), 판단방법에 따라 사고형(T)과 감정형(F), 선호하는 생활양식에 따라 판단형(J)과 인식형(P)으로 구분된다.

정답 ③

17 다음에서 설명하고 있는 검사는 무엇인가?

> • 서로 다른 도형이 그려진 9장의 카드를 한 장씩 보여주고, 그것을 종이에 따라 그리도록 한다.
> • 지각–운동능력의 측정을 통해 다양한 정신병리유형을 진단할 수 있다.
> • 비언어적 검사로서 문화적 영향을 크게 받지 않는다.

① 주제통각검사(TAT)

② 집–나무–사람 검사(HTP)

③ BGT 심리검사

④ 홀랜드유형 직업적성검사(CAT)

⑤ 마이어스–브릭스 성격유형검사(MBTI)

> **해설**
>
> BGT 심리검사에 대한 설명이다.

정답 ③

18 다음 중 주제통각검사(TAT)를 해석하는 방법에 대한 설명으로 옳지 않은 것은?

① 피검자의 불성실한 수검태도를 탐지하기 위해서 타당도 검사를 시행하고, 이에 따라 결과값을 조정한다.

② TAT 검사결과를 항목별로 통계화하여 다른 피검자군에서 작성된 표준화 자료와 비교분석한다.

③ 피검자 언어사용의 특이점, 사고나 논리의 특성, 이야기의 기묘한 왜곡 등을 포착한다.

④ 이야기 속의 인물을 중심으로 분석하는 방법에는 주인공 중심법이 포함된다.

⑤ 인물들의 대인관계를 중심으로 분석하는 방법에는 인물들의 대인관계 사태분석법이 포함된다.

> **해설**
>
> ① MMPI 검사에 해당하는 설명이다.
> ② 주제통각검사의 해석방법 중 표준화법에 해당하는 설명이다.
> ③ 주제통각검사의 해석방법 중 지각법에 해당하는 설명이다.
> ④ 주제통각검사의 해석방법 중 주인공 중심의 해석법에 해당하는 설명이다.
> ⑤ 주제통각검사의 해석방법 중 대인관계법에 해당하는 설명이다.

정답 ①

19 다음 중 양적 연구에 대한 설명으로 옳은 것은?

① 연역법에 기초하여 연구결과의 일반화가 용이하다.
② 탐색적 연구에 효과적이며, 사회과학에서 많이 사용한다.
③ 언어, 몸짓, 행동 등 상황과 환경적 요인을 연구한다.
④ 특정 현상에 대한 해석이나 의미의 차이를 이해하는 데 연구의 목적이 있다.
⑤ 연구자의 개인적인 준거틀을 사용하여 비교적 주관적인 연구를 수행한다.

해설

① 양적 연구는 대표성이 있는 많은 수의 표본을 대상으로 설문지, 구조화된 면접, 관찰을 통해 양적 분석을 하므로 연구결과의 일반화가 쉽다.
②·③·④·⑤ 질적 연구에 대한 설명이다.

정답 ①

20 다음에서 설명하고 있는 연구설계방법은 무엇인가?

> • 사전검사 여부와 실험처치의 여부에 따라 총 4개의 집단으로 구성된 설계이다.
> • 사전검사 여부가 실험처치의 결과에 영향을 미치는 것을 방지하여 실험의 외적 타당도를 높일 수 있다.
> • 설계가 복잡하고 집단의 수가 많음으로 인해서 시간과 비용이 많이 든다는 단점이 있다.

① 사전-사후검사 통제집단 설계
② 단일집단 사전-사후검사 설계
③ 솔로몬 4집단 설계
④ 이질집단 사후검사 설계
⑤ 다원적 요인설계

해설

솔로몬 4집단 설계는 사전-사후검사 통제집단 설계에서 사전검사를 하지 않은 두 집단을 추가하여 사전-사후검사 통제집단 설계의 결함을 보완한 방법이다.

정답 ③

21 다음 중 집중경향치(Central Tendency)에 대한 설명으로 옳지 않은 것은?

① 평균치 > 중앙치 > 최빈치 순서를 따르는 경우 자료는 정적 분포이다.
② 집중경향치와 변산도는 집단의 특성을 보여주는 값으로, 집단 간 비교를 가능하게 해준다.
③ 평균치 < 중앙치 < 최빈치 순서를 따르는 경우 자료는 부적 분포이다.
④ 집단이 얼마나 동질적인지 이질적인지를 나타내는 값이다.
⑤ 어떤 집단의 지능 통계가 부적 분포라면 집단의 지능이 우수한 것이고, 정적 분포라면 열등한 것이라고 볼 수 있다.

해설

집단이 얼마나 동질적인지 이질적인지를 나타내는 값은 변산도(산포도)이다.

정답 ④

22 로샤검사(Rorschach Test)의 특징에 대한 설명 중 옳지 않은 것은?

① 대표적인 투사적, 비구조적 검사로, 지각과 성격의 관계를 상정한다.
② 추상적, 비구성적인 잉크반점을 자극 자료로 하여 수검자의 학습된 특정 반응이 아닌 여러 가지 다양한 반응을 유도한다.
③ 개인이 잉크반점을 조직하고 구조화하는 방식이 근본적으로 그 사람의 심리적 기능을 반영한다고 본다.
④ 수검자는 그가 지각한 것 속에 자신의 욕구, 경험, 습관적 반응양식을 투사한다.
⑤ 해석자의 판단에 대한 옳고 그름을 판단하는 정답이 존재한다.

> **해설**
> 해석자의 판단에 있어서 옳고 그름을 판단하는 정답은 없다. 다만, 수검자의 다양한 반응양상에 따라 성격의 무의식적인 측면을 추론하고 평가할 수 있다.
>
> **정답** ⑤

23 주제통각검사(TAT)의 실시에 관한 설명으로 옳지 않은 것은?

① 피검자의 응답상 불완전한 부분에 대해 중간질문을 할 수 있으며 종결질문을 통해 피검자로 하여금 자유로운 연상과정에서의 의미 있는 경험을 의식화할 수 있도록 돕는다.
② 주제통각검사는 30장의 흑백그림카드와 1장의 백지카드 등 총 31장으로 구성되어 있고 한 사람의 피검자에게 20장을 적용할 수 있다.
③ 피검자가 지나치게 피상적이고 기술적으로 반응하는 경우, 검사자는 피검자의 연상의 흐름을 방해하지 않는 선에서 중간질문을 하도록 한다.
④ 피검자가 연속적으로 평범반응을 보이지 않는 경우, 심한 혼란으로 인하여 검사에 적합하지 않은 상태이므로 검사를 즉각 중단해야 한다.
⑤ 수검자가 카드의 분명하지 않은 세부에 대해 질문하는 경우, 검사자는 수검자에게 보이는 대로 상상하여 이야기를 만들어보도록 요구하는 것이 바람직하다.

> **해설**
> 피검자가 평범반응에서 벗어난 반응을 보이는 경우 독창적인 반응을 하느라고 그런 것인지, 심한 혼란 상태에 있는 것인지 구분이 필요하다. 이런 경우 카드 10번까지 질문단계를 모두 완료한 다음에 해당 카드로 돌아가 직접적인 방식으로 질문한다.
>
> **정답** ④

24 루리아-네브라스카 신경심리배터리(LNNB) 검사의 구성에 포함된 척도를 모두 고른 것은?

ㄱ. 운동(Motor)	ㄴ. 청각(Auditory)
ㄷ. 시각(Visual)	ㄹ. 지적 과정(Intelligence)
ㅁ. 산수(Arithmetic)	ㅂ. 의사소통(Communication)

① ㄱ, ㄴ, ㄷ, ㄹ
② ㄴ, ㄷ, ㄹ, ㅁ
③ ㄱ, ㄷ, ㄹ, ㅁ
④ ㄴ, ㄷ, ㄹ, ㅁ, ㅂ
⑤ ㄱ, ㄴ, ㄷ, ㄹ, ㅁ, ㅂ

> **해설**
> 루리아-네브라스카 신경심리배터리(LNNB) 검사는 총 11개의 척도로 구성되어 있으며, 운동(Motor), 리듬(Rhythm), 촉각(Tactile), 시각(Visual), 언어수용(Receptive Speech), 언어표현(Expressive Speech), 쓰기(Writing), 읽기(Reading), 산수(Arithmetic), 기억(Memory), 지적 과정(Intelligence) 척도가 이에 포함된다.
>
> **정답** ③

25 홀랜드(Holland)의 직업적성검사(CAT ; Career Aptitude Test)의 6가지 직업성격유형에서 다음에 해당하는 것은?

> • 직업활동이 자신의 개인적인 관심분야와 밀접하게 연관된다.
> • 구조화된 상황이나 정서적으로 억압적인 상황을 선호하지 않는다.
> • 독립적인 상황에서 자신의 내면세계를 작품으로 표현하고자 한다.
> • 새로운 것을 창조하거나 창의적인 사람과 관계를 형성할 때 보람을 느낀다.

① 예술형(Artistic Type)
② 사회형(Social Type)
③ 탐구형(Investigative Type)
④ 진취형(Enterprising Type)
⑤ 현실형(Realistic Type)

해설

예술형
• 일반적 특징
 – 어떤 것의 시비보다는 상상적이고 창조적인 것을 지향하는 문학, 미술, 연극 등의 문화 관련 활동분야를 선호한다.
 – 직업활동이 자신의 개인적인 관심분야와 밀접하게 연관된다.
 – 구조화된 상황이나 정서적으로 억압적인 상황을 선호하지 않는다.
• 성격적 특징
 – 독립적인 상황에서 자신의 내면세계를 작품으로 표현하고자 한다.
 – 심미적인 가치를 높이 평가하며, 예술적인 방법으로 자신을 표현한다.
• 직업활동양상
 – 새로운 것을 창조하거나 창의적인 사람과 관계를 형성할 때 보람을 느낀다.
 – 문학가, 작곡가, 미술가, 무용가, 무대감독, 디자이너, 인테리어 장식가 등이 적합하다.

정답 ①

3회

최종모의고사(125제)

배우기만 하고 생각하지 않으면 얻는 것이 없고,
생각만 하고 배우지 않으면 위태롭다.

- 공자 -

  **끝까지 책임진다! 시대에듀!**
QR코드를 통해 도서 출간 이후 발견된 오류나 개정법령, 변경된 시험 정보, 최신기출문제, 도서 업데이트
자료 등이 있는지 확인해 보세요! 시대에듀 합격 스마트 앱을 통해서도 알려 드리고 있으니 구글 플레이나
앱 스토어에서 다운받아 사용하세요. 또한, 파본 도서인 경우에는 구입하신 곳에서 교환해 드립니다.

01 형태주의상담에서 미해결과제(Unfinished Business)에 해당되는 내용으로 옳지 않은 것은?

① 완결되지 않은 게슈탈트를 의미하는 것으로서, 분노·원망·고통·슬픔·불안·죄의식 등과 같이 명확히 표현되지 못한 감정을 포함한다.

② 표현되지 못한 감정은 개인의 의식 배후에 자리하여 다른 사람과 효율적으로 접촉하는 것을 방해한다.

③ 개체에 의해 지각된 유기체의 욕구나 감정, 즉 개체가 자신의 욕구나 감정을 하나의 의미 있는 전체로 조직화하여 지각한 것을 의미한다.

④ 대표적인 미해결과제인 적개심은 종종 죄의식으로 전환되어 다른 사람과의 진실한 대화를 어렵게 만든다.

⑤ 미해결과제가 확장되는 경우 욕구해소에 실패하게 되며, 이는 신체적·심리적 장애로 이어진다.

> **해설**
> 게슈탈트의 개념에 대한 내용으로 볼 수 있다.
>
> **정답** ③

02 형태주의상담의 기법에 해당되는 것을 모두 고른 것은?

ㄱ. 빈 의자 기법	ㄴ. 반전 기법
ㄷ. 단추 누르기	ㄹ. 머물러 있기
ㅁ. 꿈 작업	ㅂ. 마치 ~인 것처럼 행동하기
ㅅ. 내담자의 수프에 침 뱉기	

① ㄱ, ㄴ, ㄷ, ㄹ
② ㄴ, ㄹ, ㅂ, ㅅ
③ ㄱ, ㄴ, ㄹ, ㅁ
④ ㄱ, ㄹ, ㅁ, ㅂ, ㅅ
⑤ ㄷ, ㄹ, ㅁ, ㅂ, ㅅ

> **해설**
> ㄷ·ㅂ·ㅅ : 개인주의상담의 기법에 해당된다.
>
> **정답** ③

03 엘리스(Ellis)가 제시한 11가지 비합리적인 신념에 해당하지 않는 것은?

① 나는 완벽할 정도로 유능하고, 이성적이고, 훌륭하고, 성공한 사람으로 인식되어야 한다.
② 불행은 내가 통제할 수 없는 상황에 의해 발생한다.
③ 나는 타인에게 어느 정도는 의존할 수밖에 없으며 나를 돌봐줄 수 있는 사람이 주위에 있어야 한다.
④ 타인의 문제를 내 자신의 일인 것처럼 여기며 공감하는 것은 절대 불가능하다.
⑤ 모든 문제에는 완벽한 해결책이 있고 그것을 찾지 못하면 큰 혼란이 생길 것이다.

해설
엘리스가 제시한 비합리적인 신념 중 하나는 '나는 타인의 문제나 고통을 나 자신의 일처럼 아파해야 한다'는 것이다.

정답 ④

04 프로이트(Freud)의 정신분석상담에서 꿈의 분석에 대한 내용으로 옳지 않은 것은?

① 꿈의 내용을 분석함으로써 내담자의 꿈속에 내재된 억압된 감정과 무의식적인 욕구를 통찰하도록 하는 것이다.
② 수면 중에는 자아의 기능상태가 낮아져서 자아의 방어노력이 최소화되므로, 수면 중 꿈을 통해 억압된 무의식적 충동이 그대로 표출되기 쉽다.
③ 상담자는 내담자에게 꿈의 내용에 대해 자유연상을 하도록 하며, 그와 관련된 감정도 이야기하도록 요구한다.
④ 내담자에게 무의식적 감정과 동기에 대해 통찰하도록 하기 위해 마음속에 떠오르는 것을 의식의 검열을 거치지 않은 채 표현하도록 격려한다.
⑤ 꿈은 억압된 자료들에 대한 유출통로의 역할도 하지만, 내담자의 현재기능을 이해할 수 있는 단서를 제공하기도 한다.

해설
정신분석상담의 자유연상기법(Free Association)에 대한 내용으로 볼 수 있다.

정답 ④

05 정신분석상담의 방어기제에 대한 내용으로 옳은 것은?

① 의식적 욕구나 충동으로부터 자아를 보호하기 위한 사고 혹은 행동을 의미한다.
② 모든 방어기제는 병적이고 부정적인 것이다.
③ 방어기제는 혼합해서 사용되지 않고 한 번에 한 가지만 사용된다.
④ 내담자는 문제상황에 직면하는 경우 습관적으로 방어기제를 사용하기도 한다.
⑤ 개인의 내면에서 일어나는 충동을 정반대로 표현하는 것을 투사라고 한다.

해설
① 무의식의 욕구나 충동으로부터 자아를 보호하기 위한 무의식적 사고 및 행동이다.
② 대부분 병적인 것이 아닌 정상적인 것이지만, 현실적인 삶으로부터 도피하기 위한 수단이 될 수도 있다.
③ 한 번에 한 가지 이상 사용되기도 하며, 방어의 수준은 개인의 발달 및 불안 정도에 따라 다르게 나타난다.
⑤ 개인의 내면에서 일어나는 충동을 정반대로 표현하는 것은 반동형성이라고 한다.

정답 ④

06 행동주의상담의 특징에 대한 내용으로 옳지 않은 것은?

① 행동주의상담은 고전적 조건형성에 의한 행동주의 심리치료와 조작적 조건형성에 의한 행동수정은 물론 행동주의 학습이론과 인지학습이론을 결합한 사회학습적 접근방법 등 다양한 영역을 포함한다.

② 행동주의상담은 비정상적·부적응적인 행동이 학습에 의해 획득·유지된다고 보며, 이를 수정하기 위해 학습의 원리를 적용하는 상담방법이다.

③ 내담자의 문제행동 원인을 파악하기 위해 과거를 탐색하여 문제행동을 지속 또는 강화하는 요인이 무엇인지 파악하는 데 초점을 둔다.

④ 상담자는 내담자의 문제유형에 따라 각기 다른 기술을 적용하며, 상담과정에서 적극적이고 지시적인 역할을 수행한다.

⑤ 행동주의상담은 객관적으로 관찰할 수 있는 내담자의 행동을 대상으로 하므로 상담과정의 효과성 및 효율성을 과학적이고 객관적인 방법으로 평가한다.

해설

내담자의 문제행동 원인을 파악하기 위해 과거를 탐색하기보다는 문제행동을 지속 또는 강화하는 요인이 무엇인지 파악하는 데 초점을 둔다.

정답 ③

07 합리적정서행동치료(REBT ; Rational-Emotive Behavior Therapy)에서 사용되는 기법에 대한 내용으로 옳지 않은 것은?

① 인지적 기법은 내담자의 비합리적 신념(사고)의 비논리성·비실용성·비현실성에 초점을 둔다.

② 인지적 과제 부여하기란 내담자로 하여금 자신의 문제를 목록표로 만들도록 하며, 이를 통해 자신의 절대론적 사고를 논박하도록 요구하는 것이다.

③ 정서적 기법은 인지적 개입을 보완하고 강화하기 위한 것으로 강화와 처벌, 기술훈련, 역설적 과제 등이 있다.

④ 행동적 기법은 내담자로 하여금 직접 새로운 행동을 시도하도록 함으로써 실천경험을 통해 현실검증이 이루어지도록 하는 것이다.

⑤ 행동적 기법은 정서적 기법과 마찬가지로 비합리적 신념의 변화를 통해 얻어진 성과를 더욱 강화하기 위해 흔히 사용된다.

해설

정서적 기법은 인지적 개입을 보완하고 강화하기 위한 것으로 합리적 정서 심상법, 역할극, 유머 사용하기 등이 있다. 강화와 처벌, 기술훈련, 역설적 과제 등은 행동적 기법에 해당된다.

정답 ③

08 REBT에서 제시한 비합리적 신념의 유형 중 다음 사례에 해당되는 것은 무엇인가?

> 여자친구가 피곤해서 만날 수 없다고 하자 애정이 식었다고 결론짓는 남자친구의 사례

① 완벽주의 ② 당위적 사고
③ 과잉일반화 ④ 부정적 예언
⑤ 학습된 무력감

해설

과잉일반화에 대한 사례이다. 과잉일반화란 한두 개의 고립된 사건에 근거해서 일반적인 결론을 내리고 그것을 서로 관계없는 상황에 적용하려고 하는 경향을 말한다.

정답 ③

09 엘리스(Ellis)의 ABCDE 모형의 구성요소와 그 사례가 옳게 연결된 것은?

> ㄱ. 내담자는 실직했다.
> ㄴ. "나는 실직했어. 그것은 절대적으로 나에게 일어나지 말았어야 했는데, 이건 내가 부적절하다는 것을 의미해."
> ㄷ. 극심한 우울과 불안, 자괴감, 무가치감 등을 겪게 된다.
> ㄹ. "실직을 했다고 해서 스스로를 부적절하다고 생각하는 것이 과연 논리적으로 타당한가?"
> ㅁ. "실직이 오히려 내게 새로운 시도를 위한 기회가 될 수도 있다."

① A - ㄱ, B - ㄴ, C - ㄷ, D - ㄹ, E - ㅁ
② A - ㄴ, B - ㄱ, C - ㄷ, D - ㄹ, E - ㅁ
③ A - ㄱ, B - ㄴ, C - ㄹ, D - ㄷ, E - ㅁ
④ A - ㄱ, B - ㄷ, C - ㄴ, D - ㄹ, E - ㅁ
⑤ A - ㄹ, B - ㄴ, C - ㄷ, D - ㄱ, E - ㅁ

해설

ABCDE 모형
- A(Activating Event) : 내담자의 감정을 동요시키거나 내담자의 행동에 영향을 미치는 사건을 의미한다.
- B(Belief System) : 선행사건에 대한 내담자의 비합리적 신념체계나 사고체계를 의미한다.
- C(Consequence) : 선행사건을 경험한 후 자신의 비합리적 신념체계를 통해 그 사건을 해석함으로써 느끼게 되는 정서적·행동적 결과를 말한다.
- D(Dispute) : 내담자가 가지고 있는 비합리적 신념이나 사고에 대해 그것이 사리에 부합하는 것인지 논리성·실용성·현실성에 비추어 반박하는 것으로, 내담자의 비합리적 신념체계를 수정하기 위한 것이다.
- E(Effect) : 논박으로 인해 나타나는 효과로, 내담자가 가진 비합리적인 신념을 철저하게 논박하여 합리적인 신념으로 대체한다.

정답 ①

10 ABCDE 모형의 논박에 대한 내용에서 다음 특징을 가지는 것은 무엇인가?

> - "그것이 당신에게 도움이 됩니까?", "그와 같은 방식으로 생각(또는 행동)을 지속하는 것이 당신에게 어떤 영향을 줄 것 같습니까?"
> - 내담자에게 그의 신념과 그에 수반하는 정서, 행동의 실제적 유용성에 대해 의문을 가지도록 하는 것이다.
> - 내담자에게 비합리적 신념을 더욱 융통성 있고 현실적인 합리적 신념으로 바꾸었을 때 얼마나 많은 이득을 얻을 수 있을지를 체계적으로 보여주기 위해 노력한다.

① 기능적 논박(Functional Dispute)
② 경험적 논박(Empirical Dispute)
③ 논리적 논박(Logical Dispute)
④ 철학적 논박(Philosophical Dispute)
⑤ 사실적 논박(Realistic Dispute)

해설

ABCDE 모형의 논박의 종류
- 기능적 논박 : 내담자에게 그의 신념과 그에 수반하는 정서, 행동의 실제적 유용성에 대해 의문을 가지도록 하는 것
- 경험적 논박 : 신념의 사실적 근거에 대한 평가로, 내담자가 가진 신념이 사회적 현실에 얼마나 부합하는지를 평가하는 것
- 논리적 논박 : 내담자의 비합리적 신념이 기반하고 있는 비논리적 추론에 대해 의문을 제기하는 것
- 철학적 논박 : 내담자의 비합리적 신념이 삶의 만족에 어떠한 영향을 미치는지를 평가하는 것
- 대안적 논박 : 내담자의 비합리적 신념보다 타당한 대안적인 신념이 없는지 알아보도록 하는 것

정답 ①

11 인간중심상담의 주요개념 중 충분히 기능하는 사람(Fully Functioning Person)의 특징으로 옳지 않은 것은?

① 경험에 대해 개방적이다.　　　　　　　② 실존적인 삶을 사는 사람이다.
③ 주변인과 환경에 대하여 신뢰한다.　　　④ 경험적인 자유를 지니고 있다.
⑤ 창조적으로 살아간다.

> **해설**
> '자신'이라는 유기체에 대해 신뢰한다.

정답 ③

12 조지와 크리스티아니(George & Cristiani)의 효과적인 상담의 조건에 대한 내용에서 다음 (A)와 (B)에 들어갈 말로 옳은 것은?

> 상담자는 내담자로 하여금 최소한 자신을 (A)으로 존중해 주고, (B)으로 이해해 주고 있다는 것을 지각하도록 해준다.

	A	B		A	B
①	조건적	현실적	②	무조건적	현실적
③	무조건적	공감적	④	수용적	공감적
⑤	지속적	현실적			

> **해설**
> 상담자는 내담자로 하여금 최소한 자신을 무조건적으로 존중해 주고, 공감적으로 이해해 주고 있다는 것을 지각하도록 해준다.

정답 ③

13 윌리암슨(Williamson)의 상담단계에서 활용할 수 있는 상담기술에서 다음 내용은 무엇에 해당되는가?

> 상담자는 내담자가 자신의 장점이나 특성들에 대해 개방된 평가를 할 수 있도록 돕는다. 또한, 그와 같은 특징들이 내담자의 직업선택 및 진로문제를 해결하는 데 있어서 어떠한 영향을 미치는지 통찰력을 가질 수 있도록 격려한다.

① 촉진적 관계형성　　　　　　　　② 행동계획의 권고와 설계
③ 자기이해의 증진　　　　　　　　④ 위임 또는 의뢰
⑤ 계획의 수행

> **해설**
> **상담단계에서 활용할 수 있는 상담기술**
> • 촉진적 관계형성 : 상담자는 내담자로 하여금 신뢰감을 줄 수 있는 분위기를 조성하고 문제해결을 촉진할 수 있는 관계를 형성한다.
> • 행동계획의 권고와 설계(조언 및 활동계획의 수립) : 상담자는 내담자가 이해하는 수준에서 상담 또는 조언을 한다. 내담자가 말한 학문적·직업적 선택, 감정, 습관, 행동, 태도 등에 대해 일치하거나 반대되는 증거를 언어로 명료하게 정리해 준다. 나아가 실제적인 행동을 계획하고 설계하도록 돕는다.
> • 자기이해의 증진 : 상담자는 내담자가 자신의 장점이나 특성들에 대해 개방된 평가를 할 수 있도록 돕는다. 또한, 그와 같은 특징들이 내담자의 직업선택 및 진로문제를 해결하는 데 있어서 어떠한 영향을 미치는지 통찰력을 가질 수 있도록 격려한다.
> • 위임 또는 의뢰 : 한 사람의 상담자가 다양한 특성을 가진 내담자들을 모두 상담하는 것은 효과적이지 못하다. 상담자는 내담자의 문제해결을 위해 필요한 경우 보다 적합한 상담자를 만나보도록 권유한다.
> • 계획의 수행 : 상담자는 내담자의 직업선택이나 진로문제를 해결하는 데 있어서 제안, 정보제공 등의 보다 직접적인 도움을 제공하여 내담자로 하여금 계획을 실행에 옮기도록 한다.

정답 ③

14 교류분석상담의 교류분석 및 패턴에 대한 설명으로 옳은 것은?

① 교류분석은 두 사람 간 자극과 반응의 소통양상에 따른 교류패턴을 발견하여 비효율적인 교류패턴에서 벗어나도록 돕는 과정이다.
② 상보교류(Complementary Transaction)는 특정 반응에 대한 기대와 달리 예상외의 반응으로 되돌아온다.
③ 교차교류(Crossed Transaction)는 3~4개의 자아상태가 관련되며 메시지의 두 가지 수준, 즉 사회적 수준과 심리적 수준이 일치하지 않는 것이다.
④ 이면교류(Ulterior Transaction)는 어떤 자아상태에서 보내는 메시지에 대해 예상대로의 반응으로 되돌아온다.
⑤ 일반적으로 원활한 의사소통을 위해서는 이면교류가 유용하나, 특정 유형에 고정되어 있는 교류는 효율적이지 못하다.

15 현실주의상담의 과정인 WDEP 모형에 대한 내용으로 옳지 않은 것은?

① 제1단계는 내담자의 욕구, 바람, 지각을 탐색하는 과정이다.
② 제1단계에서 내담자는 자신의 질적인 세계를 탐색하고 상담자의 숙련된 질문에 응답하면서 이제까지 명확하지 않았던 자신의 내적인 바람에 대한 여러 측면을 직관적으로 인식하게 된다.
③ 제2단계에서 내담자는 자신의 바람을 충족하기 위해 어떤 행동을 하고 있는지 인식하게 된다.
④ 내담자가 앞서 관찰한 자신의 행동들이 자신에게 어떤 도움 혹은 해가 되는지를 자기평가하게 되는 과정은 제2단계에서 이루어진다.
⑤ 내담자가 진정으로 원하는 것을 얻을 수 있도록 새로운 계획을 세우는 과정이 'P(Planning) 단계'에서 일어난다.

16 다음 사례에서 상담자가 간과하고 있는 것은 무엇인가?

> 내담자가 심리상담실에 찾아와서 자신이 어떻게 행동해야 할지(예 무슨 말을 해야 하는지, 휴대폰을 어떻게 해야 하는지, 오늘은 언제까지 심리상담이 진행되는 것인지 등)를 모르고 불안해한다.

① 상담윤리　　　　　　　　　② 해 석
③ 구조화　　　　　　　　　　④ 경 청
⑤ 공 감

17 경청은 상대방의 감정과 생각을 이해하기 위해 그의 말을 주의 깊게 듣는 것으로 상담기술의 일종이다. 경청을 방해하는 요인과 이에 대한 설명으로 옳지 않은 것은?

① 비교하기는 자신과 다른 사람을 비교하면서 듣는 것이다.

② 마음 읽기는 상대방 말의 내용에 주의를 기울이는 것이 아니라 상대방의 의중을 파악하려고 하는 것이다.

③ 걸러서 듣기는 상대방의 말을 자신의 기준에 따라 선택적으로 받아들이는 것이다.

④ 충고하기는 상대방의 말의 전체를 듣고 구체적으로 이를 파악하여 종합적인 조언을 하는 것이다.

⑤ 비위 맞추기는 상대방 말의 내용에 주의를 기울이기보다는 자신이 상대방에게 어떻게 보일지에 집중하여 비위를 맞추는 데 골몰하는 것이다.

해설

경청을 방해하는 요인 중 충고하기는 상대방 말의 일부만 듣고 마치 모든 것을 파악한 양 조언을 하는 것이다.

정답 ④

18 개방형 질문, 폐쇄형 질문, 간접질문에 대한 내용으로 옳지 않은 것은?

① 개방형 질문은 질문의 범위가 포괄적이며, 내담자에게 가능한 한 많은 대답을 선택할 기회를 제공한다.

② 폐쇄형 질문은 위기상황에서의 신속한 대응을 하는 데 불리하다.

③ 내담자로 하여금 시야를 보다 넓히도록 유도하고 상담자와 내담자 간 바람직한 촉진관계를 형성하여 내담자로부터 보다 많은 정보를 얻어내기 위해서는 개방형 질문이 더욱 효과적이다.

④ 간접질문은 직접적 질문의 역기능으로 나타나는 내담자의 방어적 태도를 방지하기 위한 효과적인 질문방식이다.

⑤ 상담자는 '왜' 질문 등 직접적인 방식으로 내담자에게 어떠한 행동의 이유나 원인을 캐어물음으로써 비난하는 듯한 인상을 주기보다는 '무엇'이나 '어떻게' 등에 초점을 두어 간접적인 방식으로 질문하는 것이 바람직하다.

해설

폐쇄형 질문은 위기상황에서의 신속한 대응에 유리한 측면을 지닌다.

정답 ②

19 단기상담의 유형 중 지지적 단기상담에 해당하는 내용으로 옳은 것은?

① 가족이나 친구를 사별하고 심한 우울감이나 외로움을 겪고 있는 내담자를 대상으로 그들의 수용하기 어려운 감정을 표현할 수 있도록 기회를 제공한다.

② 조언, 역할연습, 모델관찰, 격려, 자기표현훈련 등의 방법이 효과적이다.

③ 반복적으로 화 또는 분노를 느끼는 내담자의 경우 전이나 저항을 나타내 보이는 경향이 있으므로, 내담자의 그와 같은 감정과 행동의 원인이 되는 내면과정을 분석·검토한다.

④ 기본적으로 내담자가 가지고 있는 문제를 해결하는 데 초점을 두는 것이다.

⑤ 이 단기상담의 방법은 매우 다양한데 역동적 단기상담에서는 전이와 저항의 해석, 감정의 명료화, 직면 등의 방법을 사용한다.

해설

② 교육적 단기상담

③·④·⑤ 치료적 단기상담

정답 ①

20 집단상담의 목표에 해당하는 내용을 모두 고른 것은?

> ㄱ. 자신과 타인에 대한 신뢰감 형성
> ㄴ. 인간의 욕구나 문제들의 공통성과 보편성 인식
> ㄷ. 자신과 타인에 대한 주도성·자율성·책임감의 증진
> ㄹ. 특정 행동의 변화를 위한 구체적 계획 수립과 완수
> ㅁ. 효과적인 사회적 기술 학습
> ㅂ. 타인의 욕구와 감정에 대한 민감성 증진

① ㄱ, ㄴ, ㄷ, ㅂ   ② ㄷ, ㄹ, ㅁ, ㅂ
③ ㄱ, ㄴ, ㄷ, ㅁ, ㅂ   ④ ㄴ, ㄷ, ㄹ, ㅁ, ㅂ
⑤ ㄱ, ㄴ, ㄷ, ㄹ, ㅁ, ㅂ

해설

집단상담의 목표
• 자신과 타인에 대한 신뢰감 형성
• 자신에 대한 지식 습득과 정체성 발달
• 인간의 욕구나 문제들의 공통성과 보편성 인식
• 자기수용(Self-Acceptance)·자신감·자기존중감 증진 및 자신에 대한 시각의 개선
• 정상적인 발달문제와 갈등을 해결하는 새로운 방식 발견
• 자신과 타인에 대한 주도성·자율성·책임감의 증진
• 자신의 결정에 대한 자각과 지혜로운 결정능력 증진
• 특정 행동의 변화를 위한 구체적 계획 수립과 완수
• 효과적인 사회적 기술 학습
• 타인의 욕구와 감정에 대한 민감성 증진
• 타인에 대한 배려와 염려를 바탕으로 직면의 기술 습득
• 타인의 기대에 부응하는 태도에서 벗어나 자신의 기대에 부합하는 방식의 습득
• 가치관의 명료화, 가치관의 수정 여부 및 수정방식 결정

정답 ⑤

21 집단상담 준비 시 고려해야 할 사항으로 옳지 않은 것은?

① 집단의 구성은 일반적으로 5~15명 정도가 적합하다.
② 상담의 목적에 따라 구성원이 동질적·이질적 집단으로 결정된다.
③ 모임의 기간은 집단의 목적이나 성숙도 조건에 따라 조정될 수 있다.
④ 신규성원은 받아들이지 않는 것이 좋다.
⑤ 모임의 장소는 너무 크지 않고 외부로부터 방해받지 않아야 한다.

해설

집단의 개방 정도, 즉 신규성원을 받아들일 것인지, 받아들이지 않고 기존의 성원으로만 할지는 집단목표와 환경에 따라 달라질 수 있다.

정답 ④

22 집단상담의 집단구성의 동질성과 이질성에 대한 내용으로 옳지 않은 것은?

① 집단은 다양성과 공통성 사이에 균형을 이루어야 하며, 상담의 목적에 따라 집단원들의 성, 연령, 배경 등을 고려해야 한다.

② 집단은 동질적인 동시에 이질적으로 구성되어야 한다.

③ 동질성은 집단원들 간의 관계를 증진시키고 집단의 결속력을 높일 수 있으나, 다른 성원과 유대를 형성하는 데 시간이 오래 걸리게 하는 요인이 될 수 있다.

④ 이질성은 집단원들에게 다양한 관점과 견해를 제공함으로써 개인의 문제를 해결하는 데 자극이 될 수 있다.

⑤ 학생의 경우 또래끼리 어울리도록 하는 것이 좋은 반면, 성인의 경우 서로의 경험을 교환할 수 있도록 다양한 연령층으로 구성하는 것이 효과적이다.

해설

다른 성원과 유대를 형성하는 데 시간이 오래 걸리는 것은 집단이 이질적으로 구성된 경우에 해당된다.

정답 ③

23 다음 내용은 어떤 개념과 관련되는 것인가?

- 자기 자신을 개방하며, 자기탐색에 집중한다.
- 다른 성원들과 고통을 함께 나누며, 이를 해결해나간다.
- 자유로운 분위기에서 집단활동에 적극적으로 동참한다.
- 자신의 생각과 느낌을 즉각적으로 표현한다.
- 서로를 보살피며, 있는 그대로 수용해준다.
- 보다 진실되고 정직한 피드백을 교환한다.
- 건강한 유머를 통해 친밀감을 느끼며, 기쁨을 함께한다.
- 깊은 인간관계를 맺으므로 중도이탈자가 적다.
- 집단의 규범이나 규칙을 준수하며, 이를 지키지 않는 다른 집단원을 제지한다.

① 집단응집력 ② 집단이질성
③ 집단개방수준 ④ 집단크기
⑤ 집단동질성

해설

집단응집력이 높은 집단의 특징에 해당되는 내용이다.

정답 ①

24 다음 중 상담자의 윤리를 적절히 준수한 경우에 해당되는 것은?

① 내담자의 허락하에 상담 세부내용을 자신의 동료상담자와 의논한다.

② 평소 친하게 지내는 이웃의 자녀를 무료로 상담한다.

③ 상담의 목표, 기법 등에 대한 내용을 내담자에게 별도로 알리지 않는다.

④ 내담자와 가치관의 차이가 있으면 원활한 상담이 이루어질 수 없기 때문에 내담자의 가치관을 수정한다.

⑤ 내담자의 비밀을 보장할 의무를 지기 때문에 내담자가 자살시도를 할 위험이 있더라도 이를 함구한다.

해설

상담심리사 윤리강령

5. 정보의 보호 및 관리
   마. 상담 외 목적을 위한 내담자 정보의 사용
      (2) 다른 전문가의 자문을 구할 경우, 상담심리사는 사전에 내담자의 동의를 구해야 하며, 적절한 조치를 통해 내담자의 사생활과
          비밀을 보호하도록 노력한다.

정답 ①

25 상담심리사 윤리강령에 의거하여 상담자가 심리검사를 선택·실시·해석할 때 준수하여야 할 내용으로 옳지 않은 것은?

① 내담자에게 실시할 검사를 선택할 때 검사의 타당도, 신뢰도, 제한점 등을 고려한다.

② 검사시행 시 검사의 표준화된 조건에 따라야 하며, 이것이 어긋날 경우 검사의 무효처리도 가능하다.

③ 신뢰할 수 있는 검사결과를 얻기 위해 검사지와 검사도구가 노출되지 않도록 하는 것이 좋으나 이 조항에 별다른 강제성은 없다.

④ 정신장애 진단 시 내담자의 사회경제·문화적 경험을 고려하여야 한다.

⑤ 진단이 지니는 긍정적·부정적 함의를 신중하게 고려하여야 한다.

해설

상담심리사 윤리강령

6. 심리평가
   라. 검사의 선택 및 실시
      (4) 상담심리사는 신뢰할 수 있는 검사결과를 얻기 위해 검사지 및 검사도구가 노출되지 않도록 주의하고 그 내용을 언급하지
          않을 책임이 있다.

정답 ③

01　인간발달의 특성에 해당되는 내용으로 옳지 않은 것은?

① 발달의 과업이 대부분 초기에 이루어지므로, 이 시기에 지체가 이루어지는 경우 후일의 발달에 영향을 미친다.

② 어떤 발달과업을 성취하는 데는 결정적 시기가 있는데 그 시기를 놓치면 다음 시기에 보충될 수 없다.

③ 발달의 시기를 놓치지 않는 것보다 이후 교육을 통해 교정·보충하는 과정이 더 중요하다.

④ 유아의 성장·발달에 어떤 결손이 생기면 그 결손은 다음 시기의 발달에 좋지 않은 영향을 주며, 이는 누적되어 회복을 더욱 어렵게 한다.

⑤ 발달의 여러 측면들은 서로 밀접하게 연관되어 있다.

해설

어떤 특정한 시기에 발달이 잘못되면 이후 그것을 교정·보충하는 데 한계가 있다. 이러한 특성을 발달의 불가역성이라고 한다.

정답　③

02　해비거스트(Havighurst)의 개인생활주기와 발달과업에 대한 내용이 시기별로 잘못 연결된 것은?

① 영아기 – 젖 떼기, 걷기, 말하기 시작, 돌봐주는 사람에 대한 신뢰와 애착 형성

② 유아기 – 기본적 생활습관 형성, 언어에 의한 의사소통

③ 아동기 – 또래 친구들과 어울리기, 적절한 성역할 학습, 기본적 기능 익히기, 도덕가치관의 기초 형성

④ 청소년기 – 자아정체감 형성, 사회적으로 책임감 있는 행동 수행, 가치체계 확립, 가정을 이루기 위한 준비

⑤ 장년기 – 건강관리, 배우자 사별에 대한 준비, 여가선용, 경제적 대책 마련

해설

노년기에 대한 설명이다. 장년기에는 건전한 가정의 형성 및 유지, 직업의 선택 및 유지, 자녀 출산과 양육, 노후준비를 한다.

정답　⑤

03　발달심리학의 정의에 대한 내용으로 옳지 않은 것은?

① 인간이 태어나 성장, 변화해가는 과정과 법칙을 연구하는 분야이다.

② 연령이 증가함에 따라 발달의 변화를 객관적으로 정확히 기술하는 학문이다.

③ 각 연령단계에서 나타나는 평균적인 발달과정을 밝힌다.

④ 규준적 발달과 개별적 발달수준을 진단한다.

⑤ 주로 아동시기까지의 발달을 한정해서 연구하는 분야를 의미한다.

해설

연령단계에 따라 아동심리학, 청년심리학, 노년심리학으로 나누어 평생의 발달, 변화과정을 연구대상으로 한다.

정답　⑤

04 발달심리학 연구의 주요학자 및 그의 업적이 옳게 연결된 것은?

① 로크(Locke) – 게젤(Gesell)의 성숙이론과 피아제(Piaget)의 인지발달이론에 영향을 주었다.
② 루소(Rousseau) – 반복, 모방, 보상, 처벌을 내용으로 하는 행동주의에 영향을 주었다.
③ 다윈(Darwin) – 면밀한 관찰을 통해 개인의 발달을 추적하여 진화론적 관점에서 서술하였다.
④ 비네(Binet) – 정상적인 아동은 동일한 순서를 거치긴 하지만 그 성장속도는 상이하며 성장속도가 기질의 차이에서 기인한다고 주장하였다.
⑤ 게젤(Gesell) – 1905년 최초의 지능검사를 만들고 이를 실제 교육장면에 적용하였다.

> **해설**
> ① 로크(Locke) : 반복, 모방, 보상, 처벌을 내용으로 하는 행동주의에 영향을 주었다.
> ② 루소(Rousseau) : 게젤(Gesell)의 성숙이론과 피아제(Piaget)의 인지발달이론에 영향을 주었다.
> ④ 비네(Binet) : 1905년 최초의 지능검사를 만들고 이를 실제 교육장면에 적용하였다.
> ⑤ 게젤(Gesell) : 정상적인 아동은 동일한 순서를 거치긴 하지만 그 성장속도는 상이하며 성장속도가 기질의 차이에서 기인한다고 주장하였다.
>
> **정답** ③

05 발달연구를 위하여 이용되는 연구법 중 다음 특징을 가진 것은?

> • 원인과 결과를 정확하게 평가할 수 있는 설계이다.
> • 인과관계에 대한 가설을 검증하기 위해 변인을 조작·통제하여 그 효과를 살핀다.

① 상관연구　　　　　　　　　② 실험연구
③ 사례연구　　　　　　　　　④ 자기보고법
⑤ 임상법

> **해설**
> 실험연구의 특징에 해당되는 내용이다.
>
> **정답** ②

06 로렌츠(Lorenz)의 각인이론에 관한 설명으로 옳지 않은 것은?

① 각인 현상은 결정적 시기(Critical Period)에만 발생한다.
② 새가 알에서 부화한 뒤 어미를 따라다니는 것은 각인 현상에 의한 행동이다.
③ 각인은 동물의 생존가능성을 높이는 것으로 알려져 있다.
④ 각인은 태어나서 처음 접하는 물체에 애착을 형성하는 것을 말한다.
⑤ 각인은 생물학적 부모의 교육에 의한 후천적 학습이다.

> **해설**
> 각인은 동물의 생존가능성을 높여주는 선천적 본능이다.
>
> **정답** ⑤

07 횡단적 설계(Cross-Sectional Design)와 종단적 설계(Longitudinal Design)에 대한 내용 중 옳지 않은 것은?

① 횡단적 설계는 한 시점에 대한 조사를 토대로 하며, 일원적 설계, 상관관계설계 등이 이에 해당된다.
② 종단적 설계는 여러 시점에 걸친 조사를 토대로 한다.
③ 인구연구, 여론연구 등은 종단적 설계를 이용한 연구이다.
④ 종단적 설계는 연령에 따른 개인의 변화를 분석할 수 있다.
⑤ 종단적 설계는 일정 기간에 걸쳐서 반복적으로 동일 연구대상에 대한 자료를 수집하는 연구설계이다.

> **해설**
> 인구연구, 여론연구 등은 횡단적 설계를 이용한 연구이다.

정답 ③

08 프로이트(Freud)의 심리성적 발달단계에서 남근기의 특징에 해당되지 않는 것은?

① 3~6세에 해당하는 시기이다.
② 리비도가 성기에 집중되어 성기를 자극하고 자신의 몸을 보여주거나 다른 사람의 몸을 보면서 쾌감을 얻는다.
③ 남아는 오이디푸스 콤플렉스, 여아는 엘렉트라 콤플렉스를 경험한다.
④ 아동은 부모와의 동일시 및 적절한 역할습득을 통해 양심과 자아이상을 발달시키며, 이 과정에서 초자아가 성립된다.
⑤ 이 시기에 고착되는 경우 결벽증이나 인색함 등이 나타날 수 있다.

> **해설**
> 항문기에 고착될 경우 나타날 수 있는 성격특징이다.

정답 ⑤

09 귀인의 4가지 요소로 옳게 연결된 것은?

ㄱ. 운	ㄴ. 능 력
ㄷ. 노 력	ㄹ. 인간관계
ㅁ. 과제난이도	ㅂ. 성 격

① ㄱ, ㄴ, ㄷ, ㅁ   ② ㄱ, ㄴ, ㄷ, ㅂ
③ ㄴ, ㄷ, ㄹ, ㅁ   ④ ㄴ, ㄷ, ㅁ, ㅂ
⑤ ㄱ, ㄷ, ㅁ, ㅂ

> **해설**
> 귀인의 4가지 요소와 3가지 차원

구 분	능 력	노 력	과제난이도	운
원인의 소재 차원	내부귀인	내부귀인	외부귀인	외부귀인
원인의 안정성 차원	안정적	불안정적	안정적	불안정적
통제 가능성 차원	불가능	가 능	불가능	불가능

정답 ①

10 사회학습이론은 다른 사람의 행동을 관찰하고 모방하는 과정을 통해 학습이 이루어진다는 이론이다. 다음 중 사회학습의 유형에 포함되지 않는 것은?

① 무시행학습형   ② 배합의존형
③ 동시학습형   ④ 고전적 대리 조건형성형
⑤ 차별화형

사회학습의 유형
• 고전적 대리 조건형성형 : 관찰자가 모델의 정서적 반응을 모방학습하는 유형이다.
• 동시학습형 : 관찰자가 모델과 같은 일을 하면서 행동을 모방학습하는 유형이다.
• 동일시형 : 관찰자가 모델의 특정 행동이 아닌 가치관, 의식 등 전반적인 행동체계를 모방학습하는 유형이다.
• 무시행학습형 : 관찰자가 행동을 직접 시행하는 과정 없이 관찰만으로 모방학습하는 유형이다.
• 배합의존(직접모방)형 : 관찰자가 이유를 따지지 않고 모델의 행동을 맹목적으로 모방학습하는 유형이다.

정답 ⑤

11 인간발달에 대한 맥락적 접근에 해당되는 이론의 세부내용으로 옳지 않은 것은?

① 사회문화적 이론은 아동이 보다 유능한 협력자와의 대화를 통해 자기 문화의 가치, 신념, 문제해결방식을 습득한다는 이론이다.
② 인간을 내적인 힘(천성)과 외적 영향(육성)의 연속적이고 역동적인 상호작용을 나타내는 능동적 존재로 본다.
③ 발달하는 인간이 환경과 어떻게 관계되어 있는지 설명하기 위해 인간발달의 생태학을 제시하였다.
④ 유아의 발달이 이루어지는 주변세계와 더 넓은 세계와의 관계를 이해하기 위해 유아의 주변세계에 대한 해석과 그 해석들이 어떻게 변화하는지에 초점을 맞추었다.
⑤ 아동은 적응적이며, 유전적으로 프로그램된 특성들을 가지고 태어나는 생물학적 존재라는 것을 강조하였다.

⑤ 동물행동학에 해당되는 내용으로 이는 맥락적 접근이 아닌 생물학적 접근에 해당된다.
① · ② 사회문화적 이론으로 맥락적 접근의 일종에 해당한다.
③ · ④ 생태학적 체계이론으로 맥락적 접근의 일종에 해당한다.

정답 ⑤

12 인간발달을 유전의 영향으로 보는 관점에서 주장하는 내용으로 옳지 않은 것은?

① 일란성 쌍생아가 이란성 쌍생아보다 지능지수의 상관도가 높다.
② 남자가 여자보다 공간지각력이 높고 여자가 남자보다 공감능력이 높다.
③ 한 쌍의 유전인자가 여러 행동특성에 영향을 준다.
④ 유전인자의 효과는 오랜 시간에 걸쳐 나타난다.
⑤ 교육환경이 서로 다른 곳에서 자란 일란성 쌍생아의 경우 도시에서 자란 아동이 벽지에서 자란 아동보다 지능지수가 높다고 본다.

인간발달을 환경의 영향으로 보는 관점에 해당된다.

정답 ⑤

13 인간발달의 과정 중 태아기에 대한 내용으로 옳은 것은?

① 수정 후 2주간의 기간을 말한다.

② 수정체의 내면은 외배엽·중배엽·내배엽의 세 개의 층으로 분리된다.

③ 눈이 발달하며 중추신경과 근육도 세밀하게 발달한다.

④ 태아의 신체계통과 각 기관의 발달이 가장 급속하게 이루어지는 시기이다.

⑤ 이 시기에 아기가 자궁벽으로부터 떨어져 나오는 자연유산을 조심해야 한다.

> **해설**
> ① 발아기
> ②·④·⑤ 배아기
>
> **정답** ③

14 영아기에 발달되는 원시반사의 하나로, 다음 특징을 가지는 반사의 종류는 무엇인가?

> • 큰 소리 또는 빛의 자극을 받거나 몸이 불안정하게 되어 놀라면 손과 발을 앞으로 뻗었다가 오므린다.
> • 생후 6~7개월 정도에 사라진다.

① 바빈스키반사   ② 모로반사

③ 잡기반사   ④ 호흡반사

⑤ 동공반사

> **해설**
> ① 바빈스키반사 : 신생아의 발바닥에 자극을 주면 부채처럼 발을 편다. 약 1세까지 나타난다.
> ③ 잡기반사 : 손바닥에 물체를 대면 꼭 쥐는 반사로 생후 3~4개월에 의도적으로 잡는 행동으로 대체되면서 사라진다.
> ④·⑤ 호흡반사·동공반사 : 원시반사가 아닌 생존반사에 해당한다.
>
> **정답** ②

15 아동기 친사회적 행동의 발달이 연령대별로 옳게 연결된 것을 모두 고른 것은?

> ㄱ. 2세 이전 – 함께 우는 것과 같은 공감반응
> ㄴ. 2세 전후 – 위로하고 도와주려는 행동
> ㄷ. 4~6세 – 이타적 행동 증가
> ㄹ. 9~10세 – 자아중심적 행동 증가

① ㄱ, ㄴ   ② ㄴ, ㄷ

③ ㄱ, ㄴ, ㄹ   ④ ㄴ, ㄷ, ㄹ

⑤ ㄱ, ㄴ, ㄷ

> **해설**
> ㄹ. 9~10세경 아동은 가장 높은 수준의 이타성이 발달하게 된다.
>
> **정답** ⑤

16 다음 내용은 무엇과 관련되는가?

> • DNA 또는 디옥시리보핵산이라고 하는 화학물질로 주로 이루어져 있다.
> • 여러 개의 유전인자를 포함하고 있으며, 이 유전인자에는 부모로부터 전달되는 유전적 특질을 나타내는 유전물질이 들어있다.
> • 대략 2만~2만 5천 가지에 이르는 유전자가 들어있다.

① 세 포   ② 염색체
③ 염기서열   ④ 유사분열
⑤ 뉴 런

해설
염색체에 관련된 내용으로 볼 수 있다.

정답 ②

17 영아기 지각발달에 대한 내용으로 옳지 않은 것은?

① 신생아도 평이한 자극에 반대되는 패턴을 선호하며 크면서 점점 더 복잡한 패턴을 선호한다.
② 쌍안깊이지각은 두 눈의 시야가 조금 다른 시각을 가짐으로써 생겨난다.
③ 생후 3개월경 사물이 평면이 아닌 3차원이라는 것을 알게 된다.
④ 운동깊이지각은 물체까지의 거리를 맞추기 위해 팔과 손의 움직임을 조정하는 데 사용한다.
⑤ 3~4주경 물체가 얼굴을 칠 것처럼 가까이 다가오면 방어하기 위해 눈을 깜빡인다.

해설
쌍안깊이지각은 물체까지의 거리를 맞추기 위해 팔과 손의 움직임을 조정하는 데 사용한다. 운동깊이지각은 가장 먼저 감지하는 지각으로, 3~4주경 물체가 얼굴을 칠 것처럼 가까이 다가오면 방어하기 위해 눈을 깜빡이는 것과 관련된다.

정답 ④

18 피아제(Piaget)의 인지발달이론의 주요개념 중 다음에 해당되는 것은 무엇인가?

> • 기존에 가지고 있던 도식을 변경하거나 새롭게 만들어가는 과정을 말한다.
> • 경험에 근거하여 도식을 수정하는 것이다.
> • 비행기와 새가 다르다는 것을 인식하고 인식의 불균형을 경험하게 되어 비행기에 대해 질문하거나 새의 이름을 붙인다.

① 도식(Schema)   ② 동화(Assimilation)
③ 조절(Accommodation)   ④ 평형(Equilibration)
⑤ 물활론(Animism)

해설
① 사물이나 사건에 대한 전체적인 윤곽 또는 지각의 틀이다.
② 새로운 정보 혹은 새로운 경험을 접할 때, 그러한 정보와 경험을 이미 자신에게 구성되어 있는 도식에 적용시키려 하는 경향을 말한다.
④ 질서와 체계를 유지하려는 인간의 본능적·선천적인 욕구이다.
⑤ 모든 사물에 생명이 있어서 의식이 있는 존재라고 믿는 것이다.

정답 ③

19 카우프만 아동용 진단검사(K-ABC ; Kaufman Assessment Battery for Children)에 대한 내용으로 옳지 않은 것은?

① 지능을 정신과정을 나타내는 유동지능(Fluid Intelligence)과 성취도를 나타내는 결정지능(Crystallized Intelligence)으로 나누었다.

② 12개의 하위검사들로 이루어져 있으며 2.5세부터 12.5세까지의 아동을 대상으로 한다.

③ 언어적 과제의 비중을 크게 부여하였다.

④ 검사의 내용이나 대상의 표집에서 문화적 편파성이 최소화되어 있다.

⑤ 특수아나 소수민족 등에 효과적으로 적용할 수 있다는 특징이 있지만, 검사의 전반적인 유용성에 대해서는 여러 면에서 논란의 대상이 되고 있다.

> **해설**
> 비언어적 과제의 비중을 크게 부여하였다.
>
> **정답** ③

20 창의성의 개념에 대한 내용으로 옳지 않은 것은?

① 새롭고, 독창적이고, 유용한 것을 만들어내는 능력 또는 전통적인 사고방식을 탈피해서 새로운 관계를 창출하거나, 비일상적인 아이디어를 산출하는 능력을 말한다.

② 초기에는 주로 유창성, 융통성, 정교성, 독창성의 확산적 사고의 관점에서만 연구되었으나, 점차 수렴적 사고와 확산적 사고를 포함하는 다양한 지적 능력, 지식, 인성, 환경의 총체적인 관점에서 연구되고 있다.

③ 창의성은 의식적 사고, 노력뿐만 아니라 무의식적인 노력(부화, 통찰)과 사고의 영향을 받아 일어나기도 한다.

④ 창의성은 비판적 사고, 창의적 사고, 의사결정사고, 메타인지적 사고 등과 같이 여러 가지 사고유형의 하나로 간주되기도 하고, 모든 사고유형이 총체적으로 결합되어 나타나는 가장 고차적원인 사고능력으로 간주되기도 한다.

⑤ 길포드(Guilford)는 창의성을 확산적 사고라기보다는 수렴적 사고라고 보았다.

> **해설**
> 길포드(Guilford)는 창의성을 수렴적 사고라기보다는 확산적 사고라고 보았다.
> • 확산적 사고 : 기존에 알려지지 않은 새로운 대안을 창출해내는 것이다.
> • 수렴적 사고 : 주어진 정보를 통하여 가장 안전하고 확실한 하나의 대안을 산출하는 것이다.
>
> **정답** ⑤

21 콜버그(Kohlberg)의 도덕성 발달이론에서 전인습수준의 특징에 해당하는 것을 모두 고른 것은?

> ㄱ. 신체적·물리적 힘에 의한 처벌과 복종을 지향한다.
> ㄴ. 자기보다 강한 사람에 의한 처벌을 피하기 위해 자기중심적으로 복종한다.
> ㄷ. 규칙은 절대적인 것으로 변경이 불가능하다.
> ㄹ. 좋은 인간관계의 조화로운 도덕성을 강조한다.
> ㅁ. 상대적 쾌락주의에 의한 개인적 욕구 충족을 지향한다.

① ㄱ, ㄴ, ㄷ   ② ㄴ, ㄷ, ㄹ
③ ㄷ, ㄹ, ㅁ   ④ ㄱ, ㄴ, ㄷ, ㅁ
⑤ ㄴ, ㄷ, ㄹ, ㅁ

해설
ㄱ·ㄴ·ㄷ : 전인습적 수준(제1단계 타율적 도덕성)
ㄹ : 인습적 수준(제3단계 대인관계적 도덕성)
ㅁ : 전인습적 수준(제2단계 개인적·도구적 도덕성)

정답 ④

22 콜버그(Kohlberg)의 도덕성 발달이론에 대한 평가로 옳지 않은 것은?

① 도덕성의 단계적 발달과정이 과연 불변적인 순서로 진행되는가의 문제가 제기된다.
② 모든 문화권에 보편적으로 적용하기에 한계가 있다.
③ 도덕의 원천으로서 이타심이나 사랑 등의 정의적인 측면을 소홀히 다루고 있다.
④ 남성과 여성 간 도덕성 발달에 차이를 두지 않아 성평등적 입장을 취한다.
⑤ 도덕성 발달에 영향을 미칠 수 있는 교육이나 사회화의 상황적·환경적 영향력을 간과하였다.

해설
여성이 남성보다 도덕수준이 낮다는 성차별적 관점을 가지고 있다.

정답 ④

23 다음 내용과 관련된 이론가는 누구인가?

> • 조작과 통제를 통하여 결과를 얻는 실험실 연구는 일반화에 어려움이 있다고 보았다.
> • 환경 등의 맥락적 조건이 발달에 미치는 영향을 중요하게 다루었다.
> • 환경을 크게 미시체계-중간체계-거시체계-외체계-시간체계로 나누어 설명하였다.

① 프로이트(Freud)   ② 파블로프(Pavlov)
③ 반두라(Bandura)   ④ 브론펜브레너(Bronfenbrenner)
⑤ 피아제(Piaget)

해설
발달과 관련하여 생태학적 체계이론을 주장한 브론펜브레너에 대한 설명이다.

정답 ④

24 성역할 고정관념의 발달에 대한 내용으로 옳지 않은 것은?

① 9세 아동은 6세 아동에 비해 성역할 관념에 대해 유연한 사고를 보인다.

② 성역할 고정관념은 특정 행위가 남성 또는 여성에게 배타적인 것으로 판단하는 사고를 말한다.

③ 12~15세경 아동은 성역할을 거의 구분하지 않는다.

④ 6세 아동은 성역할 구분을 강하게 인식한다.

⑤ 청년후기나 성인기에는 성역할 정체성이 확립되어 융통성 있는 사고가 가능해진다.

해설

아동은 12~15세경에 이르면 다시 강한 성역할 고정관념을 갖게 된다.

정답 ③

25 애착유형과 그 내용의 연결이 옳지 않은 것은?

① 불안정 혼돈애착 – 부모의 비일관적 양육으로 인해 아동은 회피와 저항이 복합된 행동을 보인다.

② 안정애착 – 부모와 자녀 사이의 정서적 유대관계가 안정되어 있다.

③ 불안정 저항애착 – 아동은 부모 곁에 있으려고 하면서도 접촉을 시도하면 저항하는 이율배반적인 모습을 보인다.

④ 불안정 일방애착 – 부모와 자녀 중 한쪽이 다른 쪽에게 일방적인 애착을 보인다.

⑤ 불안정 회피애착 – 아동은 부모가 접촉을 시도하면 회피하거나 무시하는 모습을 보인다.

해설

애착유형의 4가지 종류에는 안정애착, 불안정 저항애착, 불안정 혼돈애착, 불안정 회피애착이 있다.

정답 ④

01 프로이트(Freud)의 정신분석이론에 의한 이상행동의 원인으로 옳지 않은 것은?

① 어린 시절의 경험과 관련될 수 있다.
② 방어기제의 부적절한 사용에 의해 이상행동이나 정신장애가 발생할 수 있다.
③ 무의식적 갈등에 의해 나타날 수 있다.
④ 자아가 원초아를 적절히 조절·통제하지 못함으로써 신경증적 불안(Neurotic Anxiety)이 발생하게 되는데, 이를 감소시키기 위한 일환으로 이상행동이 나타날 수 있다.
⑤ 주변 환경으로부터의 잘못된 학습에서 기인한다.

해설
이상행동의 원인에 대한 행동주의적 관점에 해당된다.

정답 ⑤

02 DSM-5상 성기능장애 또는 성기능부전(Sexual Dysfunctions)의 하위범주에 해당되지 않는 것은?

① 남성 성욕감퇴장애(Male Hypoactive Sexual Desire Disorder)
② 청소년 및 성인의 성불편증(Gender Dysphoria in Adolescents and Adults)
③ 여성 성적 관심/흥분장애(Female Sexual Interest/Arousal Disorder)
④ 지루증 또는 사정지연(Delayed Ejaculation)
⑤ 발기장애(Erectile Disorder)

해설
성불편증 또는 성별불쾌감(Gender Dysphoria)의 하위범주에 해당한다.

정답 ②

03 공황장애 진단을 위한 13가지 발작증상에 해당되지 않는 것은?

① 비정상적인 두근거림   ② 손발떨림
③ 질식할 것 같은 느낌   ④ 감각이상
⑤ 메마른 감정표현

해설
공황발작의 13가지 증상
• 가슴이 두근거리거나 심장박동이 강렬하거나 또는 급작스럽게 빨라짐
• 땀흘림
• 몸떨림 또는 손발떨림
• 숨이 가쁘거나 막히는 느낌
• 질식할 것 같은 느낌
• 가슴통증 또는 답답함
• 구토감 또는 복부통증
• 현기증, 비틀거림, 몽롱함, 기절상태의 느낌
• 몸에 한기나 열기를 느낌
• 감각이상(마비감이나 저린 느낌)
• 비현실감 또는 이인감(자기 자신으로부터 분리된 느낌)
• 자기통제를 상실하거나 미칠 것 같은 두려움
• 죽을 것 같은 두려움

정답 ⑤

04 다음 증상은 DSM-5에서 어떤 장애의 특징으로 볼 수 있는가?

> • 분리에 대한 공포로 인해 집으로부터 멀리 떠나거나 집, 학교, 직장 등에 가는 것을 지속적으로 꺼리거나 거부한다.
> • 분리의 주제를 포함하는 악몽을 반복적으로 꾼다.

① 광장공포증(Agoraphobia)
② 사회불안장애(Social Anxiety Disorder)
③ 범불안장애(Generalized Anxiety Disorder)
④ 분리불안장애(Separation Anxiety Disorder)
⑤ 공황장애(Panic Disorder)

해설

DSM-5의 분류기준에서 불안장애(Anxiety Disorders)의 하위유형인 분리불안장애에 해당되는 증상이다.

참고

DSM-5상 분리불안장애의 주요증상
• 집이나 주요애착대상으로부터 분리를 경험하거나 이를 예상할 때 반복적으로 심한 고통을 느낀다.
• 주요애착대상을 잃는 것 혹은 그들에게 질병, 부상, 재난, 사망과 같은 해로운 일이 일어나지 않을까 지속적이고 과도하게 근심한다.
• 주요애착대상과의 분리를 야기하는 사건(예 길을 잃음, 납치나 사고를 당함, 질병에 걸림)에 대해 지속적이고 과도하게 근심한다.
• 분리에 대한 공포로 인해 집으로부터 멀리 떠나거나 집, 학교, 직장 등에 가는 것을 지속적으로 꺼리거나 거부한다.
• 혼자 있는 것 혹은 주요애착대상 없이 집이나 다른 장소에 있는 것에 대해 지속적으로 꺼리거나 과도한 공포를 느낀다.
• 집으로부터 멀리 떠나 잠을 자는 것 혹은 주요애착대상이 곁에 없이 잠을 자는 것에 대해 지속적으로 꺼리거나 거부한다.
• 분리의 주제를 포함하는 악몽을 반복적으로 꾼다.
• 주요애착대상으로부터 분리되거나 이를 예상하게 될 때 신체증상(예 두통, 복통, 메스꺼움, 구토)을 반복적으로 호소한다.

정답 ④

05 일반적으로 강박장애(Obsessive-Compulsive Disorder)를 치료하기 위한 심리치료기법으로 볼 수 없는 것은?

① 노출 및 반응방지법(Exposure and Response Prevention)
② 사고중지(Thought Stopping)
③ 자조집단(Self-help Group) 치료
④ 역설적 의도(Paradoxical Intention)
⑤ 자기주장훈련(Self-assertion Training)

해설

자조집단(Self-help Group) 치료는 알코올 중독 등의 중독치료에 적합하다.

정답 ③

06 외상 후 스트레스장애(Posttraumatic Stress Disorder)의 원인이 되는 외상사건의 유형에 해당되지 않는 것은?

① 일회적 외상(Single-blow Trauma)

② 장기적 외상(Long-term Trauma)

③ 인간 외적 외상(Impersonal Trauma)

④ 대인관계적 외상(Interpersonal Trauma)

⑤ 애착외상(Attachment Trauma)

해설

반복적 외상(Repeated Trauma)이라는 용어가 적합하다.

외상유형

• 일회적 외상 : 자연재해, 건물 붕괴, 비행기 추락 등의 기술적 재해, 폭행, 강도, 강간 등의 폭력적 범죄 등
• 반복적 외상 : 부모나 양육자에 의한 주기적인 신체적·정서적 학대, 전쟁터나 감옥에서의 장기간에 걸친 공포경험 등
• 인간 외적 외상 : 지진, 태풍, 산사태, 홍수 등 인간이 개입되지 않은 자연의 우발적 작용에 의한 외상
• 대인관계적 외상 : 타인의 고의적 행동에서 비롯된 상처 및 피해에 의한 외상
• 애착외상 : 부모나 양육자와 같이 정서적으로 긴밀한 관계에서 비롯된 심리적 상처에 의한 외상

정답 ②

07 DSM-5상 적응장애에 대한 내용으로 옳지 않은 것은?

① 스트레스 요인은 하나 또는 다수일 수 있으며, 특정 발달적 사건에 동반되는 것일 수 있다.

② 직접적인 스트레스 요인을 식별하기 어려운 경우에는 무의식적인 요인이 작용하고 있다고 볼 수 있다.

③ 스트레스 요인이 발생한 때로부터 3개월 이내에 정서적 또는 행동적 증상이 나타난다.

④ 우울감을 동반하는 경우, 불안을 동반하는 경우, 우울감 및 불안을 함께 동반하는 경우 등이 있다.

⑤ 스트레스 요인이 사라진 때로부터 6개월 이내에 증상이 끝난다.

해설

적응장애는 인식이 가능한 스트레스 요인에 대하여 정서적 또는 행동적 증상이 나타나는 경우를 가리킨다.

정답 ②

08 지속성 우울장애라고도 불리는 기분부전증(Dysthymia)의 특징에 해당되는 내용으로 옳지 않은 것은?

① 우울증상이 2년 이상 장기간에 걸쳐 지속되는 경우에 해당한다.

② DSM-5에서 새롭게 제시된 진단명으로 DSM-Ⅳ의 분류기준상 '만성 주요우울장애(Chronic Major Depressive Disorder)'와 '기분부전장애(Dysthymic Disorder)'가 합쳐진 것이다.

③ DSM-5의 진단기준에서 지속성 우울장애는 우울증상의 지속기간보다는 그 심각도를 강조하여 만성적 우울감을 핵심증상으로 제시하고 있다.

④ 지속성 우울장애는 만성적인 경과로 인해 비만성적 우울장애에 비해 실업 및 재정적 곤란, 운동능력 약화, 사회적 위축, 일상생활 부적응이 더욱 심각하게 나타날 수 있다.

⑤ 과거 기분부전장애의 경우 남성보다 여성에게서 대략 2~3배 정도 많이 나타나는 것으로 보고된 바 있다.

해설

DSM-5의 진단기준에서 지속성 우울장애는 우울증상의 심각도보다는 그 지속기간을 강조하여 만성적 우울감을 핵심증상으로 제시하고 있다.

정답 ③

09 우울장애를 설명하는 이론 중의 하나인 학습된 무력감 이론(Learned Helplessness Theory)에 해당되는 내용을 모두 고른 것은?

> ㄱ. 1975년 셀리그먼(Seligman)이 제시한 것으로, 개인의 수동적 태도 및 자신의 삶을 통제할 수 없다는 느낌이 이전의 통제실패 경험이나 외상을 통해 획득된다는 가정에 근거한다.
> ㄴ. 이 이론에서는 우울장애를 분노가 무의식적으로 자기 자신에게 향해진 현상으로 본다.
> ㄷ. 사람이 스트레스 장면에 처하는 경우 일차적으로 불안감을 느끼며, 그 장면을 통제할 수 없음을 깨닫는 경우 우울해진다고 주장한다.
> ㄹ. 개를 대상으로 한 조건형성 실험과정에서, 개를 묶어놓은 채 여러 차례 반복적으로 전기충격을 주자, 이후 자유롭게 풀어놓은 상태임에도 불구하고 개가 마치 자포자기를 한 듯 도망가려고 하지 않은 채 끙끙거리면서 그대로 전기충격을 받는 광경이 목격되었다.
> ㅁ. '내부적·외부적 요인'은 우울증의 발생 및 크기 수준, '안정적·불안정적 요인'은 우울증의 장·단기화 정도, '전반적·특수적 요인'은 우울증의 일반화 정도와 연관된다.

① ㄱ, ㄴ, ㄹ   ② ㄱ, ㄷ, ㄹ
③ ㄴ, ㄷ, ㄹ   ④ ㄴ, ㄷ, ㄹ, ㅁ
⑤ ㄱ, ㄴ, ㄷ, ㄹ, ㅁ

해설

ㄴ. 정신분석이론적 접근에 해당한다.
ㅁ. 귀인이론적 접근에 해당한다.

정답 ②

10 우울장애에 대한 귀인이론에 따른 '우울유발적 귀인(Depressogenic Attribution)'의 내용으로 옳지 않은 것은?

① 실패의 원인을 자신의 능력 또는 노력의 부족, 성격상의 결함 등 내부적 요인으로 귀인하는 경우 우울감이 증폭된다.
② 실패의 원인을 자신의 전반적인 능력 부족이나 성격 전체의 문제 등으로 귀인하는 경우 우울증이 일반화된다.
③ 실패의 원인을 과제의 난이도나 운 등의 외부적 요인으로 귀인하는 경우 우울감은 상대적으로 낮은 수준을 보인다.
④ 실패의 원인을 자신의 특수한 능력 부족이나 성격상 일부의 문제 등으로 귀인하는 경우 우울증이 특수화된다.
⑤ 실패의 원인을 노력 부족 등 불안정적 요인으로 귀인하는 경우 우울감은 상대적으로 장기화된다.

해설

실패의 원인을 노력 부족 등 불안정적 요인으로 귀인하는 경우 우울감은 상대적으로 단기화된다. 우울증 성향이 있는 사람들은 자신의 실패원인에 대해 과도하게 내부적·안정적·전반적 요인으로 귀인을 하는 반면, 자신의 성공원인에 대해서는 외부적·불안정적·특수적 요인으로 귀인을 하는 경향이 있다.

정답 ⑤

11 양극성 및 관련 장애(Bipolar and Related Disorders)의 특징에 해당되는 내용으로 옳지 않은 것은?

① DSM-Ⅳ의 분류기준에서 양극성장애는 기분장애(Mood Disorders)의 하위유형으로 분류되었으나, DSM-5에서는 기분장애에서 분리되어 독립된 장애범주로 분류된다.

② 하위유형으로는 제1형 양극성장애(Bipolar Ⅰ Disorder), 제2형 양극성장애(Bipolar Ⅱ Disorder), 순환성장애 또는 순환감정장애(Cyclothymic Disorder)가 있다.

③ 양극성장애는 고양된 기분상태와 우울한 기분상태가 교차되어 나타나는 장애이다.

④ 조증 삽화와 주요우울 삽화의 증상들이 혼합되어 나타나는 것을 DSM-5에서는 '혼재성 삽화(Mixed Episode)'로 제시하여 별도의 분류기준을 마련하였다.

⑤ 양극성장애의 진단은 현재의 증상은 물론 과거의 병력을 토대로 한다.

> **해설**
> 조증 삽화와 주요우울 삽화의 증상들이 혼합되어 나타나는 것을 DSM-5에서는 '혼재성 양상 혹은 혼합특질(with Mixed Features)'로 제시하고 있다.
>
> **정답** ④

12 DSM-5상 해리성 정체성장애에 대한 설명으로 옳지 않은 것은?

① 반복적인 해리성 기억상실의 삽화가 있다.

② 아동기와 성인기에 다양한 유형의 대인관계적 학대를 경험한 경우가 많다.

③ 행위 주체가 아닌 관찰자가 된 것 같은 이인화된 느낌을 받는다.

④ 알코올 중독으로 인한 일시적 기억상실이 대표적이다.

⑤ 존재하지 않는 대상의 목소리가 들린다고 보고하기도 한다.

> **해설**
> 알코올 중독으로 인한 일시적 기억상실은 해리장애가 아닌 물질관련 및 중독장애 범주에 포함되는 내용이며, 해리성 정체성장애 환자는 일시적 기억상실이 아닌 반복적인 기억상실의 삽화를 경험하는 것이 특징이다.
>
> **정답** ④

13 다음 설명과 가장 관련 있는 장애는 무엇인가?

> • 아동기와 청소년기에 과민성, 비사교성, 공상 또는 망상, 낮은 학업성취도 등을 보인다.
> • 주로 나타나는 방어기제는 투사(Projection)로, 이는 자신의 바람직하지 못한 행동과 생각을 마치 다른 사람의 것인 양 생각하고 남을 탓하는 것이다.
> • "나는 긴장과 경계를 유지해야 피해를 모면할 수 있다."
> • 스트레스에 의한 우울증, 공포증, 강박장애 등을 일으킬 가능성이 높다.

① 반사회성 성격장애(Antisocial Personality Disorder)

② 편집성 성격장애(Paranoid Personality Disorder)

③ 경계선 성격장애(Borderline Personality Disorder)

④ 자기애성 성격장애(Narcissistic Personality Disorder)

⑤ 강박성 성격장애(Obsessive-Compulsive Personality Disorder)

> **해설**
> 편집성 성격장애의 특징에 해당하는 내용이다.
>
> **정답** ②

14 다음 중 인지치료전략을 활용할 수 있는 성격장애 유형으로 가장 옳은 것은?

> • 사회적 고립을 줄이는 방향으로 건전한 치료적 관계를 수립한다.
> • 사회적 기술훈련 및 적절한 언행에 대한 모방학습 등을 통해 사회적으로 적절한 행동을 증가시킨다.
> • 치료회기의 구조화와 체계적인 진행을 통해 내담자의 두서없는 사고양식에 대응한다.
> • 내담자로 하여금 정서적인 느낌보다는 객관적인 증거를 토대로 자신의 사고를 평가하도록 지도한다.

① 조현성 성격장애(Schizoid Personality Disorder)
② 조현형 성격장애(Schizotypal Personality Disorder)
③ 회피성 성격장애(Avoidant Personality Disorder)
④ 의존성 성격장애(Dependent Personality Disorder)
⑤ 연극성 성격장애(Histrionic Personality Disorder)

해설

벡과 프리만(Beck & Freeman)이 제안한 조현형 성격장애의 인지치료전략에 해당되는 내용이다.

정답 ②

---

15 반사회성 성격장애(Antisocial Personality Disorder)로 진행될 가능성이 높은 아동기의 장애로 옳은 것은?

① 주의력결핍 및 과잉행동장애(Attention-Deficit/Hyperactivity Disorder)
② 지적 장애(Intellectual Disability)
③ 자폐스펙트럼장애(Autism Spectrum Disorder)
④ 운동장애(Motor Disorders)
⑤ 뚜렛장애(Tourette's Disorder)

해설

아동기의 품행장애(Conduct Disorder)나 주의력결핍 및 과잉행동장애(ADHD)는 성인기에 이르러 반사회성 성격장애로 진행될 가능성이 높다고 알려져 있다.

정답 ①

---

16 다음 중 회피성 성격장애(Avoidant Personality Disorder)와 공병률이 높은 질환으로 옳은 것은?

① 사회불안장애(Social Anxiety Disorder)
② 의존성 성격장애(Dependent Personality Disorder)
③ 강박성 성격장애(Obsessive-Compulsive Personality Disorder)
④ 의사소통장애(Communication Disorders)
⑤ 연극성 성격장애(Histrionic Personality Disorder)

해설

회피성 성격장애는 기분장애나 불안장애를 동반하기도 하며, 극소수의 사람에게 의지하려는 성향이 있으므로 의존성 성격장애와 같이 진단되는 경우도 많다.

정답 ②

17 다음 치료적 개입이 활용될 수 있는 질환으로 옳은 것은?

> • 치료자는 환자에게 웅대한 자기상과 관련된 비현실적인 생각을 구체적인 경험 속에서 찾아내도록 하며, 그와 같은 부적응을 스스로 인식하도록 함으로써 현실적인 자기개념으로 대체하도록 유도한다.
> • 치료자는 환자로 하여금 타인의 평가에 적당한 관심을 기울이도록 하며, 그 과정에서 스스로 감정을 조절할 수 있도록 유도한다.
> • 치료자는 환자로 하여금 타인의 감정에 대한 자각 증진 및 공감의 활성화를 통해 자신의 이기적 혹은 착취적 행동을 수정할 수 있도록 유도한다.

① 연극성 성격장애(Histrionic Personality Disorder)
② 망상장애(Delusional Disorder)
③ 자기애성 성격장애(Narcissistic Personality Disorder)
④ 파괴적 기분조절부전장애(Disruptive Mood Dysregulation Disorder)
⑤ 적응장애(Adjustment Disorder)

해설
벡과 프리만(Beck & Freeman)이 제안한 자기애성 성격장애의 치료전략에 해당되는 내용이다.

정답 ③

18 의존성 성격장애(Dependent Personality Disorder)가 있는 환자의 우울증상을 유발하는 상실의 유형에 해당되지 않는 것은?

① 대상의 상실 - 부모나 자녀, 형제자매 등 소중한 사람과 사별하는 경우
② 추상적인 상실 - 꿈이나 야망 등 미래에 대한 희망을 잃어버리는 경우
③ 변화의 상실 - 전학 또는 전직, 이사 등으로 인해 환경의 변화를 경험하는 경우
④ 관계의 상실 - 친구나 직장동료에게 따돌림을 당하는 등 다른 대상관계로부터 격리되는 경우
⑤ 대처전략의 상실 - 스트레스 상황이나 위험상황 등에서 대처할 수 있는 전략을 찾을 수 없는 경우

해설
의존성 성격장애 환자의 우울증상을 유발하는 상실유형
• 대상의 상실
• 추상적인 상실
• 변화의 상실
• 관계의 상실

정답 ⑤

19 젤리넥(Jellinek)은 알코올 의존이 단계적으로 발전하는 장애라고 주장하면서 4단계의 발전과정을 제시하였다. 이 4단계의 발전과정의 순서로 옳은 것은?

① 전알코올증상단계 → 전조단계 → 중독단계 → 만성단계
② 전조단계 → 결정적 단계 → 남용단계 → 중독단계
③ 전알코올증상단계 → 전조단계 → 결정적 단계 → 만성단계
④ 전조단계 → 유도단계 → 중독단계 → 만성단계
⑤ 유도단계 → 전조단계 → 중독단계 → 만성단계

해설
알코올 의존의 발전과정 4단계(Jellinek)
전알코올증상단계 → 전조단계 → 결정적 단계 → 만성단계

정답 ③

20 DSM-5상 알코올 사용장애(Alcohol Use Disorder)의 진단기준에 해당하는 내용으로 옳지 않은 것은?

① 반복적인 알코올 사용이 직장, 학교 혹은 가정에서의 주된 역할의무 수행에서 실패를 야기한다.

② 신체적인 위험이 존재하는 상황에서도 알코올 사용을 반복한다.

③ 금단증상 중 하나의 양상으로 같은 양의 알코올 사용을 계속함에도 불구하고 그 효과는 현저히 감소한다.

④ 알코올 사용을 줄이거나 통제하려고 지속적으로 노력하지만 매번 실패한다.

⑤ 알코올의 획득, 사용 혹은 그 영향으로부터의 회복에 있어서 상당히 많은 시간을 보낸다.

해설

내성증상 중 하나의 양상에 해당한다.

정답 ③

---

21 DSM-5상 지적 장애(Intellectual Disabilities)에 대한 내용으로 옳지 않은 것은?

① 유아기, 아동기 또는 청소년기에 통상 처음 진단되는 장애(Disorders Usually First Diagnosed in Infancy, Childhood, or Adolescence)의 하위유형으로 분류된다.

② 심각도에 따라 경도(Mild), 중(등)도(Moderate), 고도 또는 중증도(Severe), 심도 또는 최중증도(Profound)로 구분하고 있다.

③ 지능이 비정상적으로 낮아서 학습 및 사회적응에 어려움을 나타내는 장애로 특히 18세 이전에 표준화된 지능검사 결과 IQ가 70점 미만을 나타낸다.

④ 중(등)도(Moderate)는 IQ 35~40에서 50~55까지로 전체 지적 장애자의 약 10%를 차지한다.

⑤ 고도 또는 중증도(Severe) 환자는 혼자 옷을 입고 식사를 하는 등의 기본적인 자기보살핌 행동을 할 수 있으며, 초보적인 언어를 습득할 수 있다.

해설

DSM-5에서는 유아기, 아동기 또는 청소년기에 통상 처음 진단되는 장애에서 분리되어 신경발달장애(Neurodevelopmental Disorders)의 하위유형으로 분류된다.

정답 ①

---

22 자폐스펙트럼장애(Autism Spectrum Disorder)의 주요증상에 해당되지 않는 것은?

① 사회적·정서적 상호작용에서의 결함

② 언어적 의사소통행동에서의 결함

③ 대인관계의 발전·유지·이해의 결함

④ 동일성에 대한 고집, 일상적인 것에의 완고한 집착

⑤ 주변 환경의 감각적 측면에 대한 비정상적인 흥미

해설

비언어적 의사소통행동에서의 결함이 자폐스펙트럼장애의 주요증상에 해당된다.

정답 ②

23 DSM-5의 분류기준에 의한 주요 신경인지장애(Major Neurocognitive Disorder) 및 경도 신경인지장애(Mild Neurocognitive Disorder)의 하위유형에 해당되지 않는 것은?

① 루이소체병(Lewy Body Disease)

② 외상성 뇌손상(Traumatic Brain Injury)

③ 프라이온병(Prion Disease)

④ 섬망(Delirium)

⑤ HIV 감염(HIV Infection)

> **해설**
>
> 섬망(Delirium)은 DSM-5에서 신경인지장애(Neurocognitive Disorders)의 하위유형에 해당된다.

정답 ④

24 품행장애(Conduct Disorder)의 핵심증상으로 옳지 않은 것은?

① 사람과 동물에 대한 공격성(Aggression to People and Animals)

② 재산파괴(Destruction of Property)

③ 사기 또는 절도(Deceitfulness or Theft)

④ 중대한 규칙위반(Serious Violations of Rules)

⑤ 논쟁적/반항적 행동(Argumentative/Defiant Behavior)

> **해설**
>
> 적대적 반항장애(Oppositional Defiant Disorder)의 핵심증상에 해당된다.

정답 ⑤

25 DSM-5에 규정된 10가지 중독성 물질에 해당되지 않는 것은?

① 카페인   ② 대 마

③ 모르핀   ④ 흡입제

⑤ 진정제, 수면제 및 항불안제

> **해설**
>
> 모르핀은 아편류로 규정되어 있다.
>
> **DSM-5에 규정된 10가지 중독성 물질**
> - 알코올(Alcohol)
> - 카페인(Caffeine)
> - 대마(Cannabis)
> - 환각제(Hallucinogen)
> - 흡입제(Inhalant)
> - 아편계(Opioid)
> - 진정제, 수면제 및 항불안제(Sedative, Hypnotic, and Anxiolytic)
> - 자극제(Stimulants)
> - 담배(Tobacco)
> - 그 밖의 다른 혹은 미상의 물질들
>
> **아편류에 해당하는 약물들**
> - 천연 아편류 : 모르핀(Morphine)
> - 반합성 아편류 : 헤로인(Heroin)
> - 모르핀 유사작용 합성 아편류 : 코데인(Codeine), 하이드로모르폰(Hydromorphone), 메타돈(Methadone), 옥시코돈(Oxycodone), 메페리딘(Meperidine), 펜타닐(Fentanyl) 등

정답 ③

01 인간의 뇌에서 부위별 기능이 옳게 연결된 것은?

① 후두엽(Occipital Lobe) – 촉각과 공간감각을 지각
② 두정엽(Parietal Lobe) – 숨쉬기나 체온조절과 같은 자율신경계의 기능을 관장
③ 해마(Hippocampus) – 새로운 사실을 학습하고 자서전적인 사건들을 기억
④ 뇌간(Brainstem) – 신체적인 움직임이 동반된 학습
⑤ 소뇌(Cerebellum) – 시각정보를 분석하고 통합

해설

① 후두엽 : 시각정보를 분석하고 통합하는 데 중요하다.
② 두정엽 : 촉각과 공간감각을 지각한다.
④ 뇌간 : 숨쉬기나 체온조절과 같은 자율신경계의 기능을 관장한다.
⑤ 소뇌 : 신체적인 움직임이 동반된 학습에 중요하다.

정답 ③

02 기억의 종류 및 특징에 대한 내용으로 옳지 않은 것은?

① 감각기억(Sensory Memory) – 정보를 매우 짧은 시간 동안 저장하며 감각정보가 인지체계에 처음 등록되는 곳이라는 의미에서 감각등록기(Sensory Register)라고도 한다.
② 작업기억(Working Memory) – 적극적 사고가 일어나고 있는 기억요소로 감각등록기에서 주의집중을 받은 정보를 확인하고 더 긴 시간 동안 정보를 저장하고 더 깊이 처리한다.
③ 장기기억(Long-term Memory) – 학습한 지식, 경험했던 과거 사건들에 관한 정보들을 저장하는 보관소와 같은 개념이다.
④ 외현기억(Explicit Memory) – 의미기억(Semantic Memory)과 일화기억(Episodic Memory), 조건형성(Conditioning)이 포함된다.
⑤ 절차기억(Procedural Memory) – 자동차 운전하기, 피아노 치기 등의 연습의 결과로서 점진적으로 습득하는 기술 또는 행하는 방법을 아는 것과 관련된다.

해설

조건형성은 암묵기억(Implicit Memory)의 일종으로 볼 수 있다.

정답 ④

03 학습이론의 발달에 대한 역사적 흐름으로 옳은 것은?

① 1800년대 후반 심리학자들이 처음 본격적으로 학습에 대한 공부를 시작했을 때 지배적인 두 관점은 구조주의와 기능주의였다.

② 인지주의자들은 마음의 내적 작용을 선호하는 철학자들이나 심리학자들과는 거리를 두었고, 심리학이 생물학이나 화학과 어깨를 나란히 하는 자연과학이 되기를 바랐다.

③ 엘리스(Ellis)는 사회학습이론의 학문적 발판을 마련하였는데, 초기에는 행동주의 학습이론에서 출발해 나중에는 인지적 측면을 중시하는 사회학습이론을 발전시켰다.

④ 게슈탈트 접근에서는 인간학습에 대한 다양한 형태를 계속 탐구함에 따라 행동만으로는 학습에 대한 완벽한 해석을 할 수 없음을 깨달았다. 즉, 사람의 사고과정인 인지를 고려해야 한다고 주장했다.

⑤ 생태주의 접근에서는 비고츠키(Vygotsky)의 생각에 기반하여 사회적 상호작용과 문화적 유산이 인간학습과 인지발달에 영향을 준다는 이론을 발전시켰다.

> **해설**
> ② 행동주의자들은 마음의 내적 작용을 선호하는 철학자들이나 심리학자들과는 거리를 두었고, 심리학이 생물학이나 화학과 어깨를 나란히 하는 자연과학이 되기를 바랐다.
> ③ 반두라(Bandura)는 사회학습이론의 학문적 발판을 마련하였는데, 초기에는 행동주의 학습이론에서 출발해 나중에는 인지적 측면을 중시하는 사회학습이론을 발전시켰다.
> ④ 인지적 접근에서는 인간학습에 대한 다양한 형태를 계속 탐구함에 따라 행동만으로는 학습에 대한 완벽한 해석을 할 수 없음을 깨달았다. 즉, 사람의 사고과정인 인지를 고려해야 한다고 주장했다.
> ⑤ 맥락이론의 관점에서는 비고츠키의 생각에 기반하여 사회적 상호작용과 문화적 유산이 인간학습과 인지발달에 영향을 준다는 이론을 발전시켰다.
>
> **정답** ①

04 손다이크(Thorndike)는 퍼즐박스(Puzzle Box)의 실험결과를 "(A)에 의한 (B)"(으)로 요약하였다. (A)와 (B)에 들어갈 말로 알맞은 것은?

① A - 학습, B - 문제해결 　　② A - 시행착오, B - 효과의 법칙
③ A - 시행착오, B - 문제해결 　　④ A - 학습, B - 효과의 법칙
⑤ A - 시행착오, B - 연습의 법칙

> **해설**
> 손다이크(Thorndike)는 퍼즐박스(Puzzle Box)의 실험결과를 "시행착오에 의한 효과의 법칙"으로 요약하였다.
>
> **정답** ②

05 강화계획에 대한 설명으로 옳지 않은 것은?

① 고정간격계획은 빠른 반응률을 보이지만 지속성이 약하다.

② 변동비율계획은 반응률이 높게 유지되며, 지속성도 높다.

③ 실적에 따라 임금을 받는 영업사원은 고정비율계획의 예시이다.

④ 변동간격계획은 한 번의 강화와 그다음 강화 간의 시간 간격이 시행마다 달라지는 계획을 말한다.

⑤ 변동비율계획은 반응행동에 변동적인 비율을 적용하여 불규칙한 횟수의 바람직한 행동이 나타난 후 강화를 부여한다.

> **해설**
> 고정비율계획은 빠른 반응률을 보이지만 지속성이 약하다. 고정간격계획은 지속성이 거의 없고, 강화 시간이 다가오면 반응률이 올라가고 강화 이후 반응률이 떨어진다.
>
> **정답** ①

06 정보가 기억에 저장되는 형식을 설명하는 이론으로 이중부호 모형과 언어적 망 모형이 있다. 이에 대한 설명으로 옳지 않은 것은?

① 언어적 망 모형에 따르면 정보는 명제적 형태로 기억된다.
② 이중부호 모형에 따르면 시각적 또는 언어적 형태의 정보는 서로 독립적으로 기능한다.
③ 언어적 망 모형에 따르면 시각적 정보는 언어적 형식을 통해 재구성된다.
④ 언어적 망 모형에 따르면 정보는 서로 관계없는 단어들의 집합체이다.
⑤ 이중부호 모형에 따르면 구체적 대상은 이미지 형태로, 추상적 대상은 언어적 형태로 저장된다.

> **해설**
> 언어적 망 모형에 따르면 정보는 단어에 관련 정보가 더해진 명제의 형태로 기억된다.
>
> **정답** ④

07 다음 중 학습의 결과로 볼 수 있는 것은?

① 철새는 겨울이면 따뜻한 곳으로 이동한다.
② 동물원의 원숭이가 인간에게 다가와 과자를 달라고 손을 내민다.
③ 캥거루가 새끼를 주머니에 넣어 키운다.
④ 곰은 추운 겨울을 나기 위해 음식을 잔뜩 먹고 겨울잠을 잔다.
⑤ 인간은 놀라면 식은땀을 흘린다.

> **해설**
> ② 과자를 받아먹으며 행동이 강화된 원숭이가 과자를 얻기 위해 손을 내미는 것으로 볼 수 있다.
> ①·③·④·⑤ 학습보다는 본능과 관련된 행동에 가깝다.
>
> **정답** ②

08 고전적 조건형성(Classical Conditioning)이론의 반사 - 자극 - 반응에 대한 내용이 옳게 연결된 것은?

① 무조건 반사(Unconditioned Reflex) - 출생 시에는 존재하지 않았던 반사로 경험을 통하여 습득되며 상대적으로 비영구적이다.
② 조건 반사(Conditioned Reflex) - 선천적이고 영구적인 반사로 그 동물 종에 속하는 모든 구성원들에게 나타나며 개체에 따른 차이가 거의 없다.
③ 무조건 자극(Unconditioned Stimulus) - 유기체로 하여금 자연적이며 자동적인 반응을 일으키게 하는 자극으로 훈련 없이도 반응을 유발하는 자극이다.
④ 무조건 반응(Unconditioned Response) - 원래는 그 반응과 결합되어 있지 않았던 자극에 대하여 나타나는 반응으로 이전의 중립 자극에 대하여 학습된 반응이다.
⑤ 조건 반응(Conditioned Response) - 무조건 자극을 유기체에게 제시했을 때 나오는 자연적이며 자동적인 반응을 가리킨다.

> **해설**
> ① 무조건 반사(Unconditioned Reflex) : 선천적이고 영구적인 반사로 그 동물 종에 속하는 모든 구성원들에게 나타나며 개체에 따른 차이가 거의 없다.
> ② 조건 반사(Conditioned Reflex) : 출생 시에는 존재하지 않았던 반사로 경험을 통하여 습득되며 상대적으로 비영구적이다.
> ④ 무조건 반응(Unconditioned Response) : 무조건 자극을 유기체에게 제시했을 때 나오는 자연적이며 자동적인 반응을 가리킨다.
> ⑤ 조건 반응(Conditioned Response) : 원래는 그 반응과 결합되어 있지 않았던 자극에 대하여 나타나는 반응으로 이전의 중립 자극에 대하여 학습된 반응이다.
>
> **정답** ③

09 다음 내용과 관련되는 조건형성의 현상은 무엇인가?

> • 자라 보고 놀란 가슴 솥뚜껑 보고 놀란다.
> • 종소리에 침을 흘리는 개가 종소리와 비슷한 실로폰 소리에 침을 흘리는 경우

① 소 거   ② 자발적 회복
③ 일반화   ④ 변 별
⑤ 획 득

해설

특정 조건 자극에 대한 고전적 조건형성이 일어난 후에 무조건 자극과 짝지어진 적이 없는 다른 유사한 자극에 조건 반응이 나타나는 현상을 일반화라고 한다.

정답 ③

---

10 조건 자극(Conditioned Stimulus)과 무조건 자극(Unconditioned Stimulus)의 관계에 대한 설명 중 옳지 않은 것은?

① 조건형성이 가장 빨리 일어나기 위해서는 조건 자극이 무조건 자극 이전에 제시되어야 한다.
② 무조건 자극이 제시되기 전에 조건 자극이 끝나는 형태로 제시되는 것을 흔적조건형성(Trace Conditioning)이라고 한다.
③ 무조건 자극이 조건 자극이 사라지기 전에 제시되는 것을 지연조건형성(Delayed Conditioning)이라고 한다.
④ 조건 자극과 무조건 자극이 정확히 동시에 일어나고 동시에 끝나는 형태의 제시는 조건 반응을 확립시키는 데 있어 지연조건형성과 차이가 없다.
⑤ 역행조건형성(Backward Conditioning)은 무조건 자극 뒤에 조건 자극이 따르는 것이다.

해설

동시조건형성(Simultaneous Conditioning)에 대한 내용으로 조건 자극과 무조건 자극이 정확히 동시에 일어나고 동시에 끝나는 형태의 제시는 조건 반응을 확립시키기에는 약한 절차이다.

정답 ④

---

11 고전적 조건형성과 관련된 개념과 그 의미의 연결이 옳지 않은 것은?

① 고차적 조건화 – 무조건 자극과 짝지어진 조건 자극은 또 다른 조건 자극과 짝지어서 조건 반응을 형성할 수 있다.
② 변별 – 훈련 시 사용되었던 특정 자극에만 반응하지 않는 경향성을 의미한다.
③ 실험적 소거 – 조건형성 이후 더 이상 강화물이 주어지지 않으면 반응이 점차 사라지는 것을 뜻한다.
④ 일반화 – 훈련에 사용된 조건 자극 외에 그와 관련된 다른 자극에도 조건 반응을 보이는 것을 의미한다.
⑤ 자발적 회복 – 조건 반응이 소거되고 나서 다시 자극을 주면 일시적으로 반응이 회복되는 것을 뜻한다.

해설

변별은 훈련 시 사용되었던 특정 자극에만 반응하는 경향성을 의미한다.

정답 ②

12 무조건 반사와 조건 반사를 옳게 연결한 것은?

> ㄱ. 먼지를 들이마셨더니 재채기가 나왔다.
> ㄴ. 우리 집 강아지는 초인종 소리만 들리면 꼬리를 흔든다.
> ㄷ. 자라 보고 놀란 가슴 솥뚜껑 보고 놀란다.
> ㄹ. 계단에서 한 번 굴렀더니, 계단에서는 무조건 천천히 내려가게 되었다.
> ㅁ. 무릎을 치면 발을 차게 된다.

	무조건 반사	조건 반사		무조건 반사	조건 반사
①	ㄱ, ㄴ	ㄷ, ㄹ, ㅁ	②	ㄱ, ㅁ	ㄴ, ㄷ, ㄹ
③	ㄴ, ㄹ, ㅁ	ㄱ, ㄷ	④	ㄴ, ㄷ, ㄹ	ㄱ, ㅁ
⑤	ㄱ, ㄷ, ㄹ, ㅁ	ㄴ			

해설

ㄱ·ㅁ : 무조건 반사
ㄴ·ㄷ·ㄹ : 조건 반사

정답 ②

---

13 손다이크의 학습의 법칙과 그 설명이 옳게 연결된 것은?

> ㄱ. 여러 반응 중에서 하나가 문제해결로 연결되면, 해당 반응이 시행착오를 거쳐 습득된다.
> ㄴ. 학습의 결과가 만족스러우면 행동이 강화되지만, 그렇지 않으면 행동이 감소한다.
> ㄷ. 학습에 대한 준비가 충분히 이루어져야 수행과 학습의 결합이 쉽게 이루어진다.
> ㄹ. 하나의 반응으로 문제가 해결되지 않으면, 해결될 때까지 새로운 반응을 시도한다.

> A. 준비성의 법칙　　　　　　　　　B. 효과(결과)의 법칙
> C. 중다 반응　　　　　　　　　　　D. 시행착오 학습

① ㄱ－D, ㄴ－B, ㄷ－C, ㄹ－A　　　② ㄱ－C, ㄴ－B, ㄷ－A, ㄹ－D
③ ㄱ－B, ㄴ－D, ㄷ－A, ㄹ－C　　　④ ㄱ－D, ㄴ－B, ㄷ－A, ㄹ－C
⑤ ㄱ－D, ㄴ－A, ㄷ－B, ㄹ－C

해설

• 준비성의 법칙 : 학습에 대한 준비가 충분히 이루어져야 수행과 학습의 결합이 쉽게 이루어진다.
• 효과(결과)의 법칙 : 학습의 결과가 만족스러우면 행동이 강화되지만, 그렇지 않으면 행동이 감소한다.
• 중다 반응 : 하나의 반응으로 문제가 해결되지 않으면, 해결될 때까지 새로운 반응을 시도한다.
• 시행착오 학습 : 여러 반응 중에서 하나가 문제해결로 연결되면, 해당 반응이 시행착오를 거쳐 습득된다.

정답 ④

---

14 조작적 조건형성에 의한 학습에 영향을 주는 변인에 대한 내용으로 옳지 않은 것은?

① 조작적 학습에서 수반성이란 행동과 그 결과 사이의 상관 정도를 가리킨다.
② 근접성은 행동과 그것을 강화하는 결과 사이의 시간 간격으로 이 간격이 길수록 학습이 빨리 일어난다.
③ 다른 조건이 같을 때 강화물의 크기가 클수록 빠른 학습이 일어난다.
④ 선호하는 강화물을 활용하면 강화절차의 효율성을 향상시킬 수 있다.
⑤ 무조건 자극과 관련이 있는 조건 자극이 주어졌을 때 조건형성이 더 잘 일어난다.

해설

근접성은 행동과 그것을 강화하는 결과 사이의 시간 간격으로 이 간격이 짧을수록 학습이 빨리 일어난다.

정답 ②

15 조작적 조건형성과 관련된 개념 중 다음 사례와 관련되는 것은 무엇인가?

> • 아이젠버그(Eisenberg)가 주장한 개념이다.
> • 고도의 노력과 끈기에 대한 강화를 주면 어려운 과제를 오랫동안 열심히 하는 경향이 증가한다는 것을 발견하였다.

① 통찰적 문제해결   ② 창의성
③ 학습된 무력감   ④ 학습된 근면성
⑤ 사회적 촉진

해설

인간에게 끈질기게 노력하는 것도 학습시킬 수 있다고 주장하는 학습된 근면성에 대한 내용으로, 학습된 무력감과 반대되는 개념이다.

정답 ④

16 정적 강화와 부적 강화에 대한 내용으로 옳지 않은 것은?

① 정적 강화는 보상학습이라고도 불린다.
② 부적 강화는 도피학습 또는 도피-회피학습이라고도 불린다.
③ 벌을 받지 않기 위해 수업시간에 집중을 한다면 부적 강화가 된다.
④ 정적 강화물은 일반적으로 유기체가 원하는 것들이다.
⑤ 정적 강화는 행동의 가능성을 증가시키는 반면 부적 강화는 행동의 가능성을 감소시킨다는 차이가 있다.

해설

정적 강화와 부적 강화 모두 행동의 가능성을 증가시킨다.
• 정적 강화 : 유쾌자극을 제시함으로써 행동이 발생할 가능성을 증가시키는 것이다.
• 부적 강화 : 불쾌자극을 소거함으로써 행동이 발생할 가능성을 증가시키는 것이다.

정답 ⑤

17 이차적 강화물은 조건 강화물이라고도 부르는 것으로 선천적인 것이 아니라 학습에 의존하는 강화물이다. 이차적 강화물의 특징으로 볼 수 없는 것은?

① 보통 일차적 강화물보다 물리게 되기까지 훨씬 더 짧은 시간이 걸린다.
② 일차적 강화물보다 행동을 즉각적으로 강화하기 어려운 경우가 많다.
③ 일차적 강화물은 그것이 필요한 상황에서 효과적(예 배고플 때 음식이 효과적)이지만 이차적 강화물은 상황과 상관없이 강화적일 수 있다.
④ 일반적으로 일차적 강화물보다 강화력이 다소 약하다.
⑤ 일차적 강화물보다 방해가 덜 된다.

해설

이차적 강화물은 보통 일차적 강화물보다 물리게 되기까지 훨씬 더 오랜 시간이 걸린다.

정답 ①

18 처벌자극의 강도에 대한 내용으로 옳지 않은 것은?

① 처벌자극의 강도가 강할수록 처벌된 반응이 더 많이 감소한다.

② 약한 처벌로 시작하여 강도를 증가시키는 것이 강한 처벌로 시작하는 것보다 효과적이다.

③ 처벌자극의 강도를 증가시키는 동안 처벌받을 행동이 지속되면 이후에는 처벌자극의 효력이 상실될 수 있다.

④ 처벌은 처음부터 행동을 억압할 만큼 충분히 강한 처벌자극을 가지고 시작하는 것을 목표로 잡아야 한다.

⑤ 처벌의 성공 여부는 처벌 대상이 되는 행동의 강화적 결과에 따라 좌우된다.

해설

강한 처벌로 시작하는 것이 약한 처벌로 시작하여 강도를 증가시키는 것보다 효과적이다.

정답 ②

19 처벌에는 여러 가지 문제가 있을 수 있기 때문에 이에 대한 대안적 방법이 제시되고 있다. 처벌의 대안적 유형의 특징에 대한 내용으로 옳지 않은 것은?

① 반응방지 – 의식을 수정함으로써 그 행동이 일어나지 않도록 하는 것이다.

② 과잉교정 – 대안적으로 좀 더 바람직한 행동을 여러 번 반복하도록 요구한다. 원래 했던 나쁜 행동보다 시간과 노력이 더 많이 들어간다.

③ 반응제지 – 위험하거나 파괴적인 행동에 대한 대안으로 문제행동을 하지 못하도록 물리적으로 제지하는 방법이다.

④ 소거 – 행동을 증가시키는 강화물을 제거하는 것이 도움이 되지만 속도가 느리고 소거격발이나 소거 시 공격행동이 나타나는 등 문제가 될 때가 자주 있다.

⑤ 대안행동 차별강화 – 원치 않는 행동에 대한 특정한 대안적인 행동이 강화를 받는 방식을 말한다.

해설

처벌의 대안
- 반응방지 : 환경을 수정함으로써 그 행동이 일어나지 않도록 하는 것이다.
- 소거 : 행동을 증가시키는 강화물을 제거하는 것이 도움이 되지만 속도가 느리고 소거격발이나 소거 시 공격행동이 나타나는 등 문제가 될 때가 자주 있다.
- 과잉교정 : 대안적으로 좀 더 바람직한 행동을 여러 번 반복하도록 요구한다. 원래 했던 나쁜 행동보다 시간과 노력이 더 많이 들어간다.
- 반응제지 : 위험하거나 파괴적인 행동에 대한 대안으로 문제행동을 하지 못하도록 물리적으로 제지하는 방법이다.
- 차별강화
  - 대안행동 차별강화 : 원치 않는 행동에 대한 특정한 대안적인 행동이 강화를 받는다.
    예 숟가락으로 장난을 치는 아이의 행동을 무시하고 아이가 색칠공부를 하는 것에 관심을 표하는 것이다.
  - 상반행동 차별강화 : 원치 않는 행동과 상반되는 행동의 비율을 증가시키면 원치 않는 행동의 비율은 저절로 감소된다.
    예 아이들이 교실 안을 돌아다니는 시간을 줄이는 방법은 앉아 있는 아이들을 칭찬하는 것이다.
  - 저율 차별강화 : 어떤 행동을 완전히 제거하는 것이 아니라 합리적인 수준으로 그 비율을 낮추는 것이다. 처벌에 대한 이상적인 대안이 될 수 있다.
    예 아이가 똑같은 노래를 5분에 한 번씩 반복해서 듣고 있기가 힘들다면 그 노래를 10분에 한 번 할 때 칭찬을 하고, 15분, 20분으로 시간을 늘려가면서 칭찬하는 방법으로 견딜 수 있는 수준까지 비율을 낮추는 것이다.
  - 자극포만(자극포화) : 문제행동을 유지하는 강화물을 제거하는 것이 적당하지 않다면 강화물을 아주 많이 제공하여 효과를 잃게 하는 것이 가능할 수 있다. 이 기법은 강박적 사고를 치료하는 데 사용되기도 한다.
    예 자신의 병실에 수건을 몰래 숨기는 정신과 환자의 경우 매일 간호사들이 수건을 가져다 주었고 처음에는 즐거워했지만 수건이 너무 많다고 불평하며 수건을 숨기는 행동이 사라졌다.

정답 ①

20 암묵기억의 일종으로 자극에 대한 반복된 혹은 지속된 노출이 반응의 점차적인 감소를 낳는 일반적 과정은?

① 습관화   ② 민감화

③ 일반화   ④ 체계화

⑤ 점 화

해설

습관화

동일 자극이 반복적으로 제시되면 처음보다 주의를 덜 기울이게 되고, 반응이 감소하는 것을 말한다. 이러한 습관화 속도를 통해 아동기와 청소년기 지능수준을 예측하는 것이 가능하다는 연구도 존재한다.

정답 ①

21 고전적 조건형성이 나타난 생활사례에 대한 설명으로 옳지 않은 것은?

① 공포를 비롯한 사랑, 증오 등 우리의 정서반응 대부분이 조건형성을 통해 학습될 수 있다.

② 편견은 어떤 집단에 대한 부정적 단어, 영상과 접촉 세 가지의 연합을 통해 일어난다.

③ 불쾌한 반응을 일으키는 자극을 조건형성하는 혐오치료를 통해 성도착증을 없앨 수 있다.

④ 광고는 제품과 긍정적인 정서를 일으키는 자극을 짝지어 물품을 구매하고 싶은 욕구를 일으킨다.

⑤ 약물중독자를 위한 혐오치료 및 소거 등의 치료법은 보건에서도 활용된다.

해설

부정적인 단어나 영상 등과 특정 집단을 연합하는 것만으로도 편견은 생성되므로 접촉이 거의 또는 전혀 없어도 편견이 습득될 수 있다.

정답 ②

22 망각에 관한 설명으로 옳지 않은 것은?

① 설단현상은 인출의 실패에 대한 사례이다.

② 한 기억요소는 색인 또는 연합이 적을수록 간섭도 적어지므로 쉽게 기억된다.

③ 일반적으로 일화기억보다 의미기억에 대한 정보의 망각이 적게 일어난다.

④ 망각은 유사한 정보 간의 간섭에 기인한 인출단서의 부족에 의해 생긴다.

⑤ 쇠잔이론의 반대연구에 따르면 망각은 단순한 시간경과로 일어나는 것이 아니라, 파지기간 동안 이루어진 경험의 양에 영향을 받는다.

해설

한 기억요소는 색인 또는 연합이 많을수록 쉽게 기억된다.

참고

간섭이론(Interference Theory)

망각이 정보들 간의 간섭에 의해 일어난다고 보는 것으로 간섭이론은 어떤 정보를 회상하려 할 때 다른 정보의 유입으로 정보들 간의 경합이 발생하며, 그로 인해 회상이 방해를 받는다고 주장한다. 순행간섭은 이전에 학습한 정보가 새로운 정보의 저장을 방해하는 것이고, 역행간섭은 새로운 정보가 이전에 학습한 정보의 저장을 방해하는 것이다.

정답 ②

23 정서가 기억에 미치는 영향에 대한 내용으로 옳지 않은 것은?

① 우울증 환자는 즐거운 기억보다 슬프고 기쁘지 않은 기억을 더 잘 기억하는 경향이 있다.

② 현재의 기분상태나 감정상태와 일치하는 기억들은 회상되기 쉬운데 이러한 효과를 기분일치효과라고 한다.

③ 행복한 기분을 느끼는 사람은 부정적이거나 중립적인 사건보다 행복한 사건을 더 많이 회상하는 경향을 보인다.

④ 정서가 기억에 영향을 미친다는 것은 밝혀졌으나 반대로 기억이 정서에 영향을 미친다는 것은 밝혀진 바가 없다.

⑤ 강력한 정서나 기분은 기억의 단서 중 하나이기 때문에 기억할 당시에 이용가능한 단서를 증가시키고 그 결과 성공적으로 기억하게 한다.

> **해설**
>
> 기억도 정서에 영향을 미치는데 예를 들면, 부정적인 기억은 사람을 더 슬프고 희망이 없는 감정적 상태로 만드는 사이클을 생성한다고 알려져 있다.
>
> **정답** ④

24 초심자와 전문가의 문제해결에서의 차이로 옳지 않은 것은?

① 문제표상의 차이　　　　　　　② 지각적 청킹의 차이

③ 단기기억의 차이　　　　　　　④ 질적 분석의 차이

⑤ 전략의 차이

> **해설**
>
> 장기기억의 차이가 있다. 전문가는 방대하고 고차원적으로 상호연관된 지식체계를 가진다.
>
> **정답** ③

25 '통찰(Insight)' 등으로 대표되는 인지주의학습의 주요원리에 해당되는 것으로 옳지 않은 것은?

① 인간은 능동적 존재로 새로운 정보를 적극적으로 받아들여 능동적으로 지식을 구성한다.

② 인간의 반응은 사전경험에 따라 다양하며 자신의 경험을 토대로 다양한 학습성과를 이루게 된다.

③ 학습은 주어진 정보나 상황을 지각·해석하며 필요한 정보를 저장·활용하는 과정을 통해 인지구조가 변화되는 것을 의미한다.

④ 학습은 직접경험과 일대일 대응되는 행동의 변화를 전제로 한다.

⑤ 학습에 대한 자발적 참여, 문제해결을 위한 정보처리, 새로운 학습을 위한 기존의 학습내용의 재구성 및 재배열 등이 중요시된다.

> **해설**
>
> 학습은 직접경험을 뛰어넘는 행동의 변화과정이 내면적으로 이루어지는 것으로 행동잠재력의 변화까지 포함한다.
>
> **정답** ④

01 심리검사의 장점에 해당하는 내용을 모두 고른 것은?

> ㄱ. 질적 측정을 통해 개인 간 행동을 비교할 수 있도록 해준다.
> ㄴ. 일회적이거나 종단적인 시행을 통해 개인의 행동을 평가한다.
> ㄷ. 개인에 관한 자료수집 과정에서 주관적 판단을 방지해준다.
> ㄹ. 피검자의 검사반응을 비교함으로써 개인 내 비교를 가능하도록 해준다.

① ㄱ, ㄴ　　　　　　　　　　　　　　　　② ㄴ, ㄷ
③ ㄷ, ㄹ　　　　　　　　　　　　　　　　④ ㄱ, ㄴ, ㄷ
⑤ ㄴ, ㄷ, ㄹ

　해설
ㄱ. 양적 측정을 통해 개인 간 행동을 비교할 수 있도록 해준다.
ㄴ. 일회적이거나 횡단적인 시행을 통해 개인의 행동을 평가한다.

　　　　　　　　　　　　　　　　　　　　　　　　　　　　　　　　　　　　정답 ③

02 지능검사의 특징에 대한 설명으로 옳지 않은 것은?

① 개인의 지적인 능력수준을 평가할 수 있으며, 인지기능의 특성을 파악할 수 있다.
② 교육연구 및 사례연구, 생활지도 및 진로지도 등에 활용할 수 있다.
③ 종종 학생의 수업수준이나 학업달성수준을 평가하기 위해 사용된다.
④ 지능검사결과를 토대로 임상적 진단을 체계화·명료화할 수 있다.
⑤ 기질적 뇌손상 유무, 뇌손상으로 인한 인지적 손실정도 등을 파악할 수 있다.

　해설
성취도검사의 특징에 해당하는 내용이다.

　　　　　　　　　　　　　　　　　　　　　　　　　　　　　　　　　　　　정답 ③

03 좋은 검사도구가 갖추어야 할 조건에 대한 내용으로 옳지 않은 것은?

① 국어시험에서 독해력을 측정하려 했지만 실제로는 암기력을 측정했다면 타당도가 문제시된다.
② 객관도는 주로 채점이 객관적인 것을 말하며, 정답과 오답의 구분이 명확하고 채점이 용이한 것이 표준화검사로
　 바람직하다.
③ 신뢰도가 높은 검사란 측정하고자 하는 특성을 일관성 있게 측정하는 검사이다.
④ 실용도는 검사도구가 얼마나 적은 시간과 비용, 노력을 투입하여 얼마나 많은 목표를 달성할 수 있는가를 말한다.
⑤ 검사 실시나 채점이 복잡하고 어렵다고 하더라도 타당도와 신뢰도가 높은 경우 검사의 실용도는 높다.

　해설
타당도나 신뢰도가 높다고 하더라도 검사 실시나 채점이 복잡하고 어렵다면 검사의 실용도는 낮다.

　　　　　　　　　　　　　　　　　　　　　　　　　　　　　　　　　　　　정답 ⑤

04 표준화검사를 활용할 때의 유의사항으로 옳지 않은 것은?

① 표준화검사는 동일한 목적이라도 그 종류가 매우 다양하므로, 검사의 양호도, 즉 타당성, 신뢰성, 객관성, 실용성 등을 고려하여 선택되어야 한다.

② 표준화검사는 시행 이유와 필요성에 대한 명확한 목적의식을 가지고 시행되어야 한다.

③ 표준화검사는 수검자의 행동특성에 대한 참고자료로서 유효할 뿐, 그 결과 자체가 절대적인 것은 아니다.

④ 표준화검사는 절차가 표준화되어 있기 때문에 훈련이 충분하게 이루어지지 않아도 누구나 실시할 수 있다는 경제성이 있다.

⑤ 검사 실시 규준을 준수하여 시행하여야 한다.

해설

표준화검사를 유효하게 활용하기 위해서는 검사의 시행·채점·해석에 대한 전문적인 식견과 소양이 필요하다.

정답 ④

05 검사도구의 규준에서 표준점수에 대한 설명으로 옳지 않은 것은?

① 백분위점수는 실제 분포 모습을 그대로 반영하지 못하므로, 대부분의 심리검사에서 검사결과를 작성하는 방법으로 흔히 표준점수를 사용한다.

② 표준점수는 표준편차 및 평균에 기초하는 것으로, 표준점수는 주어진 집단의 평균을 중심으로 표준편차 단위를 사용하여 원점수가 분포상 어느 위치에 해당하는가를 나타낸 것이다.

③ 서로 다른 체계로 측정한 점수들을 동일한 조건에서 비교하기 위한 개념으로, 원점수에서 평균을 뺀 후 표준편차로 나눈 값을 말한다.

④ 원점수를 표준점수로 변환함으로써 절대적인 위치를 짐작할 수 있으며, 검사결과를 비교할 수 있다.

⑤ 가장 보편적인 표준점수로 Z점수, T점수, H점수 등이 있다.

해설

원점수를 표준점수로 변환함으로써 상대적인 위치를 짐작할 수 있으며, 검사결과를 비교할 수 있다.

정답 ④

06 심리검사의 발달과정에서 이론가들의 역할에 관한 내용으로 옳지 않은 것은?

① 카텔(Cattell) – 정신검사(Mental Tests)라는 용어를 처음 사용하였으며 갈튼(Galton)처럼 개인차 연구에 관심을 가졌다.

② 분트(Wundt) – 독일 라이프치히에 심리학연구 실험실을 개설하면서 심리학이 독립된 학문으로 발전하게 되었다.

③ 위트머(Witmer) – 미국 펜실베니아대학에 최초의 심리진료소를 개설하였고, 임상심리학 강좌도 처음으로 개설하였다.

④ 갈튼(Galton) – 개인차 연구에 관심을 가졌으며, 유전에 따른 지적 능력의 차이에서 개인차가 발생한다고 보았다.

⑤ 비네(Binet) – 모건(Morgan)과 함께 주제통각검사를 개발하였다.

해설

머레이(Murray)는 모건(Morgan)과 함께 주제통각검사를 개발하였다. 비네(Binet)는 시몽(Simon)과 함께 최초의 지능검사인 비네-시몽검사를 개발하였다.

정답 ⑤

07 검사에는 다양한 종류가 있다. 각 검사의 특성에 대한 내용으로 옳지 않은 것은?

① 지능검사를 통해 기질적 뇌손상 유무, 뇌손상으로 인한 인지적 손실정도 등을 파악할 수 있다.

② 적성검사는 한 시간 전후의 비교적 짧은 시간 내에 실시될 수 있으므로 간편하고 경제적이다.

③ 성격검사는 개인의 선천적 요소와 후천적 요소의 상호작용에 의해 나타나는 일관된 특징이라고 할 수 있는 성격을 측정대상으로 하는 정서적 검사이다.

④ 성취도검사는 과거나 현재의 수행능력보다 미래의 성취가능성을 예측하는 것이다.

⑤ 태도검사는 특정한 종류의 자극에 대한 개인의 정서적 반응이나 가치판단 등을 나타내는 태도를 측정대상으로 한다.

> **해설**
> 성취도검사는 현재까지 축적된 과거의 경험을 측정대상으로 하며, 과거나 미래의 수행능력을 예측하는 것은 적성검사이다.
> **정답** ④

08 측정(Measurement)의 기능에 대한 내용으로 옳지 않은 것은?

① 추상적인 개념과 경험적인 현실세계를 일치·조화시킨다.

② 측정은 관찰대상이나 현상에 대한 객관화·표준화를 통해 과학적인 관찰과 표준화된 측정을 가능하도록 함으로써, 주관적·추상적인 판단에서 야기되는 오류를 극복할 수 있도록 한다.

③ 측정은 관찰대상이나 현상은 물론 어떤 추상적인 개념에 대해서도 다양한 변인을 통해 일정한 분류와 기술을 가능하도록 함으로써, 통계적 분석을 활용할 수 있도록 한다.

④ 일회적 측정을 통해서도 연구결과에 대한 확인 및 반증이 가능하며, 해당 연구결과를 정확하고 효율적으로 전달할 수 있다.

⑤ 측정은 일정한 규칙에 따라 사물 또는 사건에 대해 숫자를 부여하는 역할을 한다.

> **해설**
> 측정은 연구결과의 반복을 통해 결과에 대한 확인 및 반증을 가능하도록 하며, 해당 연구결과를 정확하고 효율적으로 전달할 수 있도록 한다.
> **정답** ④

09 다음 내용은 어떤 통계치에 대한 설명인가?

> • 집단이 얼마나 동질적인지 이질적인지를 나타내주는 값이다.
> • 값이 클수록 자료가 넓게 퍼져 있고, 값이 작을수록 자료가 조밀하게 모여 있다.

① 변산도　　　　　　　　　　　② 중앙치

③ 집중경향치　　　　　　　　　④ 평균치

⑤ 최빈치

> **해설**
> ② 중앙치 : 자료를 크기순으로 배열했을 때 가운데 있는 값을 말한다.
> ③ 집중경향치 : 집단의 특성이 어떠한지를 보여주는 값으로 최빈치, 중앙치, 평균치 등이 쓰인다.
> ④ 평균치 : 자료의 총합을 개수로 나눈 값을 말한다.
> ⑤ 최빈치 : 집단에서 가장 높은 빈도를 갖는 점수를 의미한다.
> **정답** ①

10 다음 중 척도(Scale)에 대한 설명으로 옳지 않은 것은?

① 일종의 측정도구로서 일정한 규칙에 따라 측정대상에 적용할 수 있도록 만들어진 일련의 체계화된 기호 또는 숫자를 의미한다.

② 척도로 측정대상을 숫자화한다는 것은 어느 정도 비약적인 성격을 갖는 측정상의 추상화과정을 의미한다.

③ 명명척도(Nominal Scale)는 척도의 유형 중 가장 기본이 되는 것으로, 측정대상의 구성 간 관계를 정밀하게 파악하기보다는 기본적인 관계를 밝히는 역할을 하는 정도에 그친다.

④ 사회계층, 선호도, 석차, 소득수준, 학위, 서비스 효율성 평가 등의 사례는 서열척도(Ordinal Scale)에 해당된다.

⑤ 고도의 통계분석이 가능하며, 모든 통계치를 산출할 수 있는 척도는 등간척도(Interval Scale)이다.

해설

고도의 통계분석이 가능하며, 모든 통계치를 산출할 수 있는 척도는 비율척도(Ratio Scale)이다.
척도의 수준은 비율척도 > 등간척도 > 서열척도 > 명목척도 순으로 높다.

정답 ⑤

---

11 다음 내용은 어떤 신뢰도와 관련성이 가장 높은가?

> • 새로 개발한 검사와 여러 면에서 거의 동일한 검사를 하나 더 개발해서 두 검사의 점수 간의 상관계수를 구하는 방법이다.
> • 동일한 조작적 정의 또는 지표들에 대한 측정도구를 두 종류씩 만들어 동일한 측정대상에게 각각 응답하도록 하는 방법이다.
> • 각각의 측정도구가 매우 유사해야만 신뢰도를 측정할 수 있는 수단으로 인정받을 수 있다.
> • 문항수, 문항표현방식, 문항내용 및 범위, 문항난이도, 검사의 지시내용, 구체적인 설명, 시간제한 등 다양한 측면에서 동등성이 검증되어야 한다.

① 검사-재검사 신뢰도(Test-Retest Reliability)

② 동형검사 신뢰도(Equivalent-Form Reliability)

③ 반분 신뢰도(Split-Half Reliability)

④ 문항 내적 합치도(Item Internal Consistency)

⑤ 관찰자 신뢰도(Observer Reliability)

해설

① 동일한 대상에게 동일한 측정도구를 이용해 서로 상이한 시간에 두 번 측정한 다음 그 결과를 비교하는 것이다.

③ 검사를 한 번 실시한 후 이를 적절한 방법에 의해 두 부분의 점수로 분할하여 그 각각을 독립된 두 개의 척도로 사용함으로써 신뢰도를 추정하는 방법이다.

④ 가능한 모든 반분 신뢰도를 구한 다음 그 평균값을 신뢰도로 추정하는 방법이다.

⑤ 관찰의 안정성을 기초로 신뢰도를 측정하는 방법으로 주로 탐색적인 목적을 위하여 사용된다.

정답 ②

12 타당도(Validity)를 높이기 위한 방법에 대한 설명으로 옳지 않은 것은?

① 연구대상을 실험집단과 통제집단으로 무작위배치하는 무작위할당을 통해 외적 타당도를 높일 수 있다.

② 연구주제에 영향을 미칠 수 있는 주요변인을 미리 알아내어 이를 실험집단과 통제집단에 동일하게 분포되도록 하는 것을 배합(Matching)이라고 한다.

③ 표본자료가 모집단의 특징을 충분히 반영하고 있는지 파악하여 표본의 대표성을 높임으로써 외적 타당도를 높일 수 있다.

④ 실험설계를 통해 통제가 필요한 변인을 독립변인으로 간주하여 실험을 실시한 다음 그 결과를 통계적으로 분석하여 해당 변수의 영향을 통제하는 것도 내적 타당도를 높이는 하나의 방법으로 활용될 수 있다.

⑤ 연구결과가 현실적으로 다양한 환경에서도 적용될 수 있을지 고려하여 실험설계 시 활용하는 것은 외적 타당도를 높일 수 있다.

13 표집(Sampling)에 대한 내용 중 옳은 것을 모두 고른 것은?

> ㄱ. 표집, 즉 표본추출은 모집단 가운데 자료를 수집할 일부의 대상을 표본으로 선택하는 과정이다.
> ㄴ. 표집은 조사대상을 체계적인 방법으로 선정하는 절차를 의미한다.
> ㄷ. 표집은 모집단의 일부를 지칭하는 말로도 볼 수 있다.
> ㄹ. 표집의 주된 목적은 표본으로부터 획득한 표본의 특성인 통계를 사용하여 모집단의 특성을 추론하는 데 있다.
> ㅁ. 표집은 조사결과가 모집단을 얼마나 잘 대표하고 있느냐 하는 '대표성(Representativeness)'도 중요하지만, 이에 못지않게 어느 정도 크기의 표본을 선정하는 것이 일정한 정확성을 적은 비용으로도 가질 수 있도록 해 주는가 하는 '적절성(Adequacy)'의 문제도 중요하다.

① ㄱ, ㄴ, ㄷ   ② ㄷ, ㄹ, ㅁ
③ ㄱ, ㄴ, ㄹ, ㅁ   ④ ㄴ, ㄷ, ㄹ, ㅁ
⑤ ㄱ, ㄴ, ㄷ, ㄹ, ㅁ

14 표집(Sampling)의 과정이 알맞게 연결된 것은?

① 표집틀 선정 → 표집방법 결정 → 모집단 확정 → 표집크기 결정 → 표본추출
② 표집방법 결정 → 표집크기 결정 → 모집단 확정 → 표집틀 선정 → 표본추출
③ 모집단 확정 → 표집틀 선정 → 표집크기 결정 → 표집방법 결정 → 표본추출
④ 모집단 확정 → 표집틀 선정 → 표집방법 결정 → 표집크기 결정 → 표본추출
⑤ 표집방법 결정 → 모집단 확정 → 표집틀 선정 → 표집크기 결정 → 표본추출

> **해설**
>
> 표집의 과정
> • 모집단 확정 : 연구결과의 일반화를 위한 대상을 확정하는 것으로, 모집단을 확정하기 위해서는 연구대상, 표본단위, 연구범위, 기간 등을 명확히 한정해야 한다.
> • 표집틀 선정 : 표집틀은 모집단 내에 포함된 조사대상자들의 명단이 수록된 목록을 말하는 것이며, 모집단의 구성요소를 모두 포함하는 반면, 각각의 요소가 이중으로 포함되지 않는 것이 좋다.
> • 표집방법 결정 : 표집틀이 선정되면 모집단의 대표성을 확보할 수 있는 표집방법을 결정한다. 표집방법에는 크게 확률표본추출방법과 비확률표본추출방법이 있다.
> • 표집크기 결정 : 표집방법이 결정되면 표본의 크기 또는 표집크기를 결정한다. 모집단의 성격, 시간 및 비용, 조사원의 능력 등은 물론 표본오차를 나타내는 정확도와 신뢰도를 고려하여 표본의 크기를 결정한다.
> • 표본추출 : 결정된 표집방법을 통해 본격적으로 표본을 추출한다.
>
> **정답** ④

15 표본추출에 관한 설명 중 옳지 않은 것은?

① 표본추출의 방법은 확률표본추출과 비확률표본추출로 구분된다.
② 표본은 모집단과 중복되지 않도록 별개로 추출하는 것이 좋다.
③ 표본은 정규분포를 보이는 집단에서 추출하는 것이 좋다.
④ 표본은 일차적으로 기술적 통계분석의 대상이 된다.
⑤ 표본추출법은 필연적으로 오차를 수반한다.

> **해설**
>
> 표본은 모집단에서 추출하는 것으로, 전체를 가장 잘 대표하고 있는 부분을 뽑는 작업을 의미한다.
>
> **정답** ②

16 웩슬러 지능검사에 대한 내용 중 옳은 것을 모두 고른 것은?

> ㄱ. 지능이 다차원적이고 중다적인 구조로 이루어져 있음을 전제로 하여, 지능의 다양한 영역을 총체적인 관점으로 평가한다.
> ㄴ. 집단검사가 아닌 개인검사이므로 검사자와 수검자 간의 관계형성이 보다 용이하다.
> ㄷ. 검사과정에서 수검자에 대한 관찰을 통해 수검자의 성격적 특징은 물론 수검자의 문제와 관련된 진단적 단서를 얻을 수 있다.
> ㄹ. 검사문항은 투사적 정보를 전혀 포함하지 않고 표준화된 것으로 수검자의 반응 내용 및 양상을 분석하여 수검자에 대한 객관적 정보를 얻을 수 있다.
> ㅁ. 개인의 지능을 동일 연령대 집단에서의 상대적인 위치로 규정한 편차지능지수를 사용한다.
> ㅂ. 기본적으로 문맹자는 이 검사를 받는 것이 불가능하다.

① ㄱ, ㄴ, ㄷ
② ㄴ, ㄹ, ㅂ
③ ㄱ, ㄴ, ㄷ, ㅁ
④ ㄴ, ㄷ, ㄹ, ㅂ
⑤ ㄱ, ㄴ, ㄷ, ㄹ, ㅁ, ㅂ

해설

ㄹ. 검사문항 중에는 투사적 함축성을 지닌 것도 있으므로 이때 나타나는 수검자의 반응 내용 및 양상을 분석하여 수검자에 대한 객관적 또는 투사적 정보를 얻을 수 있다.
ㅂ. 검사자가 모든 문제를 구두언어나 동작으로 제시하고 수검자의 반응을 직접 기록할 수 있도록 함으로써 글을 모르는 수검자라도 검사를 받는 것이 가능하다.

정답 ③

17 K-WAIS-IV에 관한 설명으로 옳지 않은 것은?

① 공통성 소검사는 언어적 이해능력을 측정한다.
② 숫자 소검사는 주의 집중력을 측정한다.
③ 지우기 소검사는 선택적 주의력을 측정한다.
④ 기호쓰기 소검사는 시각-운동 기민성을 측정한다.
⑤ 행렬추론 소검사는 결정성 지능(Crystallized Intelligence)을 측정한다.

해설

행렬추론 소검사는 지각추론 핵심소검사로 유동적 지능, 광범위한 시각적 지능, 분류와 공간적 능력, 부분과 전체의 관계를 파악하는 능력, 동시적 처리, 지각적 조직화 능력을 측정한다.

정답 ⑤

18 지능검사를 통한 병전지능의 추정에 대한 내용으로 옳지 않은 것은?

① 뇌외상 등으로 인한 인지기능의 변화가 의심되는 경우 심리평가를 통해 병전지능을 추정할 필요가 있다.

② 현재의 지능수준과 병전지능 수준을 추정하여 그 차이를 계산함으로써 지능의 유지수준이나 퇴보정도를 파악할 수 있다.

③ 병전지능을 추정하는 대표적인 방법으로 뇌손상에 비교적 둔감한 소검사의 결과를 고려하며, 이 경우 인구통계학적 변인은 배제되어야 한다.

④ 현재지능이 병전지능에 비해 15점 이상 저하되어 있는 경우 임상적으로 유의미한 것으로 본다.

⑤ 기억장애, 언어장애, 고등기능장애, 시공간능력 저하, 성격 및 감정의 변화 등 다섯 가지 인지기능 중 세 가지 이상에서 기능상 장애 또는 저하현상이 나타나는 경우 지적 능력이 저하된 것으로 간주한다.

> **해설**
> 병전지능을 추정하는 대표적인 방법으로 뇌손상에 비교적 둔감한 소검사의 결과와 수검자의 연령, 학력, 직업 등의 인구통계학적 변인을 함께 고려하는 방법이 있다.
>
> **정답** ③

19 한국판 웩슬러 성인용 지능검사(K-WAIS)의 핵심소검사 중 토막짜기(Block Design)에 대한 내용으로 옳지 않은 것은?

① 시각-운동 협응능력, 지각적 조직화, 공간적 표상능력, 전체를 구성요소로 분석하는 능력, 추상적 사고, 장의존적 또는 장독립적 인지유형, 시간적 압박하에서의 작업능력, 유동성 지능 등과 연관된다.

② 수검자의 주의산만·주의집중력, 충동성·조심성, 시행착오적·통찰적 접근, 시각-운동 협응능력 등에 대한 정보를 입수할 수 있다.

③ 대뇌손상에 취약하며, 병전지능 추정에 사용된다.

④ 높은 점수는 수검자의 강박성, 정서불안, 뇌손상 또는 뇌기능장애를 반영하는 한편, 낮은 점수는 양호한 형태지각, 문제해결능력, 시각-운동 협응능력을 반영할 수 있다.

⑤ 모형이 그려진 9장의 카드와 함께 빨간색과 흰색이 칠해진 9개의 나무토막을 도구로 사용하여 이를 맞추어보도록 하는 과제로 구성되어 있다.

> **해설**
> 높은 점수는 수검자의 양호한 형태지각, 문제해결능력, 시각-운동 협응능력을 반영하는 한편, 낮은 점수는 강박성, 정서불안, 뇌손상 또는 뇌기능장애를 반영할 수 있다.
>
> **정답** ④

20 K-WISC-Ⅳ 검사 중에서 시간제한이 있는 검사가 아닌 것은?

① 산 수
② 숫 자
③ 선 택
④ 기호쓰기
⑤ 빠진곳찾기

해설

② 숫자는 작업기억 핵심소검사로 '숫자 바로 따라하기' 8문항, '숫자 거꾸로 따라하기' 8문항이 있으며, 시간제한은 없다.
① 산수는 작업기억 보충소검사로 아동이 구두로 주어지는 일련의 산수 문제를 제한 시간 내에 암산으로 계산한다.
③ 선택은 처리속도 보충소검사로 아동이 무선으로 배열된 그림과 일렬로 배열된 그림을 훑어본 후 제한 시간 내에 표적 그림들에 대해 표시한다.
④ 기호쓰기는 처리속도 핵심소검사로 아동이 간단한 기하학적 모양이나 숫자에 대응하는 기호를 그린 후 기호표를 이용하여 해당 모양이나 빈칸 안에 각각의 기호를 제한 시간 내에 그린다.
⑤ 빠진곳찾기는 지각추론 보충소검사로 아동이 그림을 보고 제한 시간 내에 빠져 있는 중요한 부분을 가리키거나 말을 한다.

정답 ②

21 MMPI-2 척도에 관한 설명으로 옳지 않은 것은?

① ES척도는 자아강도를 나타내는 보충척도이다.
② F척도는 이상반응 경향성을 탐지하기 위한 척도이다.
③ L척도의 상승은 자신을 완벽하고 이상적으로 가장하려는 경향성을 나타낸다.
④ D는 우울증상을 측정하는 임상척도이다.
⑤ PSYC는 정신증을 나타내는 타당도 척도이다.

해설

PSYC는 정신증을 나타내는 PSY-5 척도이다. 타당도 척도에는 ? 척도(무응답 척도), L척도(부인척도), F척도(비전형척도), K척도(교정척도), VRIN 척도(무선반응 비일관성 척도), TRIN 척도(고정반응 비일관성 척도), Fb척도(비전형-후반부 척도) Fp척도(비전형-정신병리 척도), FBS 척도(증상타당도 척도), S척도(과장된 자기제시 척도)가 있다.

정답 ⑤

22 MMPI-2를 해석할 때 고려하여야 할 내용으로 옳지 않은 것은?

① 수검자의 검사 수행에 소요되는 시간, 검사 수행 시 행동 등을 관찰한다.

② 처음에 임상척도를 검토하여 상승정도를 확인한 후 타당도 척도를 고려하여 검사결과의 타당성을 고려한다.

③ 코드유형으로 확인된 상승척도쌍에 대한 경험적 해석은 단일척도에 대한 해석보다 더욱 강렬할 수 있다.

④ 통계적으로 30T 이하가 낮은 점수의 기준이 될 수 있으나, 35T 혹은 40T를 기준으로 삼는 것이 보다 융통성 있는 해석에 유리하다.

⑤ 임상척도가 전반적으로 상승되어 있는 경우 수검자의 심리적 고통이나 혼란이 심한 상태이며, 그와 같은 자신의 상태를 외부에 호소하고 있음을 시사한다.

> **해설**
> 처음에는 타당도 척도를 검토하여 검사결과의 타당성을 고려한 후 각 임상척도의 상승정도를 확인하며, 그 점수들이 정상범위에 있는지 혹은 정상범위를 이탈해 있는지를 파악한다.
>
> **정답** ②

23 MMPI-2의 비전형 척도(F척도)에 대한 내용으로 옳지 않은 것은?

① 검사과정에서 수검자의 수검태도상의 변화를 탐지하기 위한 것으로, 검사 후반부에 총 40개의 문항으로 구성되어 있다.

② 수검자의 부주의나 일탈된 행동, 증상의 과장 혹은 자신을 나쁘게 보이려는 의도, 질문항목에 대한 이해부족 혹은 읽기의 어려움, 채점이나 기록에서의 심각한 오류 등을 식별할 수 있다.

③ 문항은 정상 성인을 대상으로 하여 비정상적인 방향으로의 응답이 10%를 초과하지 않는 것들로, 총 60개의 문항으로 구성되어 있다.

④ 점수가 높을수록 수검자가 대부분의 정상적인 사람들처럼 반응하지 않는다는 것을 의미하며 정신적인 문제의 정도가 심각함을 나타낸다.

⑤ 측정결과가 65~80T 정도인 경우 수검자의 신경증이나 정신병, 현실검증력 장애를 의심할 수 있다. 또한, 이 양상은 자신의 자아정체성 문제로 고민하고 있는 청소년에게서도 나타날 수 있다.

> **해설**
> 비전형-후반부 척도(Fb척도)에 대한 내용에 해당된다.
>
> **정답** ①

24 마이어스-브릭스 성격유형검사(MBTI ; Myers-Briggs Type Indicator)에 대한 내용으로 옳지 않은 것은?

① 융(Jung)의 심리유형이론을 토대로 마이어스와 브릭스(Myers & Briggs)가 제작한 객관적 검사이다.

② 인간의 병리적 심리에 기초를 두어 만들어진 심리검사도구로, 인간성격의 일관성 및 상이성에 근거한다.

③ 수검자로 하여금 자신의 성격유형을 파악하도록 하여 자신을 보다 깊이 이해하며, 진로나 직업을 선택하는데 도움을 제공한다.

④ 개인이 비교적 쉽게 응답할 수 있는 자기보고식의 문항들을 통해 선호경향들을 추출한 다음 그러한 경향들이 행동에 어떠한 영향을 미치는지 파악한다.

⑤ 개인의 성격을 4개의 양극차원에 따라 분류하고 차원별로 2개의 선호 중 하나를 선택하도록 함으로써 총 16가지의 성격유형으로 구분한다.

> **해설**
>
> 인간의 건강한 심리에 기초를 두어 만들어진 심리검사도구로, 인간성격의 일관성 및 상이성에 근거한다.
>
> **정답** ②

25 문장완성검사(SCT ; Sentence Completion Test)의 특징에 대한 내용으로 옳지 않은 것은?

① 자유연상을 토대로 하므로 수검자의 내적 갈등이나 욕구, 환상, 주관적 감정, 가치관, 자아구조, 정서적 성숙도 등을 효과적으로 파악할 수 있다.

② 보통 50~60개 문장을 통해 수검자의 복합적인 성격패턴을 도출해낸다.

③ 의도가 완전히 은폐되는 투사적 검사의 일종으로 수검자에게서 솔직한 반응을 얻을 수 있다.

④ 집단적인 검사가 가능하므로 시간 및 노력이 상대적으로 적게 소요된다.

⑤ 수검자의 언어표현능력이 검사결과에 영향을 미치므로, 언어발달이 완성되지 못한 아동에게는 적용하기 어렵다.

> **해설**
>
> 수검자가 검사의 구체적인 의도를 명확히 알지 못하고, 옳은 답 또는 그른 답을 분간할 수 없으므로 비교적 솔직한 답을 얻을 수 있기는 하지만, 다른 투사적 검사에 비해 검사의 의도가 완전히 은폐되지 않으므로 수검자의 응답이 왜곡되어 나타날 가능성을 완전히 배제하기는 어렵다.
>
> **정답** ③

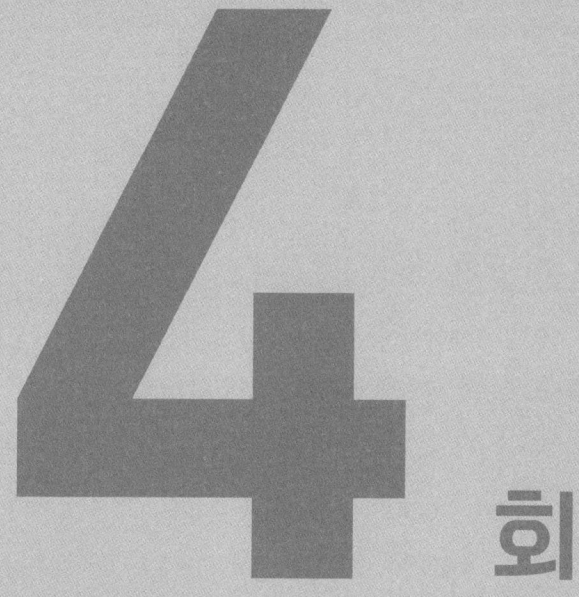

4 회

최종모의고사(125제)

우리가 해야할 일은 끊임없이 호기심을 갖고
새로운 생각을 시험해보고 새로운 인상을 받는 것이다.

– 월터 페이터 –

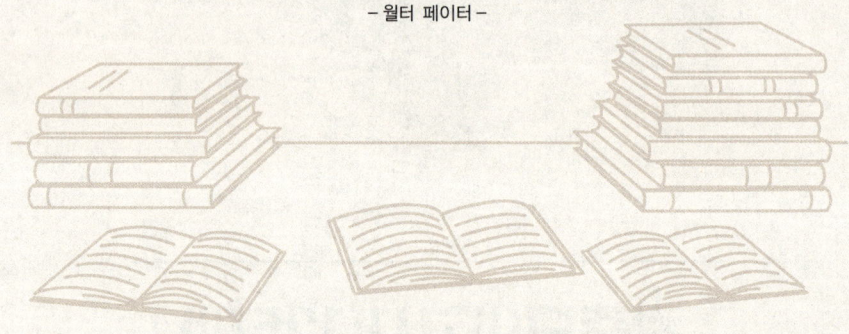

01 ABCDE 모형에 근거한 상담진행절차가 옳게 나열된 것은?

① 설득 → 비합리적 신념의 규명 → 논박 및 예시 → 인지적 연습 → 합리적 행동연습

② 비합리적 신념의 규명 → 논박 및 예시 → 인지적 연습 → 설득 → 합리적 행동연습

③ 논박 및 예시 → 인지적 연습 → 설득 → 비합리적 신념의 규명 → 합리적 행동연습

④ 비합리적 신념의 규명 → 설득 → 논박 및 예시 → 인지적 연습 → 합리적 행동연습

⑤ 논박 및 예시 → 인지적 연습 → 비합리적 신념의 규명 → 설득 → 합리적 행동연습

해설

• 제1단계(설득) : 상담자는 합리적정서행동치료의 기본철학과 논리를 믿도록 내담자를 설득시킨다.
• 제2단계(비합리적 신념의 규명) : 상담면접과정에서 내담자의 자기보고 및 상담자의 관찰을 통해 내담자의 비합리적 신념을 발견하고 이를 규명한다.
• 제3단계(논박 및 예시) : 내담자의 비합리적 신념에 대해 체계적으로 논박하며, 합리적 신념의 예시 또는 시범을 보인다.
• 제4단계(인지적 연습) : 내담자로 하여금 비합리적 신념을 합리적 신념으로 대체하도록 인지적 연습을 반복시킨다.
• 제5단계(합리적 행동연습) : 내담자의 합리적 행동반응을 개발 및 촉진시키기 위해 내담자로 하여금 행동연습을 하도록 한다.

정답 ①

02 방어기제의 종류와 그 방어기제에 대한 설명이 옳지 않은 것은?

① 퇴행(Regression) - 생의 초기에 성공적으로 사용했던 생각이나 감정, 행동에 의지하여 자기 자신의 불안이나 위협을 해소하려는 것이다.

② 주지화(Intellectualization) - 위협적이거나 고통스러운 정서적 문제를 피하기 위해 또는 그것을 둔화시키기 위해 사고, 추론, 분석 등의 지적 능력을 사용하는 것이다.

③ 해리(Dissociation) - 괴로움이나 갈등상태에 놓인 인격의 일부를 다른 부분과 분리하는 것이다.

④ 행동화(Acting-Out) - 죄의식이나 괴로운 경험, 수치스러운 생각을 의식에서 무의식으로 밀어내는 것으로서 선택적인 망각을 의미한다.

⑤ 억제(Suppression) - 일종의 의식적인 거부로, 비생산적이고 감정소모적인 논란거리로부터 주의를 의도적으로 다른 곳으로 돌린다.

해설

행동화란, 무의식적 욕구나 충동이 즉각적으로 충족되지 않은 채 연기됨으로써 발생하는 내적 갈등을 피하기 위한 목적으로 욕구나 충동을 보다 직접적으로 표출하는 것이다. 죄의식이나 괴로운 경험, 수치스러운 생각을 의식에서 무의식으로 밀어내는 것으로서 선택적인 망각을 의미하는 것은 억압에 관한 설명이다.

정답 ④

03 행동주의상담의 평가에 대한 내용으로 옳지 않은 것은?

① 상담자와 내담자의 관계를 경시하고 상담기술을 지나치게 강조한다.

② 치료를 통해 어떤 행동을 일시적으로 제거할 수 있어도 문제를 근원적으로 해결할 수는 없다.

③ 구체적 문제행동의 수정에는 효과적이지만, 고차원적 기능과 창조성, 자율성 등 자아실현 측면에서 부적합하다.

④ 상담과정에서 감정과 정서의 역할을 강조하지 않는다.

⑤ 합리적 신념에 대한 명확한 규정과 평가가 부재하므로 적극적이고 지시적인 접근법으로 상담자가 권한을 남용할 소지가 있다.

> **해설**
>
> 합리적정서행동치료(REBT)의 평가에 해당되는 내용이다.
>
> **정답** ⑤

04 인지치료에서 정신질환의 근원으로 고려하고 있는 것 중 자동적 사고(Automatic Thoughts)는 비합리적인 내용일지라도 의심 없이 받아들이는 특징을 가지며 자발적으로 경험된다. 이 자동적 사고를 식별하는 방법에 해당되는 것을 모두 고른 것은?

ㄱ. 심리교육하기	ㄴ. 사고기록지 작성하기
ㄷ. 역할극 활용하기	ㄹ. 체크리스트 활용하기
ㅁ. 감정변화 인식하기	

① ㄱ, ㄴ
② ㄱ, ㄷ, ㄹ
③ ㄴ, ㄹ, ㅁ
④ ㄱ, ㄷ, ㄹ, ㅁ
⑤ ㄱ, ㄴ, ㄷ, ㄹ, ㅁ

> **해설**
>
> **자동적 사고의 식별방법**
> - 감정변화 인식하기(감정변화 즉시 질문하기) : 내담자의 슬픔, 고통 등의 감정은 그 감정에 실린 지극히 즉각적이고 개인적인 생각들을 만들어내므로, 치료자는 그와 같은 내담자의 감정변화에 대해 즉시 질문한다.
> - 심리교육하기 : 치료자는 치료초기에 또는 치료 중 내담자의 감정변화나 특정 사고를 설명하고자 할 때 내담자에게 자동적 사고의 특징, 자동적 사고가 개인의 감정과 행동에 미치는 영향 등에 대해 설명한다.
> - 안내에 따른 발견 : 치료회기 중 자동적 사고를 찾아내기 위해 가장 자주 사용되는 기법으로, 내담자의 감정을 자극하면서 한 가지 주제에 대해 집중적으로 질문을 한다. 또한, 가급적 최근 사건에 초점을 맞춰 깊이 있는 내용을 다루며, 공감의 기술을 통해 내담자의 유의미한 자동적 사고를 능숙하게 감지한다.
> - 사고기록지 작성하기 : 치료자는 내담자의 자동적 사고를 기록지에 작성하는 과정에서 내담자의 중요한 인지에 주의를 기울일 수 있으며, 보다 체계적인 방법으로 자동적 사고를 찾아내는 연습을 할 수 있다.
> - 심상(Imagery) 활용하기 : 치료자는 내담자로 하여금 상상을 통해 자신의 중요한 사건을 회상하도록 함으로써 그 사건이 일어났을 당시의 생각과 감정을 생생하게 떠올리도록 돕는다.
> - 역할극 활용하기 : 역할극은 치료자가 내담자의 삶에서 어떤 중요한 인물의 역할을 맡음으로써 내담자의 자동적 사고를 자극하는 방식으로 전개된다. 그러나 이와 같은 역할극을 수행하기에 앞서 내담자의 현실검증능력이나 역할극이 치료적 관계에 미치는 영향 등을 고려해야 한다.
> - 체크리스트 활용하기 : 치료자는 내담자에게 부정적인 자동적 사고의 문항들이 담긴 설문지의 체크리스트를 작성하도록 할 수 있다. 특히 홀론과 켄달(Hollon & Kendall)이 개발한 '자동적 사고 체크리스트(ATQ ; Automatic Thoughts Questionnaire)'가 널리 활용되고 있다.
>
> **정답** ⑤

05 벡(Beck)이 주장한 인지적 오류의 특징이 옳게 연결된 것은?

① 임의적 추론(Arbitrary Inference) - 자신과 관련시킬 근거가 없는 외부사건을 자신과 관련시키는 성향으로서, 실제로는 다른 것 때문에 생긴 일에 대해 자신이 원인이고 자신이 책임져야 할 것으로 받아들인다.

② 과잉일반화(Overgeneralization) - 어떠한 사건에 대해 자신의 걱정을 지나치게 과장하여 항상 최악을 생각함으로써 두려움에 사로잡힌다.

③ 개인화(Personalization) - 한두 가지의 고립된 사건에 근거해서 일반적인 결론을 내리고 그것을 서로 관계없는 상황에 적용한다.

④ 긍정격하(Disqualifying the Positive) - 자신의 긍정적인 경험이나 능력을 객관적으로 평가하지 않은 채 그것을 부정적인 경험으로 전환하거나 자신의 능력을 낮추어 본다.

⑤ 파국화(Catastrophizing) - 어떤 결론을 지지하는 증거가 없거나 그 증거가 결론에 위배됨에도 불구하고 그와 같은 결론을 내린다.

> **해설**
>
> ① 임의적 추론 : 어떤 결론을 지지하는 증거가 없거나 그 증거가 결론에 위배됨에도 불구하고 그와 같은 결론을 내린다.
> ② 과잉일반화 : 한두 가지의 고립된 사건에 근거해서 일반적인 결론을 내리고 그것을 서로 관계없는 상황에 적용한다.
> ③ 개인화 : 자신과 관련시킬 근거가 없는 외부사건을 자신과 관련시키는 성향으로서, 실제로는 다른 것 때문에 생긴 일에 대해 자신이 원인이고 자신이 책임져야 할 것으로 받아들인다.
> ⑤ 파국화 : 어떠한 사건에 대해 자신의 걱정을 지나치게 과장하여 항상 최악을 생각함으로써 두려움에 사로잡힌다.
>
> **정답** ④

06 인간중심상담에 대한 내용으로 옳지 않은 것은?

① 미국의 심리학자 로저스(Rogers)에 의해 창안된 것으로, 내담자중심 원리가 집단과정에 적용, 발전된 것이다.

② 인간중심상담에서는 상담 및 심리치료의 과정에 대한 일차적 책임을 상담자에게 둔다.

③ 내담자의 현상세계를 강조함으로써, 상담자 또는 치료자는 내담자의 자기인식 및 세계인식에 관심을 기울인다.

④ 정상인, 신경증 환자, 정신병 환자 등을 구분하지 않은 채 모든 사람에게 동일한 상담 및 치료의 원리를 적용한다.

⑤ 상담자(치료자)는 순수성 또는 일치성(진실성), 온정과 수용, 공감의 자세를 가지고 있어야 한다.

> **해설**
>
> 인간중심상담에서는 상담 및 심리치료의 과정에 대한 일차적 책임을 내담자에게 둔다.
>
> **정답** ②

07 실존주의상담에서 프랭클(Frankl)이 이야기하는 의미요법(Logotherapy)에 대한 내용 중 옳지 않은 것은?

① 의미에 대한 의지(Will to Meaning)를 강조하면서 기존의 심리학적 이론에 실존철학을 도입한 치료법이다.

② 인간은 의미를 추구하기 위해 초월적인 가치를 탐구하며, 이러한 초월적인 가치는 인간의 잠재능력을 구현하는 동시에 인간이 스스로의 삶을 책임지면서 살도록 해준다고 본다.

③ 인생의 의미, 죽음과 고통의 의미, 일과 사랑의 의미 등 철학적이고 영혼적인 양상의 문제를 가진 내담자들을 대상으로 한다.

④ 정신장애보다는 정상인의 스트레스 상황, 직업적 환경에 따른 어려움 등을 해결하는 것에 초점을 둔다.

⑤ 내담자로 하여금 본원적인 가능성과 잠재적인 능력을 깨닫도록 하며, 자기실현, 자기충족, 자기발전에 이를 수 있도록 돕는다.

> **해설**
> 허무주의나 공허감, 죽음의 공포, 가치관의 갈등 상황에 놓인 정신장애에 초점을 둔다.
>
> **정답** ④

08 현실주의상담의 평가에 대한 내용으로 옳지 않은 것은?

① 상담과정에서 내담자의 무의식, 과거경험, 초기아동기 경험의 영향 등을 무시하고 있다.

② 과거에 해결되지 않은 감정을 다루지 않은 채 문제해결에만 지나치게 초점을 두므로, 내담자의 근본적인 문제를 다루지 못할 가능성이 있다.

③ 상담과정에서 가치중립적 입장을 강조하지만, 실제 인간관계에서 그렇게 하는 것이 쉽지 않다.

④ 내담자 문제와 관련하여 현재에 초점을 둔 채 현실을 판단하고 직면함으로써 비교적 단기간에도 상담효과를 볼 수 있다.

⑤ 내담자가 현실을 판단해야 하는 상황에서 상담자의 가치가 지나치게 내담자에게 강요될 수 있다.

> **해설**
> 인간중심상담의 평가와 관련되는 내용이다.
>
> **정답** ③

09 구조화의 정도에 따른 면담에 대한 내용으로 옳지 않은 것은?

① 구조화된 면담은 면담자가 면담조사표를 만들어서 상황에 구애됨이 없이 모든 응답자에게 동일한 질문순서와 동일한 질문내용에 따라 수행하는 방법이다.

② 비구조화된 면담은 면담의 신축성·유연성이 높으며, 깊이 있는 측정을 도모할 수 있다.

③ 비구조화된 면담, 반구조화된 면담, 구조화된 면담 순으로 유연성이 크다고 볼 수 있다.

④ 비구조화된 면담은 반복적인 면담이 가능하며, 면담결과에 대한 비교가 용이하다.

⑤ 반구조화된 면담은 일정한 수의 중요한 질문을 표준화하고 그 외의 질문은 비표준화하는 방법이다.

> **해설**
> 구조화된 면담은 반복적인 면담이 가능하며, 면담결과에 대한 비교가 용이하다.
>
> **정답** ④

10 상담장면에서 상담자와 내담자가 라포를 형성할 때의 주의할 점으로 옳지 않은 것은?

① 상담자는 내담자로 하여금 편안한 분위기에서 자연스럽게 자신을 표현할 수 있도록 허용적인 분위기를 조성해야 한다.

② 상담자는 내담자 쪽으로 자세를 기울이며, 적극적인 표정이나 자세를 통해 내담자의 말에 경청하고 있음을 표현해야 한다.

③ 상담자는 내담자의 말에 공감하며, 비관여적인 반응을 보여야 한다.

④ 상담자는 내담자의 표현에 면박을 주거나 비판하지 않으며, 내담자가 처한 현실과 감정을 거부하지 않고 있는 그대로 수용해야 한다.

⑤ 상담자는 내담자에게 은혜를 베푼다는 인상을 주지 말아야 한다.

해설

상담자는 내담자의 말에 공감하며 민감한 반응을 보여야 한다.

정답 ③

11 상담의 기법 중 직면에 해당되는 내용을 모두 고른 것은?

ㄱ. 상담자가 내담자의 입장이 되어 그가 지닌 감정, 의견, 가치, 이상, 고민, 갈등 등을 그가 처해 있는 여러 상황에서 살펴보는 것이다.
ㄴ. 말로 표현된 내용 자체보다는 그것의 밑바탕에 깔려 있는 감정을 그대로 되돌려주기 위해 노력해야 한다.
ㄷ. 내담자의 성장을 저해하는 방어에 대항하여 도전을 이끌어내는 것을 주된 목적으로 한다.
ㄹ. 상대방에게 공격이나 위협으로 받아들여질 수 있으므로 사용상 주의를 필요로 한다.
ㅁ. 내담자가 상담자나 외부에 비친 자신의 모습을 되돌아보고 통찰의 순간을 경험하도록 하는 직접적이고 모험적인 자기대면의 방법이다.

① ㄱ, ㄴ   ② ㄱ, ㄴ, ㄷ
③ ㄴ, ㄷ, ㄹ   ④ ㄷ, ㄹ, ㅁ
⑤ ㄴ, ㄷ, ㄹ, ㅁ

해설

ㄱ : 공감, ㄴ : 반영

정답 ④

12 집단상담의 원리에 대한 내용 중 다음 설명은 무엇에 해당되는 내용인가?

• 새롭게 학습된 행동이나 사고, 감정 등을 소개하는 과정이다.
• 연습의 기회를 통해 새로운 행동을 시도하며, 그 결과에 대해 상담자의 객관적인 평가를 받는다.

① 자기이해   ② 자기수용
③ 자기개방   ④ 자기평가
⑤ 자기도전

해설

① 자기이해 : 자기접촉 및 탐색을 통해 자신의 사고, 감정, 욕구, 가치 등을 있는 그대로 표현하고 이해하는 것이다.
② 자기수용 : 이해한 그대로의 자신을 인정하고 받아들이는 것이다.
③ 자기개방 : 자신에 대한 이해와 수용을 통해 자신을 있는 그대로 나타내 보이는 것이다.
④ 자기평가 : 현실 속에서 자신의 행동을 의미 있는 기준에 비추어보는 과정이다.

정답 ⑤

13 집단상담에서 지속기간 및 회합빈도와 관련된 내용으로 옳지 않은 것은?

① 지속기간은 집단원들이 제각기 참여의 기회를 가질 수 있고 정서적으로 자신을 투입할 수 있으며, 원만한 집단 활동이 전개될 수 있을 정도로 이루어져야 한다.
② 집단상담을 시작할 경우 기간과 종결의 시일을 따로 정해둘 필요는 없고 상담의 효과가 나오면 종결하는 것을 원칙으로 한다.
③ 일반적으로 상담시간은 아동의 경우 30~40분, 청소년의 경우 1시간, 성인의 경우 2~3시간 정도가 적절하며, 모임의 빈도는 일주일에 한 번 혹은 두 번 정도가 적합하다.
④ 시간이 제한적인 집단은 정해진 기간 내에 목표를 달성하기 위해 노력하므로 생산적일 수 있다.
⑤ 마라톤집단은 계속적인 상호작용과 수면부족에서 오는 피로현상 등을 통해 집단원 간에 통상적 가면을 벗고 자신을 그대로 노출하도록 한다.

> **해설**
> 집단상담을 시작할 경우 미리 그 기간을 분명히 하고 종결의 시일도 정해두어야 한다.

> **정답** ②

14 상담의 기본원리와 이에 대한 설명으로 옳지 않은 것은?

① 개별화의 원리 – 상담자는 내담자의 개성과 개인차를 인정하는 범위 내에서 상담을 전개해야 한다.
② 의도적 감정표현의 원리 – 상담자는 내담자가 자유롭게 의사와 감정을 표현하도록 온화한 분위기를 조성해주어야 한다.
③ 통제된 정서 관여의 원리 – 상담자는 내담자의 감정에 대한 민감성, 그 감정이 의미하는 것에 대한 이해, 그리고 내담자의 감정에 대한 의도적이고 적당한 반응을 하는 것이 필요하다.
④ 수용의 원리 – 상담자는 내담자에게 따뜻하고 친절하면서 수용적이어야 한다. 만약 내담자의 의견에 상담자가 동의하지 못하는 일이 있더라도 동의하지 않는다는 사실을 분명히 전달하되, 그 표현이나 자세는 어디까지나 온화해야 한다.
⑤ 자기결정의 원리 – 상담은 본질적으로 내담자가 상담자를 신뢰하고 믿는 데서 이루어진다. 상담자는 내담자의 비밀을 지켜줄 윤리적 의무를 진다.

> **해설**
> 비밀보장의 원리에 해당되는 내용이다. 자기결정의 원리란, 내담자는 어떠한 지도와 충고가 있더라도 이에 무조건 응하기보다는 자신의 판단을 토대로 자기 방향과 태도를 결정해야 한다는 원리이다.

> **정답** ⑤

15 상담이론에 따른 상담목표로 옳지 않은 것은?

① 정신분석이론 – 무의식을 의식화하여 개인의 성격구조를 수정하고 자아의 기능을 강화한다.

② 행동수정이론 – 바람직하지 않은 행동은 감소시키고 바람직한 행동은 증가시킨다.

③ 인간중심상담 – 자아와 경험 간 불일치를 제거하고 방어기제를 내려놓도록 함으로써 충분히 기능하는 사람이 되도록 돕는다.

④ 인지행동치료 – 자동적 사고를 변화시키고 인지도식을 재구성하여 새롭고 합리적인 사고를 하도록 돕는다.

⑤ 현실치료상담 – 문제행동의 근원을 발견하여 이를 치료함으로써 앞으로 동일한 문제가 반복될 가능성을 낮춘다.

해설

현실치료상담의 목표는 내담자가 스스로 책임질 수 있는 범위 내에서 소속감, 힘, 자유, 즐거움 등의 심리적 욕구를 달성할 수 있도록 돕는 것이다.

정답 ⑤

16 상담자가 갖추어야 할 자질 중 인간적 자질에 대한 설명으로 옳지 않은 것은?

① 상담자는 사람들의 인생경험, 행동방식, 가치관 및 태도 등이 다르다는 것을 받아들이고, 내담자와의 차이를 수용할 수 있는 포용성이 있어야 한다.

② 상담자는 자신의 개인적 욕구를 배제하고 순수한 열정으로 내담자를 돕기 위해 상담활동에 몰입할 수 있어야 한다.

③ 상담자는 내담자의 입장을 보다 쉽게 이해할 수 있도록 다양한 경험을 하고, 자기 자신만의 상담관을 정립하여야 한다.

④ 상담자는 내담자를 보호하고 내담자의 이익을 최우선으로 하며 높은 윤리의식을 가지고 있어야 한다.

⑤ 상담자는 가치관의 차이가 어떤 갈등을 유발할 수 있는지 예상하고, 내담자와의 사이에서 발생할 수 있는 가치 충돌 시 중립적일 수 있어야 한다.

해설

상담자가 갖추어야 할 자질 중 상담자의 윤리에 대한 내용으로 이는 상담자의 전문적 자질에 관련되는 내용이다.

상담자의 자질

인간적 자질	전문적 자질
• 인간에 대한 이해와 존중 • 상담에 대한 열의 • 다양한 경험과 상담관 정립 • 상담자 자신에 대한 이해와 수용 • 상담자의 가치관	• 상담이론에 대한 이해와 활용 • 상담기술(방법)에 대한 이해와 훈련 • 문화적 차이에 대한 이해 • 상담자의 윤리

정답 ④

17 상담장면에서 나타날 수 있는 상담자 입장에서의 어려움과 대처법에 대한 내용 중 옳지 않은 것은?

① 내담자의 침묵에 대한 불안함 – 침묵은 상담자와 내담자 모두를 어색하게 하여 관계가 경직되도록 할 수 있기 때문에 내담자가 침묵할 때에는 가벼운 질문으로 다시 대화를 유도하는 것이 바람직하다.

② 상담성과 도출에 대한 성급함 – 상담성과에 대해 성급한 마음을 가지지 말고 내담자가 스스로 해결방안을 찾을 수 있도록 도와주어야 한다.

③ 동일한 이론의 적용 – 하나의 이론만을 상담에 적용하는 것은 내담자를 폭넓게 이해하고 더 많은 도움을 제공하는 데 걸림돌이 될 수 있다. 따라서 다양한 상담이론과 상담기법을 습득·활용하여 각 내담자에 따라 적절하게 적용할 수 있어야 한다.

④ 역전이에 대한 미자각 – 상담과정에서 긍정적 또는 부정적 영향을 미칠 수 있는 역전이를 자각하지 못하면 내담자를 주관적 방식으로 다루게 되어 상담관계가 제대로 형성되지 않을 수 있다. 그러므로 자신의 문제와 내면에 대해 깊이 이해하여 그것이 역전이로 나타나 상담관계에 영향을 미칠 수 있음을 인식하고 극복하려고 노력하면서 역전이를 상담에 활용하려는 자세를 가져야 한다.

⑤ 상담자의 소진 – 장기간의 상담은 상담자에게 신체적·정신적 피로와 정서적 고갈을 가져와 소진상태에 놓이게 한다. 이러한 소진상태는 우울감, 고립감, 도덕성의 상실 또는 능률과 대처능력의 저하를 가져와 내담자에게 해를 끼칠 수 있다. 따라서 이러한 소진상태가 지속되지 않도록 자신을 잘 돌보아야 한다.

> **해설**
>
> **내담자의 침묵에 대한 불안함**
> 침묵은 내담자가 자신의 내면과 문제를 탐색하는 대단히 의미 있고 중요한 순간임에도 불구하고 상담자가 내담자가 침묵을 유지하는 경우 불안을 느끼고 그 순간을 깨뜨리는 경우가 있다. 상담자는 침묵이 진행되는 동안 그 침묵을 깨뜨릴 것이 아니라 내담자의 표정 등을 살피며 그 의미를 파악해야 한다.
>
> **정답** ①

18 개인심리학의 주요개념 중 생활양식에 대한 설명으로 옳은 것을 모두 고른 것은?

> ㄱ. 생활양식이란 성격을 움직이는 체계적 원리로서 부분에 명령을 내리는 전체의 역할을 하는 것으로, 삶에 대한 개인의 기본적 지향이나 성격을 의미한다.
> ㄴ. 생활양식은 청소년기인 15~17세경 그 틀이 형성된 후에는 거의 변하지 않는다.
> ㄷ. 지배형, 기생형, 회피형, 사회적 유용형의 4가지 유형이 있다.
> ㄹ. 생활양식의 4가지 유형은 모두 부정적인 유형으로 적응력이 떨어진다.

① ㄱ, ㄴ   ② ㄱ, ㄷ
③ ㄱ, ㄹ   ④ ㄱ, ㄷ, ㄹ
⑤ ㄴ, ㄷ, ㄹ

> **해설**
>
> ㄴ. 생활양식은 생의 초기인 4~5세경 그 틀이 형성된 후에는 거의 변하지 않는다.
> ㄹ. 생활양식의 4가지 유형 중 사회적 유용형은 긍정적 유형으로 적응력이 높은 유형으로 볼 수 있다.
>
> **정답** ②

19 개인심리학은 인간적 문제를 사회적인 관점에서 보기 때문에 가족 내 관계를 중시하였다. 이 이론에서 주장한 출생 순위에 따른 일반적 특징으로 옳지 않은 것은?

① 첫째는 일반적으로 타인들과 좋은 관계를 맺으며, 타인의 기대에 쉽게 순응하고, 사회적 책임을 잘 감당하는 특징을 보인다.

② 둘째는 패기가 부족하고 자신감 없는 성격이 되기 쉽고, 자신이 첫째보다 낫다는 것을 증명하기 위해 항상 노력해야 하므로 열등감이 생기기 쉽다.

③ 막내는 독립심 부족과 함께 강한 열등감을 경험하기 쉽고, 누군가 자기 대신 자기의 생활을 만들어주기를 바라는 경향을 보인다.

④ 외동아이는 의존성과 자기중심성이 현저하게 나타나며 항상 무대의 중앙에 위치하기를 원하고, 그 위치가 도전을 받으면 불공평하다고 느낀다.

⑤ 중간아이는 삶이 불공평하다고 확신할 수 있으며, 속았다는 느낌을 받아 자기 자신을 불쌍히 여기는 태도를 가질 수 있다.

해설

둘째는 경쟁심이 강하고 야망을 가진 성격이 되기 쉽고, 자신이 첫째보다 낫다는 것을 증명하기 위해 노력하는 생활양식을 보인다.

정답 ②

20 프로이트(Freud)의 정신분석상담과 아들러(Adler)의 개인주의상담을 비교·분석한 내용으로 옳지 않은 것은?

		프로이트	아들러
① 에너지의 원천	:	성적 본능	우월에 대한 추구
② 성격의 구조	:	원초아, 자아, 초자아	불가분의 전체
③ 성격의 결정요인	:	과거, 무의식	현재, 미래, 의식
④ 성격형성 주요인	:	성	사회적 관심
⑤ 부적응의 원인	:	열등 콤플렉스	5세 이전의 외상경험

해설

프로이트의 정신분석상담과 아들러의 개인주의상담의 비교

구 분	프로이트	아들러
에너지의 원천	성적 본능(Libido)	우월에 대한 추구
성격의 개념	원초아, 자아, 초자아의 역동	생활양식
성격의 구조	원초아, 자아, 초자아	불가분의 전체
성격의 결정요인	과거, 무의식	현재, 미래, 의식
성격형성 주요인	성(Sex)	사회적 관심
자아의 역할	원초아와 초자아의 중재	창조적 힘
부적응의 원인	5세 이전의 외상경험, 성격구조의 불균형	열등 콤플렉스, 파괴적 생활양식 및 사회적 관심 결여

정답 ⑤

21 개인주의상담의 상담기법에서 다음 내용과 관련되는 것은 무엇인가?

> • 다음 문장을 완성하라 : "나는 항상 ~한 아이였다."
> • 형제, 자매 중 당신과 가장 다른 사람은 누구이며 어떻게 다른가?
> • 어린 시절에 당신은 부모님의 어떤 면이 가장 긍정적이라고 생각했는가? 부모님에 대해서 거부감을 느꼈던 것은 무엇이었나?
> • 잊을 수 없는 성장과정의 중요한 결심 : "당신이 성장하면서 인생에 관해 내린 중요한 결론 중 가장 기억에 남는 것은 무엇인가? 예를 들어, 어른이 된다면 나는 반드시 무엇을 할 것이다. 또는 나는 결코 이런 일은 일어나지 않도록 할 것이다."
> • 두 가지의 초기기억 알아내기 : "당신이 기억할 수 있는 가장 어린 시절의 사건은 무엇인가?" "어떤 순간이 가장 생생하게 기억되는가? 그 사건과 관련해서 어떤 느낌을 지니는가?"

① 역설적 의도 　　　　　　② 즉시성
③ 격 려 　　　　　　　　　④ 생활양식 분석
⑤ 마치 ~인 것처럼 행동하기

해설

월튼(Walton, 1998)이 내담자의 생활양식을 파악하기 위하여 제시한 다섯 가지 물음에 해당된다.

정답 ④

22 인간중심상담의 주요개념 중 현상학적 장(Phenomenal Field)에 대한 설명으로 옳지 않은 것은?

① '경험적 세계(Experiential World)' 또는 '주관적 경험(Subjective Experience)'으로도 불리며 특정 순간에 개인이 지각하고 경험하는 모든 것을 의미한다.
② 로저스(Rogers)는 동일한 현상이라도 개인에 따라 다르게 지각하고 경험하기 때문에 이 세상에는 개인적 현실, 즉 현상학적 장만이 존재한다고 보았다.
③ 현상학적 장에는 개인이 의식적으로 지각한 것과 지각하지 못한 것까지 포함되지만, 개인은 객관적 현실이 아닌 자신의 현상학적 장에 입각하여 재구성된 현실에 반응한다.
④ 동일한 사건을 경험한 두 사람도 각기 다르게 행동할 수 있으며, 그로 인해 모든 개인은 서로 다른 독특한 특성을 보이게 된다.
⑤ 현상학적 장은 의식의 장과 동일한 개념이다.

해설

현상학적 장은 의식의 장과 다르다. 현상학적 장은 상징화과정을 거치는 의식적 경험과 상징화과정을 거치지 않는 무의식적 경험을 모두 포함하는 개념이다.

정답 ⑤

23 인간중심상담의 조건에 대한 설명으로 옳지 않은 것은?

① 상담자와 내담자 사이에는 어떤 종류의 접촉도 일어나서는 안 된다.
② 상담자는 내담자의 내적 준거에 대해 공감적 이해를 보여야 한다.
③ 내담자는 관계에 있어서 불균형과 불일치의 상태, 취약한 상태에 있어야 한다.
④ 상담자는 관계에 있어서 균형과 일치의 상태에 있어야 한다.
⑤ 상담자는 내담자에게 무조건적·긍정적 반응을 보여야 한다.

해설

상담자와 내담자 사이에는 심리적 접촉이 일어나야 한다.

정답 ①

24 행동수정이론의 기법 중에서 다음 내용과 관련된 것은 무엇인가?

> • 불안이나 공포를 유발하는 자극들을 계획된 현실이나 상상 속에서 지속적으로 제시하는 치료방법이다.
> • 혐오스런 느낌이나 불안한 자극에 대해 미리 준비를 갖추도록 한 후 가장 높은 수준의 자극에 오랫동안 지속적으로 노출시킴으로써 시간이 경과함에 따라 혐오나 불안을 극복하도록 한다.

① 소거(Extinction)
② 역조건형성(Counter-conditoning)
③ 체계적 둔감법(Systematic Desensitization)
④ 혐오치료(Aversion Therapy)
⑤ 홍수법(Flooding)

해설

① 소거 : 무조건 자극 없이 조건 자극만 반복해서 제시하게 된다면 조건 반응은 점차 약해지게 되는데 이와 같은 현상을 의미한다.
② 역조건형성 : 바람직하지 않은 조건 반응을 보다 생산적이고 새로운 반응으로 대체하는 것으로, 소거보다 더욱 효과적인 것으로 알려져 있다.
③ 체계적 둔감법 : 혐오스런 느낌이나 불안한 자극에 대한 위계목록을 작성한 다음, 낮은 수준의 자극에서 높은 수준의 자극으로 상상을 유도함으로써 불안이나 공포에서 서서히 벗어나도록 하는 것으로, 불안이나 공포, 혐오증, 강박관념 등이 있는 내담자로 하여금 그로 인한 부적응행동이나 회피행동을 치료하는 데 효과가 있다.
④ 혐오치료 : 바람직하지 못한 행동에 혐오자극을 제시하여 부적응적인 행동을 제거하는 방법으로, 주로 흡연, 폭음, 과식 등의 문제를 해결하기 위해 사용되며, 부적응적이고 지나친 탐닉이나 선호를 제거하는 데 효과적이다.

정답 ⑤

25 사회학습이론의 주요개념 중 하나로 다음 내용과 관련되는 것은 무엇인가?

> • 다른 사람들이 어떤 새로운 행동을 시도할 때 그 결과가 어떻게 나타나는지를 관찰함으로써 자기 자신 또한 그와 같은 행동을 할 경우 초래될 결과를 예상하는 학습방법이다.
> • 보통 어떤 행동이 보상의 결과를 가져오는 경우 그 행동의 빈도가 증가하는 반면, 처벌의 결과를 가져오는 경우 그 행동의 빈도는 감소한다.
> • 한 아동은 선행을 한 또래친구가 선생님에게 칭찬을 받는 것을 본 후, 자신도 그와 같은 선행을 하게 되었다.

① 일반화
② 대리학습
③ 스키마
④ 사회화
⑤ 자기효능감

해설

대리학습이란 보상을 받는 행동은 학습되고, 벌을 받는 행동은 학습되지 않는다는 개념이다.

정답 ②

01 청소년기 발달의 특징에 대한 내용으로 옳지 않은 것은?

① 이차 성징이 나타나고 호르몬의 변화가 일어난다.

② 청소년의 성장급등은 여아보다 남아에게서 먼저 나타난다.

③ 대근육 운동능력은 남아들은 계속 증가하는 반면 여아들은 약 15세부터 감소하기 시작한다.

④ 여아의 경우 체지방이 급증하는 반면, 남아의 경우 일반적으로 체지방의 큰 변화는 없다.

⑤ 어느 단계보다 신체 이미지가 자아존중감에 중요한 영향을 미친다.

해설

청소년의 성장급등은 남아보다 여아에게서 먼저 나타난다.

정답 ②

02 인간의 뇌와 신경발달에 대한 내용으로 옳은 것은?

① 출생 시 아기의 뇌는 모든 뇌세포를 갖추고 있지 못하며 뇌의 무게도 성인의 25% 정도이다.

② 생후 2년경에는 뇌의 크기가 성인 대비 50%가 되고 6세 말경에는 75%에 이른다.

③ 뇌는 일정한 순서대로 발달한다.

④ 임신 10개월경, 출산 직전에 신경세포의 증식이 거의 완료된다.

⑤ 태내 4개월경에 시각피질에서 시냅스 생성이 활성화되고 태내 6개월경에 가장 크게 활성화된다.

해설

① 출생 시 아기의 뇌는 모든 뇌세포를 갖추고 있지만 뇌 무게는 성인의 25% 정도이다.

② 생후 6개월경에는 뇌의 크기가 성인 대비 50%가 되고 2세 말경에는 75%에 이른다.

④ 임신 5~6개월경에는 신경세포의 증식이 거의 완료된다.

⑤ 태내 4개월경에 시각피질에서 시냅스 생성이 활성화되고 생후 1년경에 가장 크게 활성화된다.

정답 ③

03 피아제(Piaget)의 인지발달이론의 주요개념 중 도식(Schema)에 대한 설명으로 옳지 않은 것은?

① 우리가 세계를 이해하고 반응하기 위하여 사용하는 지식, 절차, 관계 등을 말한다.

② 사물이나 사건에 대한 전체적인 윤곽 또는 지각의 틀을 말한다.

③ 환경을 조작함으로써 이 환경에 적응하도록 하는 데 관련된 지식과 기술을 포함한다.

④ 도식은 상황이나 사건에 대한 구체화된 지식이라고 할 수 있다.

⑤ 스크립트는 매우 친숙한 활동과 연합되어 있는 단순하면서도 잘 구조화된 사건의 순서를 기술하는 도식의 일종이다.

해설

도식은 상황이나 사건에 대한 일반화된 지식이라고 할 수 있다.

정답 ④

04 피아제(Piaget)의 인지발달이론의 주요개념에 대한 설명으로 옳지 않은 것은?

① 조직화 - 유기체가 현재 가지고 있는 도식을 새롭고, 더욱 복잡한 도식으로 변화시키는 것을 말한다.

② 동화 - 평형을 위한 욕구에 대한 반응으로 삶에서의 경험을 구조화시켜 조직한 것을 말한다.

③ 조절 - 기존에 가지고 있던 도식을 변경하거나 새롭게 만들어가는 과정을 말한다.

④ 평형화 - 동화와 조절이 균형을 이루며 도식이 발달해나가는 과정을 의미한다.

⑤ 보존개념 - 물체의 모양이 바뀌어도 그 속성이 동일하다는 사실을 인식할 수 있는 것을 의미한다.

> **해설**
> 도식에 대한 내용에 해당한다. 동화란 새로운 정보 혹은 새로운 경험을 접할 때 그러한 정보와 경험을 이미 자신에게 구성되어 있는 도식에 적용시키려 하는 경향을 말한다.
>
> **정답** ②

05 아동이 전조작기에 보이는 특징에 대한 설명으로 옳지 않은 것은?

① 우유가 담긴 컵의 형태가 바뀌면 우유의 양도 바뀐다고 생각한다.

② 전체와 부분의 기본 논리관계에 대한 이해가 부족하다.

③ 사물을 증가와 감소의 순서대로 배열할 수 있는 첫 시기이다.

④ 사물을 이해하는 데 있어서 자신을 중심으로 생각하므로 상대적인 판단을 내리지 못한다.

⑤ 도덕적 판단에서도 행위의 의도나 동기보다는 결과만으로 판단한다.

> **해설**
> 전조작기의 아동은 사물을 증가와 감소의 순서대로 배열하지 못한다. 사물을 증가와 감소의 순서대로 배열하는 것은 서열개념이 발달하는 구체적 조작기부터 가능하다.
>
> **정답** ③

06 다음에서 설명하는 내용은 무엇과 관련되는가?

> • 3~4세 이전에 경험한 사건을 기억하지 못하는 것을 의미한다.
> • 이것의 원인은 이 시절에 언어능력이 부재하거나 자아감이 발달하지 않았기 때문인 것으로 여겨진다.

① 영아기 기억상실   ② 불안정애착

③ 해리성 기억상실   ④ 코르사코프증후군

⑤ 다운증후군

> **해설**
> 영아기 기억상실의 원인
> • 언어적 부호화능력과 명시적 기억이 발달하지 않음
> • 저장된 정보를 연합하고 마음속에 있는 정보를 가져오도록 도와주는 외적 정보인 인출단서 사용이 어려움
> • 영아기에는 기억과 관련된 신경구조가 충분히 성숙되지 않음
>
> **정답** ①

07 피아제(Piaget)의 인지발달이론에 대한 평가로 옳지 않은 것은?

① 아동이 지식습득과정에서 수동적인 역할을 한다는 기존의 관점에서 벗어나 연령에 따라 지식을 습득하고 구성하는 능력이 다르다는 입장으로 발달심리학에 혁명을 일으켰다.

② 생물학, 교육학 등 다양한 학문분야와 연계되어 있고 인지발달의 다양한 측면에서 유용한 길잡이가 되어준다.

③ 연령이 낮은 아동의 능력을 과대평가하고 연령이 높은 아동의 능력을 과소평가하였다.

④ 아동의 경험, 가치관, 언어, 주위 사람들과의 상호관계가 영향을 받는 문화적 요소를 무시하였다.

⑤ 표준화된 검사방법의 한계를 인식하고 자체 고안한 임상적 면접방법이나 일상생활 속의 아동을 관찰하는 자연관찰법을 사용하였는데, 이를 통해 각기 다른 연령의 아동이 어떻게 사고하는지에 대한 구체적이고 체계적인 이론을 제시하였다.

> **해설**
> 연령이 낮은 아동의 능력을 과소평가하고 연령이 높은 아동의 능력을 과대평가하였다.
>
> **정답** ③

08 비고츠키(Vygotsky)가 제안한 아동의 언어발달에 대한 견해에 포함되지 않는 것은?

① 아동의 혼잣말은 자기중심적이고 미성숙한 것이다.

② 언어는 아동이 자신의 행동에 대해 생각하고 행위의 과정을 선택하는 등 아동이 정신적 활동을 수행하는 데 도움을 준다.

③ 사고발달은 언어를 통하여 이루어지며 그 과정은 아동의 사회화 수단이 된다.

④ 아동의 언어발달은 원시적 언어단계, 외적 언어단계, 자기중심적 언어단계, 내적 언어단계의 과정을 거친다.

⑤ 언어는 아동의 사고발달에 있어 필수적이다.

> **해설**
> 피아제(Piaget)의 견해에 해당하는 내용이다. 비고츠키는 아동의 혼잣말은 사회적 능력에 도움이 되며 자기지도(Self-guidance)를 위한 것으로 보았다.
>
> **정답** ①

09 비고츠키(Vygotsky)가 주장한 사회문화적 이론의 주요개념 중 비계설정(Scaffolding)에 대한 내용으로 옳지 않은 것은?

① 비계설정은 근접발달영역 내에서 개인정신 내의 국면이 개인정신 간의 국면으로 전환되는 것을 말한다.

② 비계의 기능은 타인에 대한 의존 → 타인과의 협동 → 자기에 대한 의지 → 내면화의 단계로 전개된다.

③ 비계설정을 통해 아동이 스스로 문제를 해결할 수 있도록 유능한 또래나 교사 등이 도움을 적절히 조절하여 제공하는 것이 가능하다.

④ 비계에는 암시와 단서 제공하기, 질문내용을 다시 설명하기, 아동이 이해한 것 물어보기, 과제 설명하기 등이 포함된다.

⑤ 아동이 학습을 하기 위해 성인의 도움을 필요로 하지만 집이 완성되는 과정에서 비계가 철거되듯이 성인의 역할도 점차 감소하게 되는 것을 말한다.

> **해설**
> 비계설정은 근접발달영역 내에서 개인정신 간의 국면이 개인정신 내의 국면으로 전환되는 것을 말한다.
>
> **정답** ①

10 가드너(Gardner)의 다중지능이론(Multiple Intelligence Theory)과 관련된 내용을 모두 고른 것은?

> ㄱ. 문제해결능력과 함께 특정 사회·문화적 상황에서 산물을 창조하는 능력을 강조하였다.
> ㄴ. 언어지능, 논리-수학지능, 공간지능, 신체-운동지능, 음악지능, 대인관계지능, 개인 내적 지능 등의 독립된 지능으로 구분하였다.
> ㄷ. 인간의 지능은 단일한 능력이 아닌 다수의 능력으로 구성되며, 각 지능의 상대적 중요도는 위계에 따른 차이가 존재한다.
> ㄹ. 지능이 높은 아동은 모든 영역에서 우수하다는 종래의 획일주의적인 지능관을 비판하고 각각의 지능이 조합됨에 따라 개인의 다양한 재능이 발현된다고 보았다.
> ㅁ. 지능의 각 종류는 독립적이고 뇌의 특정 부위와 연결이 되어있으나 공통적인 발달과정을 거친다.
> ㅂ. 아동의 지적 능력 발달에 있어서 중요한 것은 각 아동이 지니고 있는 특수한 능력을 바르게 진단하고 교육을 통해 이를 촉진하는 것이라고 주장하였다.

① ㄱ, ㄷ, ㄹ   ② ㄴ, ㄹ, ㅁ

③ ㄱ, ㄴ, ㄹ, ㅂ   ④ ㄷ, ㄹ, ㅁ, ㅂ

⑤ ㄴ, ㄷ, ㄹ, ㅁ, ㅂ

해설

ㄷ. 인간의 지능은 단일한 능력이 아닌 다수의 능력으로 구성되며, 각 지능의 상대적 중요도는 서로 동일하다.
ㅁ. 지능의 각 종류는 독립적이고 뇌의 특정 부위와 연결이 되어있으며, 각기 다른 발달과정을 거친다.

정답 ③

11 다음에서 설명하고 있는 특징을 가진 아동용 검사는 무엇인가?

> • 1969년 1~42개월 영아의 발달기능을 평가하기 위해 개발된 검사이다.
> • 대표적인 영아용 지능검사로 개별적으로 실시되는 규준참조검사이다.
> • 세 가지 하위척도인 정신발달척도, 심리운동발달척도, 행동발달척도로 구성되어 있다.
> • 원점수는 표준점수로 환산하여 정신발달지수, 심리운동발달지수, 행동발달지수로 제시하고 동일 연령의 영아와 비교하여 발달수준을 알아볼 수 있다.
> • 성장 후의 지능을 예측하지 못하는 단점이 있다.

① 카우프만 아동용 진단검사(Kaufman Assessment Battery for Children)

② 베일리 유아발달 척도(Bayley Scales of Infant Development)

③ 웩슬러 아동용 지능검사(Wechsler Intelligence Scale for Children)

④ 스탠포드-비네 지능검사(Stanford-Binet Intelligence Scales)

⑤ 덴버 발달선별검사(Denver Developmental Screening Test)

해설

베일리 유아발달 척도에 대한 설명이다.
베일리 유아발달 척도 3가지
• 정신발달척도 : 기억, 학습, 문제해결력, 개념형성, 추상적 사고
• 심리운동발달척도 : 대근육협응, 손가락의 미세한 조작기술, 자세모방, 신체조절의 정도
• 행동발달척도 : 주의집중, 방향성, 목표지향성, 운동특성, 긴장도

정답 ②

12 스턴버그(Sternberg)의 삼원지능이론에 대한 설명으로 옳은 것은?

① 선택적 부호화, 선택적 결합, 선택적 비교는 경험적 지능의 영역에 속한다.
② 새로운 지식을 획득하고, 이를 논리적인 과제 해결에 적용하는 능력은 성분적 지능에 관계된다.
③ 현실 상황에의 적응력과 관련된 것은 상황적 지능이다.
④ 성분적 지능을 통해 상위인지와 방략의 사용, 지식 획득이 가능하다.
⑤ 언어이해능력, 문제해결능력 등 후천적으로 발달되는 것은 결정성 지능이다.

> **해설**
> 결정성 지능과 유동성 지능은 스턴버그가 아닌 카텔의 이론에 관한 내용이다.
>
> **정답** ⑤

13 고전적 조건형성이론에서 제시한 학습의 원리 및 그에 대한 설명이 옳지 않은 것은?

① 습관화 – 반사를 유발하는 소리, 광경 및 기타 자극을 반복해서 제시할 때 반사강도가 작아지거나 또는 반사의 빈도가 줄어드는 방식으로 제시자극에 익숙해지는 과정을 말한다.
② 탈습관화 – 같은 자극의 반복제시에 의해서 반응이 감소된 습관화된 자극과 지각적으로 변별이 가능한 새로운 자극을 제시했을 때 반응행동으로서 반사강도나 빈도가 회복되는 것을 말한다.
③ 역조건형성 – 조건 자극과 새로운 자극을 함께 제시해 바람직하지 않은 조건 반응을 대체하는 것을 말한다.
④ 자발적 회복 – 소멸이 상당시간 지난 후 다시 조건 자극을 제공하면 일시적으로 조건 반응이 나타나는 것을 말한다.
⑤ 일반화 – 조건화가 완전해짐으로써 다른 유사한 자극에 대해 반응을 일으키지 않는 것을 말한다.

> **해설**
> 일반화란 특정 조건 자극에 대한 고전적 조건형성이 일어난 후에 무조건 자극과 짝지어진 적이 없는 다른 유사한 자극에 조건 반응이 나타나는 현상을 말한다.
>
> **정답** ⑤

14 조작적 조건형성이론에서 제시한 학습의 원리 및 그에 대한 설명이 옳지 않은 것은?

① 강화의 원리 – 보상이 따르는 반응은 반복되는 경향이 있으며, 반응행동이 일어나는 비율을 증가시킨다.
② 소거의 원리 – 일정한 반응 뒤에 강화가 주어지지 않으면 반응은 점차 사라진다.
③ 조형의 원리 – 조형은 실험자 또는 치료자가 원하는 방향 안에서 일어나는 다양한 반응만을 강화하고, 원하지 않는 방향의 행동에 대해 강화받지 못하도록 하여 결국 원하는 방향의 행동을 할 수 있도록 하는 것이다.
④ 계속성의 원리 – 교육내용의 여러 요소가 계속해서 반복되어야 한다는 원리를 말한다.
⑤ 근접성의 원리 – 한 번 습득된 행동은 보상이 주어지지 않더라도 똑같은 상황에서 다시 나타날 수 있다.

> **해설**
> 근접성의 원리란 학습내용의 파지를 촉진하기 위하여 새로운 학습내용을 설명한 후 바로 학생들이 이미 알고 있는 것과의 관계를 설명하는 것이다.
>
> **정답** ⑤

15 유아기 언어발달의 특징에 대한 설명으로 옳지 않은 것은?

① 2세에서 6세까지의 유아들이 말을 할 때, 단어를 반복하거나 주저하는 경우와 같이 일시적 말더듬현상이 나타날 수 있다.

② 언어능력이 발달된 유아가 성인이나 자기보다 언어력이 부족한 유아에게 말을 할 때 언어형태를 바꾸는 경우가 있는데 이는 상대의 수준을 파악한 후 대화자의 언어형태를 모방하는 데서 비롯된 것이다.

③ 유아는 익숙하지 않은 단어를 들었을 때 그 새로운 단어가 이미 알고 있는 단어들과는 다른 독특한 의미를 갖는다고 생각한다.

④ 단어를 한 번 듣고 그 의미를 유추하여 습득하며 구체적 사물보다는 추상적 사고에 대해 빨리 습득한다.

⑤ 각각의 사물은 하나의 명칭만을 가진다고 생각한다.

해설

단어를 한 번 듣고 그 의미를 유추하여 습득하며 추상적 사고보다는 구체적 사물에 대해 빨리 습득한다.

정답 ④

16 영아의 애착발달단계에 대한 내용으로 옳지 않은 것은?

① 0~6주의 비사회적 단계에서는 사회적 자극에 대한 선호를 보이지 않는다.

② 비변별적 애착단계에서는 애착에 있어서 특정인을 구별하지 않으나 인형보다는 사람을 더 선호한다.

③ 특정인 애착단계는 약 7~9개월경 나타나며 낯선 사람을 다소 경계하고 양육자와 밀착관계를 보인다.

④ 18개월경부터 중다애착관계가 나타나는데 이 단계에서는 양육자 외에도 친밀한 몇몇 사람에게 애착을 보인다.

⑤ 애착발달단계에서 나타나는 낯가림과 불리불안은 이후 사회성 발달에 문제를 야기할 수 있다.

해설

애착발달단계에서 나타나는 낯가림과 불리불안은 영아들에게 있어 자연스러운 현상이다.

정답 ⑤

17 다음 애착유형은 어디에 해당되는가?

- 일관성이 없고 혼란스러운 양상을 보인다.
- 아동은 때때로 접촉욕구를 강하게 느끼면서도 어머니의 무시나 구박에 대한 공포를 보이기도 한다.
- 어머니의 일관성 없는 양육태도 또는 우울증이나 학대에서 비롯되기도 한다.

① 안정애착　　　　　　　　　　　　② 불안정 회피애착
③ 불안정 저항애착　　　　　　　　　④ 불안정 혼란애착
⑤ 어디에도 해당되지 않음

해설

안정애착
- 낯선 곳에 혼자 있거나 낯선 사람과 함께 있으면 때때로 불안을 보인다.
- 어머니가 잠시 떠나는 데 대해 크게 격리불안을 보이지 않으며 영아의 약 65%가 이에 해당한다.
- 어머니가 돌아오면 반갑게 맞고 신체접촉과 눈맞춤으로 안도감을 느낀 후, 다시 놀이를 시작한다.

불안정 회피애착
• 낯선 상황에서 어머니가 떠나는 것에 대해 별로 신경 쓰지 않는다.
• 어머니가 돌아와도 무시하고 다가가지 않는다.
• 어머니가 접근하면 다른 방향으로 몸을 돌린다.
• 어머니는 아기의 요구에 무감각하거나 신체접촉이 적고, 초조해하며, 거부하듯 아이를 다루는 경우가 많다.

불안정 저항애착
• 어머니의 부재에 대해 불안을 느낀다.
• 어머니가 돌아오면 접촉추구와 함께 분노나 저항을 보이면서도 곁에 머무르려 하는 양가적 행동을 보이며 잘 놀지 않고 달래어지지 않는다.
• 어머니가 있을 때조차 낯선 사람을 경계한다.

> **정답** ④

18 애착형성에 대한 관점과 각 관점에서 주장하는 바가 옳게 연결되지 않은 것은?

① 정신분석이론 – 애착은 영아가 빨고자 하는 욕구를 충족시켜 주는 대상과의 사이에서 형성되는 밀접한 관계이다.
② 학습이론 – 영아에게 음식을 제공하는 것은 즐거움과 긍정적 반응을 유도하여 유쾌한 감정을 학습하게 한다.
③ 인지발달이론 – 안정된 애착관계를 위해서는 대상영속성이 발달되어 있어야 하며, 애착형성을 위해 영아는 우선 애착대상과 다른 대상을 구별할 수 있는 지각적 변별력을 갖추어야 한다.
④ 기질가설 – 애착은 아이를 양육하는 주양육자의 기질과 밀접하게 관련된다.
⑤ 양육자의 애착본능가설 – 영아는 사회적 존재로 주위 사람들로부터 사랑을 이끌어내는 특징을 갖고 태어난다.

> **해설**

기질가설에서 애착은 주양육자의 양육행동보다는 영아의 기질과 밀접하게 관련된다고 본다.

> **정답** ④

19 다음에서 설명하는 것을 포괄하는 개념으로 옳은 것은?

> • 우리가 '안다', '생각한다', '느낀다', '바란다'를 언어로 표현하는 마음상태이다.
> • 인간의 행동이 믿음, 바람, 의도와 같은 마음상태에서 비롯된다는 것을 이해하고 그 마음의 상태를 추론하는 능력을 말한다.
> • 이것은 궁극적으로 사회성 발달과 연관된다.

① 틀린 믿음 과제   ② 마음이론
③ 사회인지   ④ 대상영속성
⑤ 추론능력

> **해설**

마음이론이 위 설명들을 포괄하기에 가장 적합한 개념이다.

> **참고**
>
> **틀린 믿음 과제의 사례**
> 성인이 일회용 밴드 상자와 표시가 없는 상자의 내용물을 아동에게 보여주고 인형이 어디서 반창고를 찾을 것인지 예측하고 설명하게 한다. 즉, 표시가 없는 상자에 반창고가 있을 수 있다는 틀린 믿음을 가질 수 있는지를 예측해보는 것이다.

> **정답** ②

20 다음 설명은 공격성의 유형 중 어떤 것에 해당되는가?

> • 우연히 다른 사람을 다치게 하거나 타인의 권리를 방해하는 신체적 활동을 통해 즐거움을 찾을 때 생기는 것으로 공격자는 이를 통해 즐거운 신체감각을 느끼려 하는 것이다.
> • 이 공격성은 분노, 적대감정, 좌절을 수반하지 않는다.

① 우연적 공격성   ② 표현적 공격성
③ 도구적 공격성   ④ 적의적 공격성
⑤ 외현적 공격성

해설

공격성의 유형

우연적 공격성	놀이를 하면서 종종 아무 생각 없이 타인을 해칠 수 있는 행동이다.
표현적 공격성	• 우연히 다른 사람을 다치게 하거나 타인의 권리를 방해하는 신체적 활동을 통해 즐거움을 찾을 때 생기는 것으로 공격자는 이를 통해 즐거운 신체감각을 느끼려 한다. • 표현적 공격성은 분노, 적대감정, 좌절을 수반하지 않는다.
도구적 공격성	• 사물이나 영역, 권리를 얻기 위한 신체적 분쟁에서 누군가를 해치게 될 때를 말한다. • 어떤 목적을 달성하기 위해 또는 아동이 자신이 원하는 것과 자신의 소유물이라고 여기는 것을 지키기 위해 노력할 때, 누군가를 해치려는 의도가 없이 나타난다.
적의적 공격성	도구적 공격성과 달리 타인에게 고통이나 해를 가하는 자체가 목적이다.
외현적 공격성	위협적인 신체적·언어적 공격을 말한다.
관계적 공격성	사회적인 상호작용 속에서 관계에 초점을 두어 어느 집단에서 한 사람을 고의로 따돌려 감정을 해치는 것을 말한다.

정답 ②

21 공격성을 통제하는 것에 대한 이론과 그 내용이 옳게 연결된 것은?

① 카타르시스가설 – 공격성을 유발하는 상황을 교사와 아동이 직접행동으로 시범을 보이고 이 상황에서 문제가 무엇이며 어떻게 해결해야 할지 생각해보고 소리 내어 말하게 하는 훈련을 시킨다.
② 대체반응법 – 공격적인 행동을 한 아동을 그 상황에서 격리시켜 공격적 행동이 강화받지 않도록 하는 것이다.
③ 타임아웃 기법 – 바람직하지 않은 행동은 무시하고 바람직한 행동이 나타나면 즉시 강화해주는 것이다.
④ 공감훈련 – 타인의 감정에 이입할 수 있도록 도움을 줌으로써 조망수용능력을 증진시킨다.
⑤ 사회인지적 개입 – 공격성을 인간본성의 일부로 간주하였고 무의식적으로 내면에 있다고 여겼으며, 타인에게 해를 주지 않으면서 이러한 충동을 적절한 간격으로 방출하면 해소된다고 주장한다.

해설

① 카타르시스가설 : 공격성을 인간본성의 일부로 간주하였고 무의식적으로 내면에 있다고 여겼으며, 타인에게 해를 주지 않으면서 이러한 충동을 적절한 간격으로 방출하면 해소된다고 주장한다.
② 대체반응법 : 바람직하지 않은 행동은 무시하고 바람직한 행동이 나타나면 즉시 강화해주는 것이다.
③ 타임아웃 기법 : 공격적인 행동을 한 아동을 그 상황에서 격리시켜 공격적 행동이 강화받지 않도록 하는 것이다.
⑤ 사회인지적 개입 : 공격성을 유발하는 상황을 교사와 아동이 직접행동으로 시범을 보이고 이 상황에서 문제가 무엇이며 어떻게 해결해야 할지 생각해보고 소리 내어 말하게 하는 훈련을 시킨다.

정답 ④

22 **아동의 이타성 발달에 대한 내용으로 옳지 않은 것은?**

① 아동의 연령이 증가함에 따라 친사회적 행동이 증가하며 이에 따라 자발적인 자기희생적·친사회적 행동도 증가하는 경향이 나타난다.

② 귀납적 훈육법은 부모가 정서적 설명을 함으로써 아동이 타인의 입장에서 생각할 수 있는 조망수용능력을 높여 타인의 고통을 경험할 수 있게 하므로 이타성을 증진시킬 수 있다.

③ 산업화가 가장 덜 이루어진 사회에서 가족원 모두가 일을 하는 대가족의 이타성이 가장 높게 나타났다.

④ 친사회적 행동이 연령과 함께 증가하는 것은 아동이 성장함에 따라 협조의 가치와 필요성, 방법을 이해하는 인지적 능력이 발달하기 때문이다.

⑤ 2세 이전의 영아들도 친사회적 행동특성을 보여줌으로써 친사회적 행동이 인간본성의 일부임을 보여준다.

해설

아동의 연령이 증가함에 따라 친사회적 행동이 증가하는 경향은 있지만 자발적인 자기희생적·친사회적 행동은 드물게 나타난다.

정답 ①

23 **에릭슨(Erikson)의 정체감 형성에 대한 설명으로 옳은 것은?**

① 많은 청소년들이 정체감 혼미나 유실에 머물러 있다가 21세쯤 벗어난다.

② 정체감 위기에도 불구하고 청소년들이 자신에 대해 긍정적으로 느낀다.

③ 일반적으로 남자와 여자 모두 같은 연령에 정체감 성취에 이른다.

④ 정체감 혼미가 직업선택이나 성역할 등에 혼란을 가져오기도 하며, 나아가 인생관과 가치관의 확립에 심한 갈등을 야기하기도 한다.

⑤ 정체감 형성에 있어 위기와 수행을 가장 중요한 구성요소로 보고 이 두 차원의 조합을 통해 자아정체감을 정체 감 성취, 정체감 상실, 정체감 유예, 정체감 혼미의 4가지 유형으로 구분하고 있다.

해설

① 초기 청소년기에 정체감 위기가 일어나고 15~18세경이 되면 대부분 벗어난다.
② 정체감의 탐색과정은 위기의 과정이다.
③ 정체감 발달단계는 남성과 여성에게 각기 다른 순서로 진행될 수 있다.
⑤ 마샤(Marcia)의 자아정체감에 대한 견해에 해당된다.

정답 ④

24 다음 자아인지의 개념에 대한 설명 중 그 연결이 옳은 것은?

① 범주적 자아 – 사회적 상황에서 타인이 자신에게 주는 반응이나 정보에 의해 형성되는 자기를 말한다.

② 대인 간 자기 – 타인이 나를 어떻게 인식하고 평가하는가에 따라 형성되는 것으로서, 가장 최초에 형성되는 자아를 말한다.

③ 개인 내적 자아 – 다른 사람은 모르는 자신만 알고 있는 자아를 말한다.

④ 거울상 자아 – 물리적 상황에 적응해 나가는 효율성에 의해 형성되는 자기를 말한다.

⑤ 생태적 자기 – 사람과 사람 간의 차이를 구분하고 유목화하여 자기를 지각하는 개념적 틀을 말한다.

해설

자아인지의 발달(자아인지의 개념과 형성과정)
- 범주적 자아 : 사람과 사람 간의 차이를 구분하고 연령, 성, 신분 등으로 유목화하여 자기를 지각하는 개념적 틀을 말한다.
- 대인 간 자기 : 사회적 상황에서 타인이 자신에게 주는 반응이나 정보에 의해 형성되는 자기를 말한다.
- 개인 내적 자아 : 다른 사람은 모르는 자신만 알고 있는 자아를 말한다.
- 거울상 자아 : 쿨리(Cooley)는 자아인지가 타인과의 상호작용 속에서 타인이 나를 어떻게 인식하고 평가하는가에 따라 형성된다고 보았으며, 최초에 형성되는 자아를 '거울상 자아'라고 했다.
- 생태적 자기 : 물리적 환경에 적응해 나가는 효율성에 의해 형성되는 자기를 말한다.

정답 ③

25 노년기의 인지적 변화에 대한 내용으로 옳지 않은 것은?

① 노인의 지적 능력의 감퇴는 다양한 측면에서 일어나며, 단기기억이 장기기억보다 더욱 심하게 감퇴한다.

② 노년 후기에는 정보를 처리하는 속도와 같은 인지적 측면에서 감소하는 경향이 있으나, 논리적 추리력 등 경험의 축적을 통해 습득된 능력은 유지된다.

③ 지능지수는 별다른 변화가 없으며 문제해결능력이나 지혜 등은 발달한다.

④ 노인들은 인지기능의 쇠퇴에 직면하여 목표범위를 좁혀나가는 등의 최적화책략을 사용한다.

⑤ 관련 없는 정보를 억압하는 능력이 점차 감퇴되어 과제에 집중하기 힘들어진다.

해설

지능지수는 다소 감소하지만 문제해결능력이나 지혜 등은 발달한다.

정답 ③

01 이상행동 및 정신장애의 원인에 대한 생물학적 입장에 대한 내용으로 옳지 않은 것은?

① 정신장애를 신체질환과 마찬가지로 신체적 원인에서 비롯되는 질병으로 간주한다.
② 이 이론에서는 모든 정신장애의 원인을 생물학적 원인으로 설명하고 있다.
③ 정신장애를 유발하는 생물학적 원인으로 유전적 요인, 뇌의 구조적 결함, 뇌의 생화학적 이상 등을 제시하고 있다.
④ 유전적 요인에 대한 연구는 정신장애 환자를 대상으로 한 가계연구의 경험적 결과를 토대로 하며, 특히 유전자 또는 염색체의 이상을 정신장애의 원인으로 간주한다.
⑤ 정신장애의 치료를 위해 약물치료, 전기충격치료, 뇌절제술 등을 사용한다.

해설

아직 모든 정신장애의 원인을 생물학적 원인으로 설명하고 있지는 못하나, 특히 진행성 마비 등 일부에 대해서는 생물학적 입장으로 설명하는 것이 가능하다고 주장한다.

정답 ②

02 범주적 진단분류와 차원적 진단분류에 대한 내용으로 옳지 않은 것은?

① 장애를 바라보는 관점에 있어서 범주적 진단분류는 장애의 유무에 초점을 두는 반면, 차원적 진단분류는 장애의 정도에 초점을 둔다.
② 범주적 진단분류는 장애를 분류하는 데 있어서 일치된 진단기준을 통해 전문가들 간의 의사소통이 용이하고 각 장애에 대한 비교가 가능하므로 현실적 · 실용적 측면에서 유용하다.
③ 진단 시에는 범주적 진단분류와 차원적 진단분류 중 어느 하나만을 선택할 필요는 없으며, 각각의 장단점을 고려하여 적합한 방식을 유동적으로 활용하는 것이 바람직하다.
④ 차원적 진단분류는 플라톤(Platon)의 이원론에 근거를 둔 것으로, 이상(질병)과 정상(건강)을 명확히 구분하는 이분법적인 기준선이 존재한다.
⑤ 차원적 진단분류에서 이상과 정상은 질적으로 다르지 않으며, 단지 정도의 차이가 있을 뿐이다. 즉, 평가의 초점은 장애의 유무가 아닌 장애의 정도에 있다고 가정한다.

해설

플라톤(Platon)의 이원론에 근거를 둔 것으로, 이상(질병)과 정상(건강)을 명확히 구분하는 이분법적인 기준선이 존재하는 것은 범주적 진단분류이다.

정답 ④

03 DSM-5상 조현병 스펙트럼 및 기타 정신병적 장애(Schizophrenia Spectrum and Other Psychotic Disorders)에 해당되지 않는 것은?

① 망상장애(Delusional Disorder)
② 단기 정신병적 장애(Brief Psychotic Disorder)
③ 조현정동장애(Schizoaffective Disorder)
④ 순환감정장애(Cyclothymic Disorder)
⑤ 조현병(Schizophrenia)

해설

양극성 및 관련 장애(Bipolar and Related Disorders)의 하위범주에 해당된다.

정답 ④

04 특정공포증에 대한 내용으로 옳지 않은 것은?

① 특정 대상이나 상황에 대하여 비합리적인 공포를 느끼는 것을 말한다.
② 특정공포증 환자들은 보통 하나 이상의 대상에 대해 공포증을 가지고 있는 경우가 많다.
③ 공포와 불안의 정도가 매우 강하고 증상이 6개월 이상 지속되어야 진단된다.
④ 대개 성인후기에 갑작스럽게 발병한다.
⑤ 하위유형으로 동물형, 자연환경형, 혈액-주사-부상형, 상황형, 기타형 등이 있다.

> **해설**
> 특정공포증은 대개 아동기나 청소년기에 발병한다.

정답 ④

05 DSM-5상 다음 주요증상을 보이는 질환으로 옳은 것은?

> • 안절부절못함 또는 긴장이 고조되거나 가장자리에 선 듯한 느낌
> • 쉽게 피로해짐
> • 주의집중이 어렵거나 정신이 멍한 듯한 느낌
> • 과민한 기분상태
> • 근육긴장
> • 수면장해(잠들기 어렵거나 수면상태를 유지하기 어려움 또는 밤새 뒤척이거나 만족스럽지 못한 수면상태)

① 분리불안장애(Separation Anxiety Disorder)
② 특정공포증(Specific Phobia)
③ 범불안장애(Generalized Anxiety Disorder)
④ 공황장애(Panic Disorder)
⑤ 사회공포증(Social Phobia)

> **해설**
> 범불안장애의 주요증상에 해당되는 내용으로 위 6가지 증상 중 3개 이상의 증상과 연관되면 범불안장애로 진단한다. 아동의 경우 한 가지 증상만 충족해도 된다.

정답 ③

06 공황발작을 일으키는 기제에 대하여 설명한 한 이론의 개념 중 다음 내용과 가장 관련성이 깊은 것은?

> • 클라크(Clark)는 공황장애(Panic Disorder)를 가진 사람들의 특징적 인지과정에 대한 연구를 수행하여 이를 제안한 바 있다.
> • 이것은 정상적인 신체감각에 대해 마치 재난이 일어난 것처럼 해석하는 인지적 취약성을 의미한다.
> • 공황발작을 반복적으로 경험하는 경우 이것의 자동화가 이루어져 자각되지 않은 상태에서 자동적으로 이루어질 수 있다.

① 파국적 오해석(Catastrophic Misinterpretation)
② 인지부조화(Cognitive Dissonance)
③ 임의적 추론(Arbitrary Inference)
④ 선택적 추상화(Selective Abstraction)
⑤ 개인화(Personalization)

파국적 오해석은 공황장애를 가진 환자들에게 공황발작과 같은 신체적 반응을 마치 심장마비의 전조로 간주하도록 함으로써 급작스러운 불안에 사로잡히게 하며, 이때의 불안으로 인한 교감신경계의 활동은 신체감각을 더욱 증폭시켜 파국적인 해석에 이르게 만든다. 다시 말해 불안과 신체감각 증폭, 그리고 파국적 오해석의 악순환이 공황발작을 일으키는 것이다.

정답 ①

07 분리불안장애(Separation Anxiety Disorder)의 특징으로 옳지 않은 것은?

① 애착대상과 떨어지는 것에 대해 심한 불안반응을 보이는 정서적 장애에 해당한다.
② 부모의 부적절한 양육행동, 즉 과잉보호적인 양육행동이 아동의 독립성을 약화시키고 의존성을 강화하여 분리 불안장애를 유발하는 것으로 보고되고 있다.
③ 행동치료나 인지행동치료, 놀이치료에 의해 호전될 수 있으며, 특히 점진적 노출법(Graded Exposure)이 가장 효과적인 방법으로 보고되고 있다.
④ 분리불안장애는 연령과 상관없이 증상은 동일한 경향이 있다.
⑤ 분리불안장애는 성인에게서도 나타날 수 있는데, 이사나 결혼 등의 새로운 변화나 자녀 또는 배우자와 헤어지는 것에 대한 과도한 불안으로 나타난다.

연령에 따른 분리불안장애의 특성(Francis, Last & Strauss)
• 5~8세 : 애착대상에게 해가 닥치는 악몽을 꾸거나 그와 같은 상황을 걱정하며, 등교를 거부한다.
• 9~12세 : 애착대상과의 분리에 대한 과도한 걱정을 나타내 보인다.
• 13~16세 : 등교거부와 함께 신체적 증상을 호소한다.

정답 ④

08 강박장애(Obsessive-Compulsive Disorder)의 특징으로 옳지 않은 것은?

① 극심한 불안이나 고통을 유발하는 강박사고(Obsessions)와 이를 중화하기 위한 강박행동(Compulsions)을 특 징으로 한다.
② 강박사고는 음란하거나 근친상간적인 생각, 공격적 혹은 신성모독적인 생각, 오염에 대한 생각, 반복적인 의심, 물건을 순서대로 정리하려는 충동 등 다양한 주제를 포함한다.
③ 강박행동은 씻기, 청소하기, 정돈하기, 반복 확인하기 등 외현적 행동으로 나타날 수도 있고, 숫자 세기, 기도하 기, 속으로 단어를 반복하기 등 내현적 행동으로 나타날 수도 있다.
④ 강박장애를 가진 사람은 '사고-행위 융합(Thought-Acting Fusion)'을 특징으로 한다.
⑤ 강박장애를 가진 사람은 자신의 강박적인 사고나 행동이 비합리적이라는 사실을 인식하지 못한다.

강박장애를 가진 사람은 자신의 강박적인 사고나 행동이 비합리적이라는 사실을 인식하고 있다.

정답 ⑤

09 반응성 애착장애(Reactive Attachment Disorder)의 특징으로 옳지 않은 것은?

① 생후 9개월 이상 만 5세 이전의 아동에게서 주로 발병하며, 아동이 양육자와의 애착외상(Attachment Trauma)으로 인해 부적절하고 위축된 대인관계패턴을 나타낸다.

② 반응성 애착장애를 가진 아동은 부모를 비롯하여 타인과의 접촉을 두려워하고 이를 회피하므로 사회성 발달에 어려움을 경험하게 된다.

③ 자폐스펙트럼장애와 언어 및 행동양상에서 매우 유사한 특징을 보이므로 감별진단이 필요하다.

④ 다른 사람과의 관계를 두려워하거나 이를 회피하는 억제형(Inhibited Type)과 누구에게나 부적절하게 친밀감을 나타내는 탈억제형(Disinhibited Type)으로 구분된다.

⑤ 인지발달, 언어발달이 늦어지거나 상동증적 행동을 보이는 경우도 있다.

해설

자폐스펙트럼장애가 정상적인 양육을 받았음에도 불구하고 나타나는 것과 달리, 반응성 애착장애는 생애초기 양육결핍에서 비롯된다. 또한, 자폐스펙트럼장애가 기이한 언어를 사용하거나 특정 영역에 고착된 관심을 보이는 것과 달리, 반응성 애착장애는 그와 같은 모습을 보이지 않는다.

정답 ③

10 다음 내용과 가장 관련성이 있는 장애는 무엇인가?

- 장기적 알코올 중독의 결과로 나타나는 뇌손상이 원인이 되어 유발되는 기억장애이다.
- 순행성 기억상실(최근 기억의 손상), 지남력장애(시간, 장소, 사람에 대한 방향감 상실), 작화증(기억손실을 메우기 위해 사실을 꾸며내는 증상) 등이 나타난다.

① 코르사코프증후군 ② 캐너증후군
③ 혈관성 치매 ④ 레트증후군
⑤ 헌팅턴 무도병

해설

러시아의 의사 세르게이 코르사코프(Sergei Korsakoff)가 최초로 기술한 코르사코프증후군에 대한 설명이다.

정답 ①

11 세 가지 집단으로 분류되는 성격장애 중 불안하고 두려움을 많이 느끼는 성격특성을 나타내는 집단에 해당되는 것은?

① 편집성 성격장애 ② 반사회성 성격장애
③ 강박성 성격장애 ④ 자기애성 성격장애
⑤ 조현성 성격장애

성격장애의 유형 및 증상

장 애		증 상
A군 성격장애 (기이한, 왜곡)	편집성	타인에 대한 불신과 의심, 적대적 태도
	분열성	사회적 관계 단절, 제한적인 감정표현
	분열형	친밀한 관계 형성 거부, 인식의 왜곡, 비정상적인 행동
B군 성격장애 (극적, 변덕스러움)	반사회성	타인의 권리 침해, 법과 윤리 미준수
	경계선	정서적·대인관계적 불안정, 과도한 충동성
	연극성	과도한 감정표현, 타인의 관심 갈구
	자기애성	과장, 감탄(찬양)에 대한 갈구, 공감 부족
C군 성격장애 (불안, 두려움)	회피성	사회적 금기, 부적절감, 부정적 평가에 대한 과민반응
	의존성	과도하게 의존하는 경향, 복종적 행동, 이별에 대한 공포
	강박성	규율과 통제에 집착, 완벽성을 추구하는 경향

정답 ③

12 자살이 일어나는 이유 및 특징에 대한 내용으로 옳은 것은?

① 자살자는 여성이 남성보다 많다.
② 자살기도자는 자살자 통계와 거의 일치한다.
③ 자살하는 사람은 인지적 융통성이 저하되어 동굴시야(Tunnel Vision)를 지니게 된다.
④ 자살자와 정신장애의 관련성은 사실 높지 않다.
⑤ 과거 자살기도 경험, 가족내력 등은 실제 자살과 상관이 없다.

해설

① 자살기도는 여자가 남자보다 4배 많으나, 자살자의 70%는 남자로, 남자가 여자보다 2~3배 많은데, 이는 남자가 더 치명적인 방법으로 자살을 기도하기 때문이다.
② 자살기도자는 자살자의 8~10배 정도로 추정된다.
④ 자살하는 사람의 약 90%는 정신장애를 지니고 있으며, 이들 중 약 80%가 우울장애, 나머지는 조현병이나 알코올 의존의 문제를 지닌다고 보고되고 있다.
⑤ 자살에 대한 위험요인으로는 과거 자살기도 이력, 가족원의 자살기도 내력, 충동성과 같은 성격요인, 이혼상태, 실업상태와 같은 상황요인, 우울장애와 같은 정신장애요인 등이 있다.

정답 ③

13 섭식장애의 유형과 그 설명이 옳게 연결되지 않은 것은?

① 이식증 – 영양분도 없고 음식도 아닌 물질을 섭취하는 행동이 1개월 이상 지속되는 장애이다.
② 신경성 식욕부진증 – 폭식·제거형 신경성 식욕부진증 환자는 폭식과 더불어 구토를 유도하거나 이뇨제, 관장제 등을 복용하는 제거행동이 함께 나타난다.
③ 회피적·제한적 음식섭취장애 – 체중과 체형을 보는 시야가 왜곡되어 음식 섭취를 제한하는 장애이다.
④ 신경성 폭식증 – 반복되는 폭식 삽화가 있고, 체중의 증가를 막기 위한 부적절한 보상행동이 반복적으로 나타난다.
⑤ 되새김장애 – 음식물을 토해내거나 되씹는 행동을 1개월 이상 반복하는 장애이다.

해설

마른 체중과 체형을 유지하기 위해 음식 섭취를 제한하는 장애는 신경성 식욕부진증이다. 회피적·제한적 음식섭취장애는 신경성 식욕부진증이나 신경성 폭식증과 달리 마른 체형에 대한 집착이 보이지 않으며, 주로 어린아이에게서 발병한다.

정답 ③

14 DSM-5의 성도착장애(Paraphilic Disorders)의 유형과 각 유형의 특징으로 옳지 않은 것은?

① 관음장애(Voyeuristic Disorder) - 다른 사람이 옷을 벗고 있거나 성행위를 하고 있는 모습을 몰래 훔쳐봄으로 써 성적 흥분을 느끼는 경우

② 마찰도착장애(Frotteuristic Disorder) - 무생물인 물건에 대해서 성적 흥분을 느끼며 집착하는 경우

③ 성적 피학장애(Sexual Masochism Disorder) - 굴욕을 당하거나 매질을 당하거나 묶이는 등 고통을 당하는 행위를 중심으로 성적 흥분을 느끼거나 성적 행위를 반복하는 경우

④ 소아성애장애(Pedophilic Disorder) - 사춘기 이전의 아동(보통 13세 이하)을 대상으로 하여 성적 공상이나 성행위를 6개월 이상 반복적으로 나타내는 경우

⑤ 복장도착장애(Transvestic Disorder) - 이성의 옷으로 바꿔 입음으로써 성적 흥분을 느끼는 경우

> **해설**
> 성애물장애(Fetishistic Disorder)에 대한 설명이다. 마찰도착장애란 동의하지 않는 사람에게 자신의 성기나 신체 일부를 접촉하거나 문지르는 행위를 반복적으로 나타내는 경우이다.
>
> **정답** ②

15 염색체이상에 의해 유발되는 대표적 장애의 하나로 신체적 장애 및 지적 장애를 동반하며 눈과 입이 돌출되는 독특한 외모를 갖게 되는 장애는?

① 다운증후군　　　　　　　　　　② 운동기술장애

③ 아스퍼거증후군　　　　　　　　④ 클라인펠터증후군

⑤ 터너증후군

> **해설**
> **다운증후군**
> • 염색체이상에 의해 유발되는 장애이다.
> • 염색체배열에서 21번 염색체가 3개일 때 나타나는 장애이다.
> • 신체적 장애와 지적 장애를 함께 동반한다.
> • 눈과 입이 돌출되는 독특한 외모를 나타내는 장애이다.
>
> **정답** ①

16 한 가지 이상의 망상을 최소 1개월 이상 지속적으로 나타내며, 애정형·과대형·질투형·피해형·신체형 등의 유형을 갖는 장애는?

① 조현병(Schizophrenia)

② 분열정동장애(Schizoaffective Disorder)

③ 망상장애(Delusional Disorder)

④ 단기 정신병적 장애(Brief Psychotic Disorder)

⑤ 광장공포증(Agoraphobia)

> **해설**
> 망상장애의 특징에 해당되는 내용이다.
>
> **정답** ③

17 다음에서 설명하는 이론의 내용과 가장 관련되는 질환은 무엇인가?

> • 실패의 원인을 자신의 능력 또는 노력의 부족, 성격상의 결함 등 내부적 요인으로 귀인하는 인지특징을 가진다.
> • 실패의 원인을 자신의 능력 부족이나 성격상의 결함 등 안정적 요인으로 귀인하는 인지특징을 가진다.

① 신경성 식욕부진증 　　　　　　　　　② 우울증
③ 강박장애 　　　　　　　　　　　　　　④ 전환장애
⑤ 광장공포증

　　해설

아브람슨(Abramson)의 우울증의 귀인이론(Attributional Theory of Depression)에 따르면 우울증 성향이 있는 사람들은 자신의 실패원인에 대해 과도하게 내부적·안정적·전반적 요인으로 귀인을 하는 반면, 자신의 성공원인에 대해서는 외부적·불안정적·특수적 요인으로 귀인을 하는 경향이 있다.

　　정답 ②

18 순환성장애 또는 순환감정장애(Cyclothymic Disorder)의 특징에 해당되는 내용으로 옳지 않은 것은?

① 조증 삽화, 경조증 삽화, 주요우울 삽화를 한 번도 경험한 적이 없어야 한다.
② 순환성장애를 가진 사람은 제1형 양극성장애나 제2형 양극성장애로 발전될 확률이 매우 높다.
③ 순환성장애가 발병한 후 2년이 지난 후에 주요우울 삽화, 조증 삽화 또는 경조증 삽화가 나타나는 경우 진단은 각각 주요우울장애, 제1형 양극성장애, 달리 분류된 혹은 분류되지 않는 양극성 및 관련 장애로 변경된다.
④ 경미한 우울증상과 경조증증상이 최소 2년 동안(아동 및 청소년의 경우 최소 1년 동안) 순환적으로 나타나는 경우 진단된다.
⑤ 순환성장애는 여성이 남성보다 발병률이 높은 것으로 나타나고 있다.

　　해설

순환성장애는 남성과 여성의 발병률이 비슷하지만, 임상장면에서 여성이 남성보다 치료를 받는 경향이 더 높은 것으로 보고되고 있다.

　　정답 ⑤

19 DSM-5상 해리성 정체성장애(Dissociative Identity Disorder)의 주요 진단기준으로 옳지 않은 것은?

① 뇌손상이나 뇌기능장애가 아닌 심리적 요인에 의해 기억상실이 급작스럽게 발생하며, 일시적인 지속과 함께 회복된다.
② 일상의 사건, 중요한 개인정보 그리고(혹은) 외상적 사건의 회상에 있어서의 반복적인 공백이 통상적인 망각과 일치하지 않는다.
③ 이러한 증상들은 사회적·직업적 기능 또는 다른 중요한 기능 영역에서 임상적으로 유의미한 고통이나 손상을 초래한다.
④ 이러한 장해는 널리 받아들여지는 문화적 혹은 종교적 관습의 정상적인 부분이 아니다.
⑤ 이러한 증상들은 알코올 중독 상태에서의 일시적 기억상실이나 복합부분발작과 달리, 특정 물질 또는 다른 의학적 상태에서 기인한 증상이 아니다.

　　해설

해리성 기억상실(Dissociative Amnesia)과 관련되는 내용이다.

　　정답 ①

20 DSM-5상 다음 특징을 나타내는 질환으로 옳은 것은?

> • 자신의 증상의 심각성에 대한 부적합하고 지속적인 생각
> • 건강이나 증상에 대한 지속적으로 높은 수준의 불안
> • 증상이나 건강에 대한 염려로 과도한 시간과 에너지를 소모함

① 신체증상장애(Somatic Symptom Disorder)
② 질병불안장애(Illness Anxiety Disorder)
③ 전환장애(Conversion Disorder)
④ 이인증(Depersonalization)
⑤ 해리성 기억상실(Dissociative Amnesia)

> **해설**
> 신체증상장애의 주요증상에 해당되는 내용이다.

정답 ①

21 다음에서 설명하고 있는 개념과 가장 관련성이 있는 것은 무엇인가?

> 비현실감, 분리감, 또는 자신의 생각, 느낌, 감각, 신체 또는 행동에 대해 외부의 관찰자가 되는 경험(예 인지적 변화, 시간감각의 왜곡, 비현실적인 자기 혹은 자기의 부재, 감정적 또는 신체적 마비)

① 비현실감(Derealization)   ② 음성증상(Negative Symptoms)
③ 섬망(Delirium)   ④ 이인증(Depersonalization)
⑤ 환각(Hallucinations)

> **해설**
> 이인증
> 자기 자신으로부터 단절되거나 분리되는 듯한 느낌을 받으며, 비현실감, 분리감 또는 자신의 사고, 느낌, 감각, 신체나 행동에 관하여 외부의 관찰자가 되는 경험을 한다.

정답 ④

22 조현병의 주요증상에 해당되지 않는 것은?

① 환 각   ② 와해된 언어
③ 불 면   ④ 긴장증
⑤ 정서적 둔마

> **해설**
> 정신분열증(조현병)의 주요증상
> • 망 상
> • 환 각
> • 와해된 언어(예 빈번한 주제의 이탈이나 지리멸렬함)
> • 심하게 와해된 행동 또는 긴장증적 행동
> • 음성증상(예 정서적 둔마 또는 무욕증)

정답 ③

23 DSM-5상 조현형 성격장애(Schizotypal Personality Disorder)의 주요증상에 해당되지 않는 것은?

① 분명한 관계망상
② 신체적 착각을 포함한 유별난 지각경험
③ 괴이한 사고 및 언어
④ 부적절하거나 메마른 정동
⑤ 의심 또는 편집증적 사고

해설
관계망상적 사고(분명한 관계망상은 제외)

정답 ①

---

24 다음 특징을 나타내는 장애로 옳은 것은?

> • 자신의 능력을 실제보다 과장되게 생각하며 왜곡된 자아상을 가지고 있다.
> • 자기중심적이며 끊임없이 타인의 주목을 받고 싶어한다.
> • 공감능력이 부족하여 거만한 태도, 타인에 대한 비난 등으로 대인관계가 좋지 않다.
> • 자신에 대한 비판에 극도로 예민하며 원하는 처우를 받지 못하면 격분한다.
> • 보통 사춘기에 많이 발현되지만 모두가 그런 것은 아니다.

① 경계선 성격장애(Borderline Personality Disorder)
② 연극성 성격장애(Histrionic Personality Disorder)
③ 자기애성 성격장애(Narcissistic Personality Disorder)
④ 회피성 성격장애(Avoidant Personality Disorder)
⑤ 의존성 성격장애(Dependent Personality Disorder)

해설
자기애성 성격장애의 특징에 해당된다.

정답 ③

---

25 DSM-5의 진단기준에서 신경성 식욕부진증(Anorexia Nervosa)은 몇 가지 유형으로 분류되는가?

① 2가지
② 3가지
③ 4가지
④ 6가지
⑤ 해당없음

해설
신경성 식욕부진증의 유형
• 제한형(Restricting Type) : 지난 3개월 동안 폭식이나 제거행동(즉, 스스로 구토를 유도하거나 하제, 이뇨제, 관장제를 사용함)이 반복적으로 나타나지 않는 유형이다. 체중 미달이 주로 체중관리, 단식 그리고(혹은) 과도한 운동에 의해 유발된 경우이다.
• 폭식 · 제거형(Binge-Eating/Purging Type) : 지난 3개월 동안 폭식이나 제거행동(즉, 스스로 구토를 유도하거나 하제, 이뇨제, 관장제를 사용함)이 반복적으로 나타나는 유형이다.

정답 ①

01 다음 중 기억에 대한 내용으로 옳지 않은 것은?

> ㄱ. 스스로는 인지하지 못하나, 이후의 행동 수행에 영향을 주는 기억
> ㄴ. 무엇인가를 해나가는 방식, 행위나 기술에 대한 기억
> ㄷ. 한 번 제시된 자극이 반복 제시될 경우 그에 대한 반응시간이 짧아지는 것
> ㄹ. 가장 간단한 형태의 학습으로 자극-자극 혹은 자극-반응이 연합되어 나타나지 않고 한 번에 하나의 자극만이
>   주어짐으로써 나타나는 학습

① ㄴ은 ㄱ의 개념에 포함되지 않는다.
② ㄴ의 예는 자전거 타기, 운전하기, 피아노 치기 등이 있다.
③ ㄷ을 검증한 유명한 연구로 툴빙(Tulving) 등의 단어목록 실험이 있다.
④ ㄹ에는 습관화(Habituation)와 민감화(Sensitization)가 있다.
⑤ ㄱ은 장기기억의 일종이다.

> **해설**
> ㄴ~ㄹ은 암묵기억의 일종이다.
> ㄱ : 암묵기억
> ㄴ : 절차기억
> ㄷ : 점 화
> ㄹ : 비연합학습

정답 ①

02 인간의 기억을 설명하는 이론 중 신경망이론(Neural Network Theory)의 특징을 모두 고른 것은?

> ㄱ. 선형적 모형, 즉 순차적 정보처리
> ㄴ. 불완전한 자료에 근거하여 상황에 따른 최적의 의사결정
> ㄷ. 학습(행동)을 언제나 통제·조절할 수 있으며, 그 결과의 예측도 가능
> ㄹ. 정보의 일부를 검색하면 관련된 모든 정보가 자동적으로 함께 인출
> ㅁ. 수업활동이 발견식 접근으로 이루어져야 한다고 전제

① ㄱ, ㄷ, ㄹ   ② ㄴ, ㄹ, ㅁ
③ ㄷ, ㄹ, ㅁ   ④ ㄱ, ㄷ, ㄹ, ㅁ
⑤ ㄱ, ㄴ, ㄷ, ㄹ, ㅁ

> **해설**
> 정보처리이론과 신경망이론의 비교
>
> | 정보처리이론 | 신경망이론 |
> | --- | --- |
> | • 선형적 모형, 즉 순차적 정보처리 | • 비선형적 모형, 즉 병렬적 정보처리 |
> | • 논리적 연산에 따른 의사결정 | • 불완전한 자료에 근거하여 상황에 따른 최적의 의사결정 |
> | • 학습(행동)을 언제나 통제·조절할 수 있으며, 결과 예측 가능 | • 학습자 스스로 규칙을 만들어 나가며, 결과 예측 불가능 |
> | • 특정 정보만 검색할 수 있도록 정보가 저장됨 | • 특정 정보를 검색하면 모든 관련 정보가 자동으로 인출됨 |
> | • 수업활동이 순차식 접근으로 이루어져야 한다고 전제 | • 수업활동이 발견식 접근으로 이루어져야 한다고 전제 |

정답 ②

03 조작적 조건형성에 대한 내용으로 옳지 않은 것은?

① 유기체의 행동은 행동 뒤에 발생하는 결과가 강화적이냐 처벌적이냐에 따라 결정된다. 즉, 유기체의 행동은 외부환경에 의해 조절될 수 있다는 것이다.

② 조작적 조건형성의 관점에서 인간을 포함하는 유기체의 행동은 결과에 의해 생성·수정·소멸되어 왔으며, 자극통제를 이용한 외부적인 조절을 통해 변화가 가능하다.

③ 자극과 반응 사이의 자연적·생리적 관계를 이용하여 서로 관계가 없는 자극에 대해서 동일한 반응을 학습시킨 실험을 근거로 하고 있다.

④ 이 조건에서 동물의 행동은 자신이 원하는 것, 즉 강화를 받기 위한 도구라고 할 수 있으며, 또한 같은 맥락에서 행동을 감소시키거나 제거하는 것으로 처벌을 피할 수 있다. 강화인에 따라 행동을 증가시킬 수도 감소시킬 수도 있다.

⑤ 조작적 조건형성은 강화와 처벌의 원리에 대한 체계적인 이해를 통해 외부환경과 행동, 그리고 행동 결과의 연합을 과학적으로 설명했다는 데 중요한 의미가 있다.

해설
고전적 조건형성과 관련된 내용이다.

정답 ③

04 다음에서 설명하고 있는 것은 무엇인가?

> • 어디에 주의를 기울이는가에 따라 제한될 수 있다.
> • 암기를 하던 중에 방해 요소들에 주의를 빼앗기게 되면 외우고 있던 내용의 일부 또는 전부를 잊어버리게 되는 현상과 관련된다.
> • 밀러의 법칙에 따르면 이것의 용량은 약 7개이기 때문에 이를 '매직넘버 7'이라고 부른다.

① 단기기억(Short-term Memory)
② 감각등록기(Sensory Register)
③ 의미기억(Semantic Memory)
④ 일화기억(Episodic Memory)
⑤ 절차기억(Procedural Memory)

해설
단기기억(작동기억)의 특징
• 일반적인 성인의 경우 5~9개의 정보를 20초가량 저장할 수 있다.
• 기억에 저장되는 정보의 양과 기억의 지속시간을 통제하는 역할을 한다.
• 독립적인 항목들을 의미 있는 단위로 조합하는 청킹(Chunking)을 통해서 용량을 증가시킬 수 있다.

정답 ①

05 다음 중 망각의 원인에 해당되지 않는 것은?

① 간섭이론
② 청 킹
③ 비효율적 부호화
④ 인출 실패
⑤ 소멸이론

청킹은 분리되어 있는 항목들을 의미 있는 단위로 조합하여 기억하는 방식을 가리킨다. 전화번호를 세 자리와 네 자리 숫자로 묶어서 외우면 더 쉽게 기억되는 것처럼, 청킹을 통해 단기기억의 용량을 늘릴 수 있다.

정답 ②

06 기억의 과정과 이에 대한 설명으로 옳지 않은 것은?

① 기억은 과정의 측면에서 기명, 파지, 재생, 재인으로 분류된다.
② 기명은 기억의 첫 번째 단계로서 어떤 경험의 인상이나 흔적을 최초로 대뇌피질의 기억 부위에 남기는 작용이다. 즉 어떤 자극이나 인상을 받아들이는 것을 말한다.
③ 파지는 기명에 의해 생긴 지각이나 표상의 흔적을 재생이 가능한 형태로 보존시키는 것을 말한다. 우리가 흔히 말하는 기억은 파지에 해당한다.
④ 재생은 파지된 경험의 내용이 어떤 인연이나 필요에 의해 다시 의식으로 떠오르는 것을 말한다.
⑤ 재인은 현재 경험하고 있는 것이 과거에 경험한 것과 같은 것임을 알아내는 것이다. 과거의 경험이 저절로 떠오르는 회상과 과거의 경험을 의도적으로 생각하려고 했을 때 떠오르는 상기가 있다.

과거의 경험이 저절로 떠오르는 회상(Remembrance)과 과거의 경험을 의도적으로 생각하려고 했을 때 떠오르는 상기(Impression)는 재생에 해당되는 내용이다.

정답 ⑤

07 다음 내용과 관련되는 학습의 단계는 무엇인가?

- 특정 자극과 반응 간의 연합이 생성된다.
- 특정 행동의 연습을 통해 유기체의 행동잠재력이 확장된다.

① 수 행
② 인 출
③ 습 득
④ 파 지
⑤ 저 장

연습을 통해 특정 자극과 반응 간의 연합이 생성되며 행동잠재력에 변화가 생기는 것은 습득단계에서 일어난다.

정답 ③

08 사례연구의 특징에 해당되지 않는 것은?

① 연구시간이 단축되어 경제적이라는 점을 특징으로 한다.

② 사례연구에서는 현상이나 사회적 단위를 총체적으로 기술하고 설명한다.

③ 사회적 현상이나 단위들에 대해 자세하고 깊이 있는 자료를 수집하고 이것을 집중적으로 탐구하는 연구방법이다.

④ 연구자가 의도하는 바를 가장 잘 나타내줄 수 있는 사례를 선택하는 '의도적 표집'을 사용할 수도 있다.

⑤ 사례연구에서 자료의 수집은 참여관찰, 면담, 저널, 각종 문서, 시청각 자료 등과 같은 다양한 정보원을 통해 광범위하게 이루어진다.

> **해설**
>
> 사례연구는 연구시간이 오래 걸린다. 따라서 많지 않은 사례에서 나온 결과를 근거로 일반화가 이루어지는 경우가 많다.
>
> **정답** ①

09 다음 중 기억에 대한 설명으로 옳지 않은 것은?

① 기억은 정보를 저장, 유지하고 다시 불러내는 회상의 기능을 말한다.

② 인간은 기억을 활용해 학습·사고·추론을 한다.

③ 우리가 기억을 통해 저장한 정보는 실제로 경험한 것과 동일한 것이다.

④ 기억은 영원하지 않고 망각으로 인해 잊힌다.

⑤ 정보처리이론에서는 기억을 3단계로 구분하고 있다.

> **해설**
>
> 우리가 저장한 정보가 실제로 경험한 것과 동일하지 않은 경우가 많다. 또한, 저장된 정보를 인출하는 과정에서도 심상을 통해서 정보를 인출할 때가 많다.
>
> **정답** ③

10 다음에서 설명하고 있는 것과 가장 관련이 깊은 것은?

> • 이것의 하나인 외현기억은 과거 기억을 의도적, 의식적으로 인출할 때 발생하는 기억이다.
> • 다른 하나인 암묵기억은 우리가 기억하고 있다는 사실을 알지는 못하지만, 나중의 행동이나 수행에 영향을 주는 종류의 기억을 말한다.
> • 의미기억은 일반적인 지식을 구성하는 개념과 사실에 대한 기억을 말한다.

① 부호화　　　　　　　　　　② 인 출
③ 장기기억　　　　　　　　　④ 절차기억
⑤ 단기기억

> **해설**
>
> 장기기억의 특징
> • 감각기억이나 단기기억과 달리 정보를 오래 저장할 수 있다.
> • 개인의 경험을 저장하는 일상기억과 일반적인 지식을 저장하는 의미기억으로 구성된다.
> • 일상기억은 주로 이미지로 부호화되어 있으며 장소와 시간을 기반으로 조직된다.
> • 의미기억은 학습된 지식이나 정보로 이루어져 있으며 정보들이 서로 연관을 맺고 있다.
>
> **정답** ③

11 학습을 과학적으로 연구하는 방법에 대한 내용으로 옳지 않은 것은?

① 관찰연구는 연구자가 특정 집단 또는 특정 행동을 관찰하고 그것을 기록하는 연구방법이다.

② 구체적인 사례를 중심으로 탐구하는 사례연구는 현상이나 사회적 단위로 이해하고자 할 때 적합하다.

③ 기술연구는 많은 사례로부터 모은 자료를 분석하므로 사례연구보다 신뢰도가 높고 현상을 설명하는 가설의 검증이 쉽다.

④ 실험연구는 연구자가 변인을 조작하고 그것이 다른 변인에 주는 영향을 측정하는 방식이다.

⑤ 실험연구는 외적 타당도는 낮을 수 있으나 내적 타당도는 높일 수 있다는 장점이 있다.

해설

기술연구는 현상을 설명하는 가설을 제시할 수는 있지만, 검증하지는 못한다.

정답 ③

12 학습이론에 대한 각 접근법과 이에 대한 내용이 옳게 연결된 것은?

ㄱ. 의식의 내용을 원자적인 요소들로 분석하여 종합하는 것을 주장하였다.
ㄴ. 실용주의에 입각하여 형성되었으며 의식의 기능을 강조하였다.
ㄷ. 자신을 스스로 관찰하여 보고한 자료를 분석하는 방법을 사용한다.
ㄹ. 정적인 구조보다 능동적인 작용 또는 활동에 주목하였다.

	구조주의	기능주의
①	ㄱ, ㄴ	ㄷ, ㄹ
②	ㄱ, ㄷ	ㄴ, ㄹ
③	ㄴ, ㄷ	ㄱ, ㄹ
④	ㄷ, ㄹ	ㄱ, ㄴ
⑤	ㄱ, ㄹ	ㄴ, ㄷ

해설

• 구조주의 : 어떤 현상의 원인에는 그 현상을 둘러싼 구조가 있다는 주의이다.
• 기능주의 : 어떤 현상의 원인은 그 구성원들이 집단의 기능을 위해 필요한 행동을 하는 것에 있다는 주의이다.

정답 ②

13 다음 상황에서 가장 적합한 연구방법은 무엇인가?

학교 교실에서 발생하는 아동의 우정관계를 연구하기 위해 아동의 모든 또래관계 상호작용을 정확하게 알아보려고 한다.

① 실험법
② 관찰법
③ 설문조사법
④ 사례연구법
⑤ 상관연구법

해설

관찰법은 실험할 수 없는 현상에 대하여 취할 수 있는 과학적 방법이다.

정답 ②

14 자발적 회복이 일어나는 이유와 관련된 개념으로 다음에서 설명하는 것과 가장 관련이 깊은 것은?

> 자극-조건 연합의 완전한 소거가 일어난 후 조건 자극인 종소리에 앞서 버저 소리와 같은 새로운 자극이 제시된다면 조건 반응을 유발시킬 수 있다.

① 재획득 ② 탈억제
③ 변 별 ④ 일반화
⑤ 차별강화

해설

탈억제란 소거가 진행된 이후 방해자극을 제시하게 되면 반응을 억제하던 연합이 파괴되어 다시 자극에 대한 반응이 나타나는 것을 의미한다.

정답 ②

---

15 고전적 조건형성의 현상 중 변별에 대한 내용으로 옳지 않은 것은?

① 피험자가 특정 자극에는 반응하면서 비슷한 다른 자극에는 반응하지 않는 것을 학습하는 것을 말한다.
② 조건 자극과 무조건 자극을 여러 번 짝지으면 조건 자극과 관련은 있지만 유사한 자극에 대해서 반응하는 경향이 낮아진다.
③ 훈련의 양이 많아질수록 일반화가 감소하는 것이다.
④ 차별강화는 변별을 유발한다.
⑤ 비슷한 두 개의 자극을 제시할 때 한 자극에는 보상을 제공하고 다른 자극에는 보상을 제공하지 않는다면 두 자극을 구분할 수 있게 되어 보상이 오지 않는 자극에는 반응하지 않는다.

해설

조건 자극과 무조건 자극을 여러 번 짝지으면 조건 자극과 관련은 있지만 유사하지 않은 자극에 대해서 반응하는 경향이 낮아진다.

정답 ②

---

16 역행조건형성(Backward Conditioning)의 특징을 모두 고른 것은?

> ㄱ. 무조건 자극 뒤에 조건 자극이 따르는 것이다.
> ㄴ. 조건 반응을 확립시키기에는 약한 절차이다.
> ㄷ. 가끔 효과적일 때가 있지만 일반적으로 조건 반응을 일으키기 매우 어렵다는 결과가 다른 연구자들에 의해서도 검증이 되었다.
> ㄹ. 이 절차들은 비교적 비효율적이기 때문에 파블로프식 조건형성연구에서는 거의 쓰이지 않는다.

① ㄱ, ㄴ ② ㄴ, ㄷ
③ ㄷ, ㄹ ④ ㄱ, ㄷ, ㄹ
⑤ ㄱ, ㄴ, ㄷ, ㄹ

해설

역행조건형성
일반적 조건형성과는 다르게 무조건 자극 뒤에 조건 자극이 따르는 것이다. 조건 반응을 확실히 형성시키기에 효과적인 절차는 아니므로 다른 조건형성에 비해 많이 쓰이지 않는 개념이다.

정답 ⑤

17 다음 사례와 관련된 조건형성에 대한 설명으로 옳지 않은 것은?

> 아이가 쇼핑몰에서 악쓰고 울며 억지를 부리고 있다. 같이 있는 부모는 행인들을 의식해 아이를 달래며 요구를 들어주겠다고 했다. 원하던 바를 이룬 아이는 그제야 울음을 그쳤다.

① 목표로 하는 행동들을 체계적으로 강화하는 절차이다.
② 전혀 일어나지 않은 행동 또한 강화가 가능하다.
③ 아이의 행동은 점점 심화될 것이다.
④ 학습에 적용시킬 수도 있다.
⑤ 조작적 조건형성과 관련된다.

해설

그 행동 또는 유사한 행동을 하고 있어야 그 행동을 강화시킬 수 있다.

정답 ②

18 일차적 강화물과 이차적 강화물에 대한 설명으로 옳지 않은 것은?

① 일차적 강화물은 모두 효과가 오래 지속된다.
② 일차적 강화물은 선천적으로 효과가 있는 강화물이다.
③ 이차적 강화물은 학습에 의존하는 강화물이다.
④ 이차적 강화물은 다른 강화물들과 짝지어짐으로써 강화력을 획득한다.
⑤ 돈은 이차적 강화물에 해당된다.

해설

일부 일차적 강화물은 효과가 빨리 상실되는데 이를 물림이라 한다. 예를 들어 배고픔이 사라지는 경우 음식의 효과는 금세 사라지게 된다. 효과가 없어지는 시점이 물리는 시점이다.

정답 ①

19 정보처리모형의 기본가정으로 옳지 않은 것은?

① 정보를 처리한다는 것은 정보에 대해 정신적인 행위를 한다는 것을 의미한다.
② 인간은 무한정한 정보를 획득할 수 있지만 정보처리단계에서 처리할 수 있는 정보량은 한계가 있다.
③ 주의나 지각과 같은 정보처리과정과 기억 속에 저장된 정보는 서로 영향을 주고받는다.
④ 사람은 외부에서 투입되는 정보를 장기기억에 유의미하게 저장하기 위해 별다른 인지전략을 수행하지 않는다.
⑤ 모든 인지활동에는 정보처리가 포함되어 있다.

해설

사람은 외부에서 투입되는 정보를 장기기억에 유의미하게 저장하기 위해 능동적으로 구조화하고 조직화한다.

정답 ④

20 정보전달과정에 대한 내용 중 상향처리에 대한 내용으로 옳지 않은 것은?

① 우리가 어떤 대상을 재인할 때 자극의 특징들이 중요하다는 것을 강조한다.
② 상향처리는 시각처리의 첫 과정이다.
③ 정보의 흐름이 감각정보로부터 뇌로 진행되는 과정으로 자극에 대한 기본적인 요소나 특징과 같은 세부단위를 분석한 후 더 큰 단위로 구성하는 처리과정이다.
④ 환경에서 나온 물리적 자극은 감각수용체에 등록되고, 이 정보는 지각체계의 상위수준으로 전송된다.
⑤ 자극이 1초도 안 되는 시간 안에 등록되면서 강력하게 작동한다.

해설
하향처리의 특징에 해당한다.

정답 ⑤

21 작업기억에 대한 설명으로 옳지 않은 것은?

① 작업기억은 단기기억의 개념과 완전히 동일한 것이다.
② 작업기억은 시각적 이미지와 언어적 정보를 저장하고 조작하는 하위체계들을 포함한다.
③ 작업기억은 전두엽 영역에서 정보를 조작하고 통제하는 데 중요한 역할을 한다.
④ 작업기억은 단기저장소에서 정보가 능동적으로 유지되는 것을 말한다.
⑤ 작업기억 개념은 정보를 유지할 뿐 아니라 처리도 수행한다는 의미를 내포하고 있다.

해설
작업기억과 단기기억은 동일한 것으로 보는 관점도 있으나 다른 것으로 분리하는 관점도 존재한다.

정답 ①

22 선언적 기억에 대한 설명으로 옳지 않은 것은?

① 선언적 기억은 서술기억이라고 하며 사건, 사실, 개념에 관한 지식, 즉 세상사에 관한 지식을 일컫는다.
② 선언적 기억은 사실에 관한 지식을 표상하며 우리는 그 기억내용에 의도적으로 접근할 수 있고 그 내용을 이야기할 수 있다.
③ 선언적 기억은 일반적인 지식에 해당하는 의미기억과 개인의 인생경험에 대한 기억에 해당하는 일화기억을 포함하는 기억체계이다.
④ 선언적 기억을 암묵기억이라고도 하는데, 이유는 당사자가 이 기억과 관련된 마음속 표상의 유형을 의식하고 있기 때문이다.
⑤ 당사자는 이들 표상 속 정보에 접속할 수 있고 또 경우에 따라서 그 표상에 관한 내용을 말과 글로 보고할 수도 있다.

해설
선언적 기억을 외현기억이라고도 하는데, 이유는 당사자가 이 기억과 관련된 마음속 표상의 유형을 의식하고 있기 때문이다.

정답 ④

23 심상에 대한 설명으로 옳지 않은 것은?

① 현재 보고 있지 않거나 감각기관이 전달하지 않는 대상의 심적 표상이다.

② 청각, 후각, 미각과 같은 모든 감각양상의 심적 표상을 수반할 수 있다.

③ 일반적으로 다른 형태의 심상보다 청각심상을 더 많이 자각한다.

④ 모든 사람이 심상을 형성하고 조작하는 능력에서 동일한 것은 아니다.

⑤ 감각하는 대상의 모든 심상을 물리적 이미지와 꼭 닮은 형태로 저장한다.

해설

일반적으로 다른 형태의 심상보다 시각심상을 더 많이 자각한다.

정답 ③

24 절차지식을 인출하는 것에 대한 내용으로 옳지 않은 것은?

① 절차지식 표상은 절차를 반복적으로 구현함으로써 획득된다.

② 절차지식의 심적 표상화가 되면 그 지식은 암묵적인 것이 된다.

③ 절차지식은 언어로 표현하고자 시도하면 명시적인 것으로 만들 수 있다.

④ 오래 전에 운전을 배운 사람보다 최근에 배운 사람이 운전기술을 더 잘 설명할 수 있지만 절차지식은 명시적 접속이 낮아짐에 따라 그 지식에 대한 암묵적 접속의 용이성이 증가한다.

⑤ 대부분의 절차지식은 선언지식보다 훨씬 신속하게 인출하여 사용할 수 있다.

해설

절차지식은 언어로 표현하고자 시도해도 명시적인 것으로 만들기는 어렵다.

정답 ③

25 회피반응의 조건형성에 대한 내용으로 옳지 않은 것은?

① 혐오적인 자극을 회피하기 위한 특정한 반응행동의 학습과 연관된다.

② 도구적 조건형성에 따르면 처벌자극의 효과는 그 반응의 발생 빈도를 줄인다는 것이다.

③ 동물은 처벌을 피하기 위해 반응을 줄임으로써 불쾌한 결과물을 회피하거나 지연시킬 수 있다.

④ 회피반응은 빠르게 형성되나 오래 지속되지는 않는다.

⑤ 사람은 폭력이나 강도사건을 겪으면 피해를 당했던 지역에 가는 것을 회피한다.

해설

조건 정서반응처럼 회피반응도 빠르게 형성되며 오래 지속된다.

정답 ④

01 성취도검사에 대한 내용으로 옳지 않은 것은?

① 성취도는 일정한 단계에서의 기술이나 지식의 발달정도를 의미한다.

② 성취도검사는 훈련(Training)이나 수업(Instruction) 등의 체계화된 교수를 통해 학습된 기술 및 지식을 측정하는 표준화된 검사로, 읽기, 독해, 쓰기, 산수(수학) 등을 포함한다.

③ 성취도검사는 현재까지 축적된 과거의 경험을 측정대상으로 한다.

④ 성취도검사의 결과는 종종 학생의 수업수준이나 학업달성수준을 평가하기 위해 사용되며, 이 경우 높은 성취도 점수는 적정 학년수준에서의 숙달을 의미하는 반면 낮은 성취도점수는 교정이나 재이수의 필요성을 의미한다.

⑤ 서스톤 척도(Thurstone Scale), 리커트 척도(Likert Scale), 거트만 척도(Guttman Scale) 등이 있다.

> **해설**
>
> ⑤의 척도는 태도검사에 해당되는 것이며, 성취도검사로는 우드콕–존슨 심리교육배터리(Woodcock–Johnson Psychoeducational Battery), 광범위 성취도검사(Wide–Range Achievement Tests), 스탠포드 성취도검사(Stanford Achievement Tests) 등이 있다.
>
> **정답** ⑤

02 웩슬러 지능검사(Wechsler Intelligence Scale)에서 뇌손상 환자 중 시각·공간적 기능에 손상을 입은 환자에게 특히 어려운 과제는 무엇인가?

① 토막짜기   ② 산수문제
③ 어휘문제   ④ 이해문제
⑤ 상식문제

> **해설**
>
> **토막짜기(Block Design)**
> • 시각–운동 협응능력, 지각적 조직화, 공간적 표상능력, 전체를 구성요소로 분석하는 능력, 추상적 사고, 장의존적 또는 장독립적 인지유형, 시간적 압박하에서의 작업능력, 유동성 지능 등과 연관된다.
> • 수검자의 시지각상의 문제가 한계검증의 과정을 통해 드러날 수 있다.
> • 대뇌손상에 취약하며, 병전지능 추정에 사용된다.
> • 우반구손상 환자로 시각–공간 기능영역에 이상이 있는 경우 지남력장애나 지각왜곡으로 인해 검사에 실패할 가능성이 있다.
> • 낮은 점수는 강박성, 정서불안, 뇌손상 또는 뇌기능장애를 반영하기도 한다.
>
> **정답** ①

03 MMPI-2를 해석하는 데 있어서 수검자의 검사태도 및 프로파일의 타당도를 알아보기 위해 고려해야 할 사항과 가장 관련이 없는 것은?

① 검사에 소요된 시간   ② 무응답의 개수
③ Pa척도의 상승도   ④ F척도의 상승도
⑤ K척도의 상승도

> **해설**
>
> Pa척도는 타당도 척도가 아닌 임상척도에 해당하며 편집증을 나타낸다.
>
> **정답** ③

04 다음 중 MMPI-2 상승척도쌍의 해석적 의미로 옳지 않은 것은?

① 4-9 – 행동화적 경향이 높다.

② 1-2 – 다양한 신체적 증상에 대한 호소와 염려를 보인다.

③ 2-6 – 전환증상을 나타내는 경우가 많다.

④ 3-8 – 사고가 본질적으로 망상적일 수 있다.

⑤ 6-8 – 피해망상, 과대망상, 환청 등으로 작은 고통에도 괴로워한다.

해설

전환증상을 보이는 것은 1-3/3-1 상승척도쌍의 특징이다.

> **참고**
> 2-6/6-2(D & Pa)
> • 심각한 정서적 어려움을 겪고 있는 정신병 초기의 환자에게서 종종 나타난다.
> • 평소 우울한 상태에 있으며, 그러한 우울한 감정에는 분노와 적개심이 내재해 있다.
> • 보통의 우울증 환자와 달리 자신의 공격성을 공공연하게 드러낸다.
> • 타인의 친절을 거부하고 곧잘 시비를 걸며, 보통의 상황에 대해 악의적인 해석을 내린다.
> • 편집증적 경향이 현저하게 나타나기도 한다.

정답 ③

05 반분 신뢰도(Split-Half Reliability)에 대한 내용으로 옳지 않은 것은?

① 검사를 한 번 실시한 후 이를 적절한 방법에 의해 두 부분의 점수로 분할하여 그 각각을 독립된 두 개의 척도로 사용함으로써 신뢰도를 추정하는 방법이다.

② 조사항목의 반을 가지고 조사결과를 획득한 다음 항목의 다른 반쪽을 동일한 대상에게 적용하여 얻은 결과와의 일치성 또는 동질성 정도를 비교한다.

③ 양분된 각 측정도구의 항목수는 그 자체가 각각 완전한 척도를 이룰 수 있도록 하여야 하나 문항수가 특별히 많을 필요는 없다.

④ 반분 신뢰도는 단 한 번의 시행으로 신뢰도를 구할 수 있으나, 반분하는 방식에 따라 각기 다른 신뢰도를 측정하므로 단일의 측정치를 산출하지 못한다.

⑤ 측정도구를 반분하는 과정에서 검사의 초반과 후반에 연습효과나 피로효과가 발생할 수 있는지, 특정 문항군이 함께 묶여 제시되는지 확인해야 한다.

해설

양분된 각 측정도구의 항목수는 그 자체가 각각 완전한 척도를 이룰 수 있도록 충분히 많아야 한다. 반분된 항목수는 적어도 8~10개 정도가 되어야 하며, 전체적으로 16~20개 정도의 항목을 가지고 있어야 한다.

정답 ③

06 투사적 검사의 목적에 대한 내용으로 옳지 않은 것은?

① 검사 지시방법이 간단하고 일반적인 방식으로 주어지며, 개인의 독특한 심리적 특성을 측정하는 데 주목적을 둔다.

② 검사 자극내용을 불분명하게 함으로써 막연한 자극을 통해 수검자가 자신의 내면적인 욕구나 성향을 외부에 자연스럽게 투사할 수 있도록 유도한다.

③ 개인의 독특성을 최대한 끌어내고자 한다.

④ 개인마다 공통적으로 지니고 있는 특성이나 차원을 기준으로 하여 개인 간 비교를 수행한다.

⑤ 수검자의 방어적 반응을 방지하고 솔직한 응답을 유도한다.

> **해설**
> 객관적 검사의 목적에 해당하는 내용이다.

정답 ④

07 확률표본추출방법의 유형 및 그에 대한 설명으로 옳지 않은 것은?

① 단순무작위표집(Simple Random Sampling) – 모집단을 구성하는 각 구성요소가 표본으로 뽑힐 확률이 동등하며 난수표, 제비뽑기, 컴퓨터를 이용한 난수의 추출방법 등을 사용하여 무작위로 추출하는 방법이다.

② 체계적 표집(Systematic Sampling) – 모집단 목록 자체가 일정한 주기성을 가지지 않는다는 전제하에 목록의 구성요소에 대해 일정한 표집간격에 따라 매 K번째 요소를 추출하는 방법이다.

③ 층화표집(Stratified Sampling) – 모집단의 어떤 특성에 대한 사전지식을 토대로 해당 모집단을 동질적인 몇 개의 층(Strata)으로 나눈 후 이들 각각으로부터 적정한 수의 요소를 무작위로 추출하는 방법이다.

④ 군집표집(Cluster Sampling) – 모집단 목록에서 여러 가지 이질적인 구성요소를 포함하는 여러 개의 집락(집단)을 구분한 후, 집락을 표집단위로 하여 무작위로 몇 개의 집락을 표본으로 추출한 다음 표본으로 추출된 집락의 구성요소를 전수조사하는 방법이다.

⑤ 판단표집(Purposive Sampling) – 연구자가 모집단에 대한 지식이 많은 경우 사용하는 방법으로, 연구자의 주관적인 판단에 따라 연구목적 달성에 도움이 되는 구성요소를 의도적으로 추출하는 방법이다.

> **해설**
> 판단표집은 비확률표본추출방법에 해당된다.

정답 ⑤

08 표본조사에 대한 설명으로 옳지 않은 것은?

① 연구자가 모집단의 모든 성원을 조사할 수 없을 때 표본을 추출한다.

② 표본추출에서 표본의 크기가 작을수록 표집오차도 줄어든다.

③ 모집단의 특성을 일반화하기 위해서 표본은 모집단의 부분집합이어야 한다.

④ 표본의 특성을 모집단에 일반화하기 위해서 무선표집을 사용한다.

⑤ 표본설계가 복잡한 경우 시간과 비용이 많이 든다.

> **해설**
> 표집오차는 표집하는 과정에서 발생하는 오차로, 이는 표본의 크기가 커질수록 일정 수준 줄어들게 된다.

정답 ②

09 지능에 대한 학자별 정의로 옳지 않은 것은?

① 스턴(Stern) – 지능은 사고를 작동시켜 새로운 요구에 의식적으로 적응하는 일반적 능력이다.

② 디어본(Dearborn) – 지능은 학습된 능력, 즉 경험에 의해 습득되는 능력이다.

③ 스피어만(Spearman) – 지능은 사물의 관련성을 추출할 수 있도록 하는 정신작용이다.

④ 프리만(Freeman) – 지능은 지능검사에 의해 측정된 것이다.

⑤ 서스톤(Thurstone) – 지능은 단일형식의 조직이 아닌 적응과정을 통해 동화와 조절이 균형을 이루는 형태를 말한다.

> **해설**
> 피아제(Piaget)의 지능에 대한 정의에 해당한다.

정답 ⑤

10 웩슬러 성인용 지능검사에서 다음 특징을 가지는 소검사는 무엇인가?

> • 주의력 및 주의집중력, 청각적 기억, 숫자를 다루는 능력 및 계산능력, 언어적 지시의 이해, 현실접촉과 정신적 기민성, 시간적 압박하에서의 작업능력, 학습장애 등과 연관된다.
> • 과제수행에서의 실패는 주의력 및 주의집중력 부족, 계산과정에서의 불안감, 반항심이나 패배주의적 태도에 의한 것일 수 있다.
> • 좌측 측두엽, 두정엽 손상 환자에게서 낮은 수행이 나타난다.
> • 높은 점수는 방어기제 중 주지화와 연관되며, 경우에 따라 분열성 성격을 반영하기도 한다.
> • 낮은 점수는 불안성향, 주의집중의 어려움, 학습장애 등의 문제를 반영하기도 한다.

① 산수문제   ② 이해문제

③ 공통성문제   ④ 행렬추리

⑤ 동형찾기

> **해설**
> 동작성 검사 중 산수문제의 특징에 해당된다.

정답 ①

11 웩슬러 지능검사를 실시할 때 유의할 점으로 옳지 않은 것은?

① 결과의 유의미한 해석을 위해 표준절차를 엄격하게 따라야 한다.

② 수검자가 처해 있는 일상 속의 분위기를 살려서 실시하는 것이 가장 바람직하다.

③ 특별한 이유가 없는 한 1회에 전체 검사를 완료하는 것이 바람직하다.

④ 검사 시행이 수검자보다 중요한 목적이 되어서는 안 된다는 점을 숙지해야 한다.

⑤ 검사도구는 소검사를 실시할 때까지 되도록 수검자의 눈에 띄지 않도록 한다.

> **해설**
> 수검자의 최대능력이 발휘될 수 있는 분위기에서 시행될 수 있도록 한다.

정답 ②

12 K-WAIS-Ⅳ에 관한 설명으로 옳은 것은?

① 총 16개의 소검사로 구성되어 있다.

② 전체지능지수(FSIQ)는 하위 여섯 가지 지수점수로 산출된다.

③ 작업기억지수(WMI)는 비언어적 문제를 해결할 때 요구되는 정신적 속도 및 운동 속도를 반영한다.

④ 지우기는 언어이해지수(VCI)의 보충소검사이다.

⑤ 언어이해지수(VCI)는 문화적 여건의 영향을 많이 받는다

해설

① 핵심소검사 10개와 보충소검사 5개, 총 15개의 소검사로 구성되어 있다.

② 전체지능지수(FSIQ)는 언어이해지수(VCI), 지각추론지수(PRI), 작업기억지수(WMI), 처리속도지수(PSI)의 4가지 지수를 산출하는 데 포함된 소검사 환산점수들의 합으로 계산된다.

③ 작업기억지수(WMI)는 작업기억능력을 측정하는 것으로, 작업기억, 청각적 단기기억, 주의집중력, 수리능력, 부호화 능력, 청각적 처리 기술, 인지적 유연성, 자기감찰능력 등을 반영한다.

④ 지우기는 처리속도지수(PSI)의 보충소검사이다.

정답 ⑤

13 지능의 진단적 분류(K-WAIS의 경우)가 옳게 연결된 것은?

① 130 이상 - 우수(Superior)

② 110~119 - 평균(Average)

③ 90~109 - 경계선(Borderline)

④ 70~79 - 평균하(Low Average)

⑤ 69 이하 - 정신지체(Mental Retardation)

해설

① 130 이상 : 최우수(Very Superior)

② 110~119 : 평균상(High Average)

③ 90~109 : 평균(Average)

④ 70~79 : 경계선(Borderline)

정답 ⑤

14 베일리 유아발달 척도(Bayley Scales of Infant Development-Ⅱ)를 구성하는 하위척도와 그에 대한 설명으로 옳지 않은 것은?

① 정신발달척도 - 기억력, 문제해결능력, 분류 및 변별능력 등

② 정신발달척도 - 어휘 및 발성, 수용언어와 표현언어 등

③ 심리운동발달척도 - 앉기 및 서기, 걷기 및 뛰기, 균형잡기 등

④ 심리운동발달척도 - 운동의 질

⑤ 행동발달척도 - 정서조절

해설

운동의 질은 행동발달척도에 해당되는 내용이다.

정답 ④

15 검사해석에서 사용되는 점수에서 T점수가 60이라면 이에 해당하는 Z점수는?

① 0   ② 1

③ 2   ④ −1

⑤ −2

해설

T점수 = 10 × Z점수 + 50
60 = 10 × Z점수 + 50
∴ Z점수 = 1

정답 ②

---

16 한 내담자의 MMPI-2 데이터이다. 이 프로파일과 가장 관련성이 있는 진단명은?

- L = 56, F = 78, K = 38
- 1(Hs) = 56, 2(D) = 58, 3(Hy) = 54, 4(Pd) = 53, 5(Mf) = 54, 6(Pa) = 76, 7(Pt) = 72, 8(Sc) = 73, 9(Ma) = 55, 0(Si) = 66

① 조현병   ② 우울증

③ 신체화장애   ④ 반사회성 성격장애

⑤ 자폐스펙트럼장애

해설

위 프로파일은 '6-8-7 상승척도쌍'으로 볼 수 있으며, 이럴 경우 심각한 정신병리를 암시한다. 임상적 진단으로는 조현병 진단이 가장 흔하게 내려지며 피해망상, 과대망상, 환각이 나타나고 감정적으로 둔화되어 있거나 부적절한 정서를 보인다. 타인에 대한 의심이나 분노가 많고 사회적으로 철수되어 있는 것이 특징이다.

정답 ①

---

17 MMPI-2에서 성격병리 5요인 척도(PSY-5)의 공격성 척도(AGGR)가 T점수 65 이상일 때 보이는 특징으로 옳지 않은 것은?

① 언어적 혹은 신체적으로 공격적이다.
② 다른 사람을 위협하는 것을 즐긴다.
③ 상담 중에 상담자를 통제하려고 노력한다.
④ 다른 사람을 지배하기 위해 폭력을 사용한다.
⑤ 다른 사람에게 없는 이상한 감각 혹은 지각적 경험을 한다.

해설

정신증 척도(PSYC)가 T > 65일 때의 특징에 해당한다.

정답 ⑤

18 K-WAIS-Ⅳ의 조합점수별 측정내용으로 옳지 않은 것은?

① 작업기억지수(Working Memory Index) - 작업기억, 청각적 단기기억, 주의집중력, 수리능력, 부호화능력, 청각적 처리기술, 인지적 유연성, 자기감찰능력 등을 반영한다.

② 처리속도지수(Processing Speed Index) - 시각정보의 처리속도, 과제수행속도, 시지각적 변별능력, 정신적 수행의 속도 및 정신운동속도, 주의집중력, 단기 시각적 기억력, 시각-운동 협응능력, 인지적 유연성 등을 반영한다.

③ 전체지능지수(Full Scale IQ) - 언어적 이해능력, 언어적 정보처리능력, 언어적 기술 및 정보의 새로운 문제해결을 위한 적용능력, 어휘를 이용한 사고능력, 결정적 지식, 인지적 유연성, 자기감찰능력 등을 반영한다.

④ 인지효능지수(Cognitive Proficiency Index) - 작업기억의 주요소검사(숫자, 산수)와 처리속도의 주요소검사(동형찾기, 기호쓰기)로 구성된 조합점수이다. 언어이해 및 지각추론에 덜 민감한 인지적 능력에 대한 측정이 필요한 경우 사용한다.

⑤ 지각추론지수(Perceptual Reasoning Index) - 지각적 추론능력, 시각적 이미지에 대한 사고 및 처리능력, 시각-운동 협응능력, 공간처리능력, 인지적 유연성, 제한된 시간 내에 시각적으로 인식된 자료를 해석 및 조직화하는 능력, 유동적 추론능력, 비언어적 능력 등을 반영한다.

> **해설**
> 언어이해지수(Verbal Comprehension Index)의 측정내용에 해당한다. 전체지능지수는 개인의 인지능력의 현재수준에 대한 전체적인 측정치로서, 언어이해지수(VCI), 지각추론지수(PRI), 작업기억지수(WMI), 처리속도지수(PSI) 등 4가지 지수를 산출하는 데 포함된 소검사 환산점수들의 합으로 계산된다.
>
> **정답** ③

19 K-WAIS-Ⅳ의 토막짜기(Block Design) 소검사의 주요 측정내용에 해당되지 않는 것은?

① 시각적 자극의 분석 및 통합능력　　② 시각-운동 협응능력
③ 지각적 조직화능력　　　　　　　　　④ 비언어적 개념형성능력
⑤ 유동성 지능

> **해설**
> **토막짜기 소검사의 주요 측정내용**
> • 시각적 자극의 분석 및 통합능력
> • 시각-운동 협응능력
> • 지각적 조직화능력
> • 비언어적 개념형성능력
> • 시간적 압박하에서의 작업능력 등
>
> **정답** ⑤

20 한 성격검사의 구성타당도를 평가하고자 하는 경우 사용할 수 있는 방법이 아닌 것은?

① 성격검사의 요인을 분석한다.
② 전문가들로 하여금 검사내용을 판단하게 한다.
③ 다른 유사한 성격을 측정하는 검사와의 상관을 구한다.
④ 관련 없는 성격을 측정하는 검사와의 상관을 구한다.
⑤ 새로 개발한 검사를 기존의 검사들과 비교해서 상관을 구한다.

> **해설**
> 전문가들의 판단에 의해 검사의 타당도를 입증받음으로써 검사의 목적에 대한 부합성 여부를 검정할 수 있는 타당도 평가방법은 내용타당도(Content Validity)에 해당한다.
>
> **정답** ②

21 집중력과 정신적 추적능력(Mental Tracking)을 측정하는 데 주로 사용되는 신경심리검사는?

① 벤더-게슈탈트 검사(Bender-Gestalt Test)

② 레이 복합도형 검사(Rey Complex Figure Test)

③ 선로잇기 검사(Trail Making Test)

④ 위스콘신 카드분류 검사(Wisconsin Card Sorting Test)

⑤ 스트룹 검사(Stroop Test)

해설

선로잇기 검사(Trail Making Test)

• 숫자와 문자의 상징적인 의미를 이해하고, 전체화면을 주시하면서 숫자와 문자를 순서대로 연결하는 능력을 검사하는 것이다.

• A형은 숫자 잇기, B형은 숫자와 글자를 교대로 잇기이다.

• 집중력 및 정신적 추적능력을 측정한다.

정답 ③

22 지능검사에 관한 설명으로 옳지 않은 것은?

① 웩슬러검사는 최초로 IQ 개념을 도입하였다.

② 웩슬러검사는 성인용 지능검사로 출발했다.

③ 스탠포드-비네검사는 비율지능지수를 사용한다.

④ 비네검사는 최초의 지능검사이다.

⑤ 스탠포드-비네검사는 아동용 지능검사로 출발했다.

해설

터만(Terman)이 비네-시몽검사를 발전시켜 지능검사도구인 '스탠포드-비네검사(Stanford-Binet Intelligence Scale)'를 개발하였고 지능지수(IQ)를 처음으로 사용하였다.

정답 ①

23 신경심리평가에 있어서 배터리검사의 장점은?

① 기본검사에서 기능이 온전하게 평가되면 불필요한 검사를 시행하지 않아도 된다.

② 필요한 검사에 대해서는 집중적으로 검사를 시행할 수 있다.

③ 임상적 평가목적과 연구목적이 함께 충족될 수 있다.

④ 타당도가 입증된 최신검사를 임상장면에 즉각 활용하기가 용이하다.

⑤ 연구가 진행되면서 특정한 뇌손상영역과 연관되는 기능장애를 평가하는 최신검사가 개발되고 이러한 검사가 개별적인 신경심리검사로 사용될 수 있다.

> **해설**
>
> 배터리검사의 장점
> • 평가되는 기능에 관하여 총체적인 자료를 제공해준다.
> • 자동화된 해석체계가 존재하므로 검사자의 채용을 촉진한다.
> • 환자의 병전 기능수준에 대한 평가와 함께 현재 기능수준에 대한 파악이 가능하다.
> • 임상적 평가목적과 연구목적이 함께 충족될 수 있다.
>
> **정답** ③

24 혼(Horn)의 지능모형은 웩슬러(Wechsler) 지능검사의 소검사들을 4개 범주로 분류하였다. 유동적 지능으로 분류되는 소검사가 아닌 것은?

① 토막짜기   ② 어 휘

③ 숫자외우기   ④ 공통성문제

⑤ 빠진곳찾기

> **해설**
>
> 어휘는 결정적 지능으로 분류된다.
>
> **정답** ②

25 MMPI-2 검사 실시상의 유의점으로 옳은 것은?

① 피검자의 독해력, 학력수준 혹은 지능수준을 사전에 알고 있어야 한다.

② 응답하지 않은 문항도 채점되므로, 사전에 '가급적 모든 문항에 다 응답하라'고 지시해서는 안 된다.

③ 피검자가 문항의 의미를 주관적인 기준에 의해 판단하지 않도록 모호한 문항내용에 대해서는 사전에 명확한 기준을 제시해주어야 한다.

④ MMPI-2는 성격특성을 평가하는 인성검사이므로 성별에 관한 정보는 그리 중요하지 않다.

⑤ 모호한 문항에 대하여 수검자가 질문할 경우 알아듣게 구체적으로 설명한다.

> **해설**
>
> MMPI 검사 실시상의 유의점
> • 수검자가 MMPI 문항에 제대로 응답할 수 있는가의 여부를 결정해야 하며, 이때 수검자의 독해력, 연령, 지능수준, 임상적 상태 등을 고려해야 한다.
> • 무응답이 많이 나올 경우, 검사결과에 영향을 미쳐 프로파일 자체가 무효가 될 수도 있으므로 검사 시작 전에 모든 문항에 응답하도록 지시한다.
> • 피검자가 모호한 문항에 대해 질문할 경우
>   – '내가 요즘 느끼는 대로 대답해야 하나요? 아니면 과거의 일을 생각해서 대답해야 하나요?' → '현재의 상태를 기준으로 해주시면 됩니다'
>   – '제가 경험하지 않은 것이기 때문에 대답하기가 어려워요' → '어떤 사실 자체보다 그 문항에 대해 당신이 어떻게 생각하고 느끼는가 하는 것이 더 중요합니다'
>   – 추가로 '가능한 한 솔직하게 대답하라', '답을 쓸 때 두 번 표기하지 않도록 주의하라', '그렇다, 아니다로 대답하기 어려운 경우 가장 비슷하다고 느껴지는 방향으로 응답하라' 등을 지시한다.
>
> **정답** ①

부 록

교육은 우리 자신의 무지를 점차 발견해 가는 과정이다.

– 윌 듀란트 –

끝까지 책임진다! 시대에듀!

QR코드를 통해 도서 출간 이후 발견된 오류나 개정법령, 변경된 시험 정보, 최신기출문제, 도서 업데이트 자료 등이 있는지 확인해 보세요! 시대에듀 합격 스마트 앱을 통해서도 알려 드리고 있으니 구글 플레이나 앱 스토어에서 다운받아 사용하세요. 또한, 파본 도서인 경우에는 구입하신 곳에서 교환해 드립니다.

※ 최종모의고사 4회 중 핵심 문제만을 엄선하여 만든 미니모의고사 2회가 수록되어 있습니다. 시험 전에 중요한 문제만 다시 풀어보며 복습할 수 있도록 구성하였습니다.

---

01 | 상담심리학 15문항

#프로이트 #아들러 #정신분석상담 #개인주의상담   ▶ 해설 163쪽 20번 참고

01 프로이트(Freud)의 정신분석상담과 아들러(Adler)의 개인주의상담을 비교·분석한 내용으로 옳지 않은 것은?

	프로이트	아들러
① 에너지의 원천 :	성적 본능	우월에 대한 추구
② 성격의 구조 :	원초아, 자아, 초자아	불가분의 전체
③ 성격의 결정요인 :	과거, 무의식	현재, 미래, 의식
④ 성격형성 주요인 :	성	사회적 관심
⑤ 부적응의 원인 :	열등 콤플렉스	5세 이전의 외상경험

#게슈탈트상담 #상담기법   ▶ 해설 5쪽 06번 참고

02 게슈탈트상담의 기법 중 다음에서 설명하는 것은 무엇인가?

> • 현재 치료장면에 없는 사람과 상호작용할 필요가 있는 경우 내담자에게 그 인물이 맞은편에 앉아 있다고 상상하도록 하여 대화하는 방법이다.
> • 상담자는 내담자에게 상대방의 감정을 이해하도록 유도함으로써 외부로 투사된 자기 자신의 감정을 자각하도록 도와야 한다.

① 대화실험   ② 꿈작업
③ 머물러 있기   ④ 빈 의자 기법
⑤ 신체자각

▶ 해설 7쪽 11번 참고

#현실주의상담 #인간관

03 현실주의상담에 대한 내용으로 옳지 않은 것은?

① 인간이 자신의 욕구를 충족하기 위해 행동하며, 그러한 행동은 인간이 스스로 선택하고 결정한 것이라는 점을 강조한다.

② 인간은 생존의 욕구, 사랑과 소속의 욕구, 권력과 성취의 욕구, 자유의 욕구, 즐거움과 재미의 욕구 등 5가지의 기본적인 욕구를 가지고 있으며, 이와 같은 욕구에는 어떠한 위계도 존재하지 않는다.

③ 인간은 자유롭고 자기 자신이나 환경을 통제할 수 있으며, 자신의 목표를 스스로 선택하고자 하는 욕구를 가지고 있다.

④ 내담자로 하여금 자신의 역기능적인 사고와 신념을 평가하도록 하며, 그에 대해 적절히 반응하도록 교육한다.

⑤ 과거나 미래보다 현재에 초점을 두며, 무의식적 행동보다 행동선택에 대한 평가에 초점을 둔다.

▶ 해설 9쪽 14번 참고

#단기상담

04 상담의 회기가 평균 6~8회 정도로 짧으며 상대적으로 비용이 적게 드는 단기상담에는 적합하지 않은 내담자는?

① 내담자가 비교적 건강하며 그 문제가 심각하지 않은 경우

② 내담자가 중요인물의 상실로 인한 생활상의 적응을 필요로 하는 경우

③ 내담자가 급성적 상황으로 인해 정서적인 어려움을 겪는 경우

④ 내담자가 임신, 출산 등 발달과정상의 문제를 경험하는 경우

⑤ 내담자가 자신의 문제를 정확히 인지하지는 못하고 있으나 빠른 치료를 원할 경우

▶ 해설 10쪽 17번 참고

#엘리스 #인지정서행동상담 #REBT #ABCDE모형

05 엘리스(Ellis)의 ABCDE 모형에서 약어의 의미가 옳게 연결된 것은?

① A – 비합리적 신념체계   ② B – 선행사건

③ C – 논박   ④ D – 결과

⑤ E – 효과

▶ 해설 12쪽 22번 참고

#상담이론 #심리학자

06 각 상담이론과 이를 주창한 심리학자의 연결이 옳은 것은?

① 현실주의상담 – 펄스(Perls)

② 의미요법 – 프랭클(Frankl)

③ 특성-요인상담 – 글래서(Glasser)

④ 인간중심상담 – 윌리암슨(Williamson)

⑤ 게슈탈트상담 – 로저스(Rogers)

#행동주의상담 #한계점 ▶ 해설 56쪽 03번 참고

07 행동주의상담에 대한 비판으로 옳지 않은 것은?

① 상담자와 내담자의 관계를 중시하며 상담기술을 지나치게 강조한다.

② 행동의 변화는 가져오지만, 느낌의 변화는 가져오지 못한다.

③ 인간의 고차원적 기능과 창조성, 자율성이 무시될 수 있다.

④ 내담자의 문제에 대한 통찰이나 심오한 이해가 불가능하다.

⑤ 상담과정에서 감정과 정서의 역할을 강조하지 않는다.

#글래서 #현실주의상담 ▶ 해설 58쪽 08번 참고

08 현실주의상담에서 글래서(Glasser)가 제안한 8단계에 해당되지 않는 것은?

① 상담자가 내담자와 개인적인 접촉을 하면서 관계를 형성하는 것은 필수적이다.

② 상담자는 내담자의 성격과 관련된 과거기록을 강조하지 않는다.

③ 내담자로 하여금 자신의 행동이 스스로에게 어떠한 도움이 되는지 자기 행동에 대해 평가하도록 해야 한다.

④ 현재보다 미래에 초점을 맞춘다.

⑤ 내담자에게 행동계획을 세우도록 하여 그 계획에 따라 반드시 실천하겠다는 약속을 다짐받는다.

#집단상담 ▶ 해설 113쪽 22번 참고

09 집단상담의 집단구성의 동질성과 이질성에 대한 내용으로 옳지 않은 것은?

① 집단은 다양성과 공통성 사이에 균형을 이루어야 하며, 상담의 목적에 따라 집단원들의 성, 연령, 배경 등을 고려해야 한다.

② 집단은 동질적인 동시에 이질적으로 구성되어야 한다.

③ 동질성은 집단원들 간의 관계를 증진시키고 집단의 결속력을 높일 수 있으나, 다른 성원과 유대를 형성하는 데 시간이 오래 걸리게 하는 요인이 될 수 있다.

④ 이질성은 집단원들에게 다양한 관점과 견해를 제공함으로써 개인의 문제를 해결하는 데 자극이 될 수 있다.

⑤ 학생의 경우 같은 또래끼리 어울리도록 하는 것이 좋은 반면, 성인의 경우 서로의 경험을 교환할 수 있도록 다양한 연령층으로 구성하는 것이 효과적이다.

#프로이트 #정신분석상담 #상담기법 ▶ 해설 106쪽 04번 참고

10 프로이트(Freud)의 정신분석상담에서 꿈의 분석에 대한 내용으로 옳지 않은 것은?

① 꿈의 내용을 분석함으로써 내담자의 꿈속에 내재된 억압된 감정과 무의식적인 욕구를 통찰하도록 하는 것이다.

② 수면 중에는 자아의 기능상태가 낮아져서 자아의 방어노력이 최소화되므로, 수면 중 꿈을 통해 억압된 무의식적 충동이 그대로 표출되기 쉽다.

③ 상담자는 내담자에게 꿈의 내용에 대해 자유연상을 하도록 하며, 그와 관련된 감정도 이야기하도록 요구한다.

④ 내담자에게 무의식적 감정과 동기에 대해 통찰하도록 하기 위해 마음속에 떠오르는 것을 의식의 검열을 거치지 않은 채 표현하도록 격려한다.

⑤ 꿈은 억압된 자료들에 대한 유출통로의 역할도 하지만, 내담자의 현재기능을 이해할 수 있는 단서를 제공하기도 한다.

#엘리스 #인지정서행동상담 #REBT #ABCDE모형 ▶ 해설 108쪽 09번 참고

11 엘리스(Ellis)의 ABCDE 모형의 구성요소와 그 사례가 옳게 연결된 것은?

> ㄱ. 내담자는 실직했다.
> ㄴ. "나는 실직했어. 그것은 절대적으로 나에게 일어나지 말았어야 했는데, 이건 내가 부적절하다는 것을 의미해."
> ㄷ. 극심한 우울과 불안, 자괴감, 무가치감 등을 겪게 된다.
> ㄹ. "실직을 했다고 해서 스스로를 부적절하다고 생각하는 것이 과연 논리적으로 타당한가?"
> ㅁ. "실직이 오히려 내게 새로운 시도를 위한 기회가 될 수도 있다."

① A - ㄱ, B - ㄴ, C - ㄷ, D - ㄹ, E - ㅁ
② A - ㄴ, B - ㄱ, C - ㄷ, D - ㄹ, E - ㅁ
③ A - ㄱ, B - ㄴ, C - ㄹ, D - ㄷ, E - ㅁ
④ A - ㄱ, B - ㄷ, C - ㄴ, D - ㄹ, E - ㅁ
⑤ A - ㄹ, B - ㄴ, C - ㄷ, D - ㄱ, E - ㅁ

#현실주의상담 #WDEP모형 ▶ 해설 110쪽 15번 참고

12 현실주의상담의 과정인 WDEP 모형에 대한 내용으로 옳지 않은 것은?

① 제1단계는 내담자의 욕구, 바람, 지각을 탐색하는 과정이다.

② 제1단계에서 내담자는 자신의 질적인 세계를 탐색하고 상담자의 숙련된 질문에 응답하면서 이제까지 명확하지 않았던 자신의 내적인 바람에 대한 여러 측면을 직관적으로 인식하게 된다.

③ 제2단계에서 내담자는 자신의 바람을 충족하기 위해 어떤 행동을 하고 있는지 인식하게 된다.

④ 내담자가 앞서 관찰한 자신의 행동들이 자신에게 어떤 도움 혹은 해가 되는지를 자기평가하게 되는 과정은 제2단계에서 이루어진다.

⑤ 내담자가 진정으로 원하는 것을 얻을 수 있도록 새로운 계획을 세우는 과정이 'P(Planning) 단계'에서 일어난다.

13 다음 내용은 어떤 개념과 관련되는 것인가?

> - 자기 자신을 개방하며, 자기탐색에 집중한다.
> - 다른 성원들과 고통을 함께 나누며, 이를 해결해나간다.
> - 자유로운 분위기에서 집단활동에 적극적으로 동참한다.
> - 자신의 생각과 느낌을 즉각적으로 표현한다.
> - 서로를 보살피며, 있는 그대로 수용해준다.
> - 보다 진실되고 정직한 피드백을 교환한다.
> - 건강한 유머를 통해 친밀감을 느끼며, 기쁨을 함께한다.
> - 깊은 인간관계를 맺으므로 중도이탈자가 적다.
> - 집단의 규범이나 규칙을 준수하며, 이를 지키지 않는 다른 집단성원을 제지한다.

① 집단응집력   ② 집단이질성
③ 집단개방수준   ④ 집단크기
⑤ 집단동질성

14 인지치료에서 정신질환의 근원으로 고려하고 있는 것 중 자동적 사고(Automatic Thoughts)는 비합리적인 내용일지라도 의심 없이 받아들인다는 특징을 가지며 자발적으로 경험된다. 이 자동적 사고를 식별하는 방법에 해당되는 것을 모두 고른 것은?

> ㄱ. 심리교육하기   ㄴ. 사고기록지 작성하기
> ㄷ. 역할극 활용하기   ㄹ. 체크리스트 활용하기
> ㅁ. 감정변화 인식하기

① ㄱ, ㄴ   ② ㄱ, ㄷ, ㄹ
③ ㄴ, ㄹ, ㅁ   ④ ㄱ, ㄷ, ㄹ, ㅁ
⑤ ㄱ, ㄴ, ㄷ, ㄹ, ㅁ

15 상담자의 윤리에 대한 내용 중 다음은 무엇을 위반한 것으로 볼 수 있는가?

> - 상담심리사가 개인적인 문제로 내담자를 적절하게 도와줄 수 없지만 본인의 개인적인 문제는 일시적인 것으로 여겨 원래 하던 대로 상담을 계속 진행한다.
> - 특정 종교에 심취한 상담심리사가 자신의 신념체계, 가치, 제한점 등이 상담에 미칠 영향력을 자각하지 않고 상담을 진행한다.

① 전문적 능력   ② 성실성
③ 자격관리   ④ 사회적 책임
⑤ 다른 전문직과의 관계

▶ 해설 14쪽 01번 참고
#프로이트 #정신분석 #심리성적발달

01 프로이트(Freud)의 심리성적 발달단계 중 항문기의 특징을 모두 고른 것은?

> ㄱ. 아동의 리비도(Libido)는 입, 혀, 입술 등 구강에 집중되어 있다.
> ㄴ. 배변으로 생기는 항문자극에 의해 쾌감을 얻는 동시에 배변훈련을 통한 사회화의 기대에 직면하는 시기이기도 하다.
> ㄷ. 이 시기에 신체적·정서적으로 부모의 보살핌을 받지 못하거나 박탈감을 느끼게 되는 경우 성인이 되어서 충족되지 못한 보살핌에 대해 갈망하게 되며, 타인에 대한 불신으로 인해 대인관계에 문제가 발생할 수 있다.
> ㄹ. 남아는 '오이디푸스 콤플렉스(Oedipus Complex)'로 인해 거세불안을 경험하는 반면, 여아는 '엘렉트라 콤플렉스(Electra Complex)'로 인해 남근선망을 경험한다.
> ㅁ. 다른 단계에 비해 평온한 시기로, 리비도의 승화를 통해 지적인 호기심을 표출한다.
> ㅂ. 이 단계는 사춘기에서부터 시작하여 노쇠할 때까지 지속된다.

① ㄱ
② ㄴ
③ ㄱ, ㄴ
④ ㄴ, ㄷ
⑤ ㄷ, ㄹ, ㅁ, ㅂ

▶ 해설 16쪽 05번 참고
#노년기발달

02 노년기의 죽음에 대한 태도 5단계가 옳게 나열된 것은?

① 우울단계 → 분노단계 → 타협단계 → 부정단계 → 수용단계
② 분노단계 → 부정단계 → 수용단계 → 우울단계 → 타협단계
③ 부정단계 → 수용단계 → 분노단계 → 우울단계 → 타협단계
④ 부정단계 → 분노단계 → 타협단계 → 우울단계 → 수용단계
⑤ 부정단계 → 분노단계 → 타협단계 → 수용단계 → 우울단계

▶ 해설 17쪽 09번 참고
#프로이트 #에릭슨 #심리성적발달 #심리사회적발달

03 프로이트(Freud)의 심리성적 발달이론과 에릭슨(Erikson)의 심리사회적 발달이론에 대한 내용을 옳게 연결한 것은?

> ㄱ. 인간의 전 생애에 걸친 발달과 변화를 강조하였다.
> ㄴ. 창조성과 자아정체감의 확립을 강조하였다.
> ㄷ. 인간의 행동이 자아에 의해 동기화된다고 보았다.
> ㄹ. 아동의 초기경험(만 5세 이전)이 성격을 결정하므로 부모의 영향이 특히 강조된다.
> ㅁ. 발달에 있어서 환경의 중요성을 강조하지 않는다.

	프로이트	에릭슨		프로이트	에릭슨
①	ㄱ, ㄴ, ㄷ	ㄹ, ㅁ	②	ㄱ, ㄴ	ㄷ, ㄹ, ㅁ
③	ㄷ, ㄹ	ㄱ, ㄴ, ㅁ	④	ㄹ, ㅁ	ㄱ, ㄴ, ㄷ
⑤	ㅁ	ㄱ, ㄴ, ㄷ, ㄹ			

#애착이론 #애착유형

▶ 해설 19쪽 15번 참고

04 애착유형에 대한 설명으로 옳지 않은 것은?

① 안정애착의 아동은 부모가 방을 떠났을 때 다소 스트레스를 보이지만 재회 시 근접, 위안, 접촉을 추구한 후 다시 점차적으로 놀이행동으로 돌아간다.

② 불안정 회피애착의 아동은 부모에게 무관심한 것처럼 보이고 재회 시 적극적으로 회피하고 무시한다.

③ 불안정 저항애착의 아동은 부모가 방을 떠나면 심하게 화내고 불안해한다.

④ 부모가 일관성 없는 양육방식으로 훈육할 때 불안정 회피애착이 나타나게 된다.

⑤ 불안정 혼돈애착이 된 아이는 자기거부적이고 반사회적인 성격특징이 나타나게 된다.

#성발달 #성역할 #발달단계

▶ 해설 72쪽 19번 참고

05 성역할개념의 발달단계에 대한 내용으로 옳지 않은 것은?

① 1단계는 성동일성(Gender Identity) 단계로 성별이 영속적이라는 것을 알지 못한다.

② 성동일성(Gender Identity) 단계는 2~4세경에 해당된다.

③ 2단계는 성일관성(Gender Consistency) 단계이다.

④ 2단계의 남아는 남자 성인으로, 여아는 여자 성인으로 성장한다는 것을 인식한다.

⑤ 3단계는 6~7세경이다.

#브론펜브레너 #생태주의

▶ 해설 22쪽 25번 참고

06 브론펜브레너(Bronfenbrenner)의 생태학적 발달이론에 대한 설명으로 옳은 것은?

① 브론펜브레너는 인간의 발달은 인간이 스스로의 환경을 지각하고 다루는 방식에서의 지속적인 변화로 정의하였다.

② 생태학적 맥락이 개인에게 영향을 미치지만 개인은 생태학적 장에 영향을 주지 않는다.

③ 인간발달은 미시체계, 중간체계, 거시체계로 이루어진 세 가지 체계의 영향을 받는다.

④ 시간에 걸쳐 일어나는 변화, 사회적·역사적 환경 등은 거시체계에 해당한다.

⑤ 중간체계란 가정, 학교, 또래집단 등과 같이 인간발달에 직접적인 영향을 주는 환경체계를 의미한다.

#사회학습이론

▶ 해설 65쪽 01번 참고

07 발달에 관해 사회학습이론을 주장한 이론가는 누구인가?

① 피아제(Piaget)

② 브론펜브레너(Bronfenbrenner)

③ 파블로프(Pavlov)

④ 반두라(Bandura)

⑤ 프로이트(Freud)

08 원시반사(Primitive Reflex)의 종류와 그 특징이 옳게 연결된 것은?

> ㄱ. 바빈스키반사(Babinski Reflex)
> ㄴ. 모로반사(Moro Reflex)
> ㄷ. 잡기반사(Grasping Reflex)
> ㄹ. 걷기반사(Stepping Reflex)

> A. 갑자기 큰소리가 나거나 빛의 자극이 달라지면 팔과 다리를 뻗쳤다가 다시 오므리는 반사이다. 출생 후 6~7개월 사이에 사라진다.
> B. 바닥에 아이의 발을 닿게 하여 바른 자세가 갖추어지면 아이는 걷는 것처럼 두 팔을 번갈아 떼어놓는다.
> C. 신생아의 발바닥에 자극을 주면 부채처럼 발을 편다. 약 1세까지 나타난다.
> D. 손바닥에 물체를 대면 꼭 쥐는 반사로 생후 3~4개월에 의도적으로 잡는 행동으로 대체되면서 사라진다.

① ㄱ - C, ㄴ - D, ㄷ - A, ㄹ - B
② ㄱ - B, ㄴ - A, ㄷ - D, ㄹ - C
③ ㄱ - C, ㄴ - A, ㄷ - D, ㄹ - B
④ ㄱ - D, ㄴ - B, ㄷ - A, ㄹ - C
⑤ ㄱ - A, ㄴ - C, ㄷ - D, ㄹ - B

09 피아제의 인지발달이론의 전조작기(Pre-operational Stage)에 해당되는 특징을 모두 고른 것은?

> ㄱ. 이 시기의 아동은 지각적 경험에만 의존하지 않으나 논리보다는 지각에 더 의존하는 경향이 있다.
> ㄴ. 이 단계에서 가장 중요한 것은 언어를 사용하기 시작하고 언어능력이 발달한다는 것이다.
> ㄷ. 논리적인 사고는 가능하나 가설·연역적 사고에 이르지는 못한다.
> ㄹ. 언어의 습득으로 사물이나 사건을 내재화할 수 있는 능력이 생기며, 보이지 않는 것을 기억하는 표상이 가능하다. 그러나 직접적으로 지각적 경험을 하지 않은 사건이나 대상을 조작하는 능력은 제한되어 있다.
> ㅁ. 자신과 타인에 대한 추상적인 관점을 구분하지 못하는 새로운 형태의 자아중심성이 나타난다.
> ㅂ. 자기중심성, 상징놀이, 물활론, 도덕적 타율성, 꿈을 외적 사건으로 생각하는 것, 보존개념의 부족이 특징이다.

① ㄱ, ㄴ, ㄷ
② ㄱ, ㄴ, ㄹ, ㅁ
③ ㄱ, ㄴ, ㄹ, ㅂ
④ ㄴ, ㄹ, ㅁ, ㅂ
⑤ ㄱ, ㄴ, ㄷ, ㄹ, ㅁ, ㅂ

#가드너 #다중지능이론

▶ 해설 70쪽 14번 참고

10 가드너(Gardner)의 다중지능이론에 대한 설명으로 옳지 않은 것은?

① 각각의 지능은 독립적이며 서로 다른 발달과정을 거친다.

② 인간의 지능은 일반지능과 같은 단일한 능력이 아닌 다수의 능력으로 구성되며, 각각의 능력들의 상대적 중요도는 서로 동일하다.

③ 아동의 지능이 높을수록 모든 영역에서 우수하다는 관점을 비판하고 각각의 특수한 능력을 진단하고 이를 발달시켜야 한다고 보았다.

④ 일반지능이 낮더라도 음악이나 미술 등 예능에서 뛰어남을 보이는 경우가 있으며, 이는 일반요인이 아닌 특수요인에 의한 것이다.

⑤ 언어지능, 논리-수학지능, 공간지능, 신체-운동지능, 음악지능, 대인관계지능, 개인 내적 지능 등의 독립된 지능으로 구분하였다.

#비고츠키 #언어발달

▶ 해설 71쪽 18번 참고

11 다음은 비고츠키(Vygotsky)의 언어발달단계 중 어느 단계에 속하는가?

> • 언어와 사고가 점차 결합되기 시작한다.
> • 유아의 생각을 반영하고 사회적 언어를 사용한다.
> • 단어나 문장과 같은 형태로 변형되어 나타난다.
> • 이 단계에서 사회적 의사소통이 가능해진다.
> • 문법에 대한 이해 없이도 문장형성이 가능하다.

① 원시적 언어단계　　　　　　　　② 외적 언어단계

③ 자기중심적 언어단계　　　　　　④ 내적 언어단계

⑤ 형식적 조작기

#발달이론 #심리학자

▶ 해설 16쪽 06번 참고

12 다음에서 설명하고 있는 인지발달이론은 무엇인가?

> • 영유아 발달에는 신체적 상호작용과 사회적 상호작용이 필요하며 교사, 부모 등은 사회적 중재자로서 기능한다.
> • 언어를 매개수단으로 한 사회적 상호작용을 통해 자신이 속한 문화에서 전해져 오는 개념이나 사실, 태도, 기술 등을 내적인 정신과정으로 내면화한다.
> • 근접발달영역(ZPD ; Zone of Proximal Development)이란 실제적 발달수준과 잠재적 발달수준 사이의 영역을 의미한다.

① 피셔(Fisher)의 기술이론

② 피아제(Piaget)의 인지발달이론

③ 비고츠키(Vygotsky)의 사회문화적 인지이론

④ 브루너(Bruner)의 인지발달구조이론

⑤ 케이스(Case)의 인지발달이론

13 사회학습이론은 다른 사람의 행동을 관찰하고 모방하는 과정을 통해 학습이 이루어진다는 이론이다. 다음 중 사회학습의 유형에 포함되지 않는 것은?

① 무시행학습형
② 배합의존형
③ 동시학습형
④ 고전적 대리 조건형성형
⑤ 차별화형

14 아동기 친사회적 행동의 발달이 연령대별로 옳게 연결된 것을 모두 고른 것은?

> ㄱ. 2세 이전 – 함께 우는 것과 같은 공감반응
> ㄴ. 2세 전후 – 위로하고 도와주려는 행동
> ㄷ. 4~6세 – 이타적 행동 증가
> ㄹ. 9~10세 – 자아중심적 행동 증가

① ㄱ, ㄴ   ② ㄴ, ㄷ
③ ㄱ, ㄴ, ㄹ   ④ ㄴ, ㄷ, ㄹ
⑤ ㄱ, ㄴ, ㄷ

15 콜버그(Kohlberg)의 도덕성 발달이론에서 전인습수준의 특징에 해당하는 것을 모두 고른 것은?

> ㄱ. 신체적·물리적 힘에 의한 처벌과 복종을 지향한다.
> ㄴ. 자기보다 강한 사람에 의한 처벌을 피하기 위해 자기중심적으로 복종한다.
> ㄷ. 규칙은 절대적인 것으로 변경이 불가능하다.
> ㄹ. 좋은 인간관계의 조화로운 도덕성을 강조한다.
> ㅁ. 상대적 쾌락주의에 의한 개인적 욕구 충족을 지향한다.

① ㄱ, ㄴ, ㄷ   ② ㄴ, ㄷ, ㄹ
③ ㄷ, ㄹ, ㅁ   ④ ㄱ, ㄴ, ㄷ, ㅁ
⑤ ㄴ, ㄷ, ㄹ, ㅁ

#취약성–스트레스모델 ▶해설 75쪽 01번 참고

01 취약성–스트레스 모델(Vulnerability–Stress Model)에 대한 설명 중 옳은 것을 모두 고른 것은?

> ㄱ. 이상행동은 유전적·생리적·심리적으로 특정 장애에 걸리기 쉬운 개인적 특성과 스트레스 경험이 상호작용함으로써 발생한다.
> ㄴ. 심리사회적 스트레스는 이상행동을 유발하는 원인으로, 동일한 불행한 사건을 경험한 사람은 동일한 이상행동을 나타내게 된다.
> ㄷ. 각 개인은 저마다 성격이나 심리적 특성이 다르므로 불행한 사건에 대처하는 방식과 그 심리적 결과 또한 다르다.
> ㄹ. 이상행동의 유발과정을 이해하기 위해 환경으로부터 주어지는 심리사회적 스트레스와 그에 대응하는 개인적 특성을 동시에 고려해야 한다고 주장한다.

① ㄱ, ㄴ
② ㄷ, ㄹ
③ ㄱ, ㄴ, ㄷ
④ ㄱ, ㄷ, ㄹ
⑤ ㄴ, ㄷ, ㄹ

#외상후스트레스장애 #PTSD ▶해설 25쪽 07번 참고

02 외상 후 스트레스장애의 대표적인 증상 중 다음 경우는 어디에 해당하는가?

> 외상사건과 관련된 기억이나 감정이 반복적으로 의식영역 속에서 재경험됨으로써 강렬한 심리적 고통이나 생리적 반응을 유발한다.

① 침투증상
② 회피반응
③ 인지·감정의 부정적 변화
④ 각성의 변화
⑤ 반응성의 변화

#반응성애착장애 ▶해설 76쪽 07번 참고

03 반응성 애착장애(Reactive Attachment Disorder)에 대한 내용으로 옳지 않은 것은?

① 대략 생후 9개월 이상 만 5세 이전의 아동에게서 주로 발병하며, 아동이 양육자와의 애착외상(Attachment Trauma)으로 인해 부적절하고 위축된 대인관계패턴을 나타낸다.

② 유아기 및 초기아동기에 특정 양육자와 일관성 있고 안정된 애착형성이 중요함에도 불구하고 양육자에게서 충분한 애정을 받지 못하거나 학대 혹은 방임상태로 양육되면서 애착외상이 발생한다.

③ 반응성 애착장애를 가진 아동은 부모를 비롯하여 타인과의 접촉을 두려워하고 이를 회피하므로 사회성 발달에 어려움을 경험하게 된다.

④ 언어발달이 늦어지거나 상동증적 행동을 보이기도 하나 인지발달에서는 지연이 일어나지 않는 특징이 있다.

⑤ 아동의 흥미를 유발하고 쉽게 몰입할 수 있도록 하는 놀이치료가 효과적인 것으로 알려져 있다.

#우울장애 #인지삼제 ▶해설 78쪽 10번 참고

04 우울증을 설명하는 이론 중 인지삼제(Cognitive Triad)에 대한 내용으로 옳지 않은 것은?

① 자기 자신에 대한 비관적 사고를 말한다.

② 자기 자신의 앞날에 대한 염세주의적 사고를 말한다.

③ 이 사고체계는 자동적으로 부정적인 생각을 불러일으킨다.

④ 글래서(Glasser)가 주장한 내용이다.

⑤ 자기 주변은 물론 세상 전반에 대한 부정적 사고를 말한다.

#해리장애 #장애증상 ▶해설 79쪽 12번 참고

05 장애에 대한 설명 중 그 성격이 다른 것은?

① 의식, 기억, 행동 및 자기정체감의 통합적 기능에 있어서 갑작스러운 이상증상을 나타내는 장애이다.

② 일상생활에서 누구나 겪을 수 있는 정상적인 경험에서부터 심한 부적응상태를 초래하는 병리적 현상에 이르기까지 광범위하고 연속적인 심리적 현상으로 볼 수 있다.

③ 정신분석학적 관점에서 이 장애의 과정은 정신의 능동적 과정이다.

④ 감당하기 어려운 충격적 경험으로부터 자신을 보호하기 위한 기능을 담당한다는 측면에서 적응적인 것으로 간주되기도 하지만, 그것이 지나치거나 부적응적인 양상으로 나타나는 경우 이 장애로 진단된다.

⑤ 환청, 환시 등을 경험하며 다양한 주제에 관하여 망상적 사고를 보인다.

#조현병 #도파민가설 ▶해설 80쪽 16번 참고

06 도파민가설에 대한 설명에서 옳지 않은 것은?

① 조현병의 원인을 설명하는 이론들 가운데 가장 주목받는 이론 중 하나이다.

② 도파민 과소가 조현병의 원인이라고 주장한다.

③ 도파민은 정신장애와 관련되어 있는 주요 신경전달물질의 일종이다.

④ 환자에게 중추신경흥분제인 암페타민(Amphetamine)을 투여하여 도파민의 활성도를 조절할 수 있다.

⑤ 도파민의 전구물질인 레보도파(L-Dopa)를 조현병 환자에게 투여하는 경우 증상이 악화될 수 있다.

▶ 해설 83쪽 23번 참고

07 다음의 특징을 가지는 성격장애는 무엇인가?

> • 자신이 관심의 초점이 되지 못하는 상황에서 불편해한다.
> • 다른 사람과의 상호작용에서 종종 부적절한 성적 유혹 또는 도발적 행동을 한다.
> • 감정변화가 급격하며, 감정표현이 피상적이다.
> • 주위의 관심을 자신에게로 끌어들이기 위해 시종일관 육체적 외모를 사용한다.
> • 지나치게 인상적으로 말하면서도 세부적 내용이 결여된 대화양식을 가지고 있다.
> • 자기연극화(Self-Dramatization), 연극조, 과장된 감정표현을 한다.
> • 피암시성이 높다.
> • 대인관계를 실제보다 더욱 친밀한 것으로 생각한다.

① 히스테리성 성격장애(Histrionic Personality Disorder)
② 자기애성 성격장애(Narcissistic Personality Disorder)
③ 의존성 성격장애(Dependent Personality Disorder)
④ 강박성 성격장애(Obsessive-Compulsive Personality Disorder)
⑤ 회피성 성격장애(Avoidant Personality Disorder)

▶ 해설 124쪽 03번 참고

08 공황장애 진단을 위한 13가지 발작증상에 해당되지 않는 것은?

① 비정상적인 두근거림   ② 손발떨림
③ 질식할 것 같은 느낌   ④ 감각이상
⑤ 메마른 감정표현

▶ 해설 126쪽 08번 참고

09 지속성 우울장애라고도 불리는 기분부전증(Dysthymia)의 특징에 해당되는 내용으로 옳지 않은 것은?

① 우울증상이 2년 이상 장기간에 걸쳐 지속되는 경우에 해당한다.
② DSM-5에서 새롭게 제시된 진단명으로 DSM-Ⅳ의 분류기준상 '만성 주요우울장애(Chronic Major Depressive Disorder)'와 '기분부전장애(Dysthymic Disorder)'가 합쳐진 것이다.
③ DSM-5의 진단기준에서 지속성 우울장애는 우울증상의 지속기간보다는 그 심각도를 강조하여 만성적 우울감을 핵심증상으로 제시하고 있다.
④ 지속성 우울장애는 만성적인 경과로 인해 비만성적 우울장애에 비해 실업 및 재정적 곤란, 운동능력 약화, 사회적 위축, 일상생활 부적응이 더욱 심각하게 나타날 수 있다.
⑤ 과거 기분부전장애의 경우 남성보다 여성에게서 대략 2~3배 정도 많이 나타나는 것으로 보고된 바 있다.

#성격장애 #반사회성성격장애 #ASPD
▶해설 129쪽 15번 참고

10 반사회성 성격장애(Antisocial Personality Disorder)로 진행될 가능성이 높은 아동기의 장애로 가장 알맞은 것은?

① 주의력결핍 및 과잉행동장애(Attention-Deficit/Hyperactivity Disorder)

② 지적 장애(Intellectual Disability)

③ 자폐스펙트럼장애(Autism Spectrum Disorder)

④ 운동장애(Motor Disorders)

⑤ 뚜렛장애(Tourette's Disorder)

#성격장애
▶해설 130쪽 17번 참고

11 다음 치료적 개입이 활용될 수 있는 질환으로 가장 적합한 것은?

> • 치료자는 환자에게 웅대한 자기상과 관련된 비현실적인 생각을 구체적인 경험 속에서 찾아내도록 하며, 그와 같은 부적응을 스스로 인식하도록 함으로써 현실적인 자기개념으로 대체하도록 유도한다.
> • 치료자는 환자로 하여금 타인의 평가에 적당한 관심을 기울이도록 하며, 그 과정에서 스스로 감정을 조절할 수 있도록 유도한다.
> • 치료자는 환자로 하여금 타인의 감정에 대한 자각 증진 및 공감의 활성화를 통해 자신의 이기적 혹은 착취적 행동을 수정할 수 있도록 유도한다.

① 연극성 성격장애(Histrionic Personality Disorder)

② 망상장애(Delusional Disorder)

③ 자기애성 성격장애(Narcissistic Personality Disorder)

④ 파괴적 기분조절부전장애(Disruptive Mood Dysregulation Disorder)

⑤ 적응장애(Adjustment Disorder)

#지적장애
▶해설 131쪽 21번 참고

12 DSM-5상 지적 장애(Intellectual Disability)에 대한 내용으로 옳지 않은 것은?

① 유아기, 아동기 또는 청소년기에 통상 처음 진단되는 장애(Disorders Usually First Diagnosed in Infancy, Childhood, or Adolescence)의 하위유형으로 분류된다.

② 심각도에 따라 경도(Mild), 중(등)도(Moderate), 고도 또는 중증도(Severe), 심도 또는 최중증도(Profound)로 구분하고 있다.

③ 지능이 비정상적으로 낮아서 학습 및 사회적응에 어려움을 나타내는 장애로 특히 18세 이전에 표준화된 지능검사 결과 지능지수(IQ)가 70점 미만을 나타낸다.

④ 중(등)도(Moderate)는 IQ 35~40에서 50~55까지로 전체 지적 장애자의 약 10%를 차지한다.

⑤ 고도 또는 중증도(Severe) 환자는 혼자 옷을 입고 식사를 하는 등의 기본적인 자기보살핌 행동을 할 수 있으며, 초보적인 언어를 습득할 수 있다.

▶ 해설 132쪽 25번 참고

#중독장애 #물질중독

13 DSM-5에 규정된 10가지 중독성 물질에 해당되지 않는 것은?

① 카페인   ② 대 마

③ 모르핀   ④ 흡입제

⑤ 진정제, 수면제 및 항불안제

▶ 해설 176쪽 02번 참고

#진단분류 #DSM-Ⅳ #DSM-5

14 범주적 진단분류와 차원적 진단분류에 대한 내용으로 옳지 않은 것은?

① 장애를 바라보는 관점에 있어서 범주적 진단분류는 장애의 유무에 초점을 두는 반면, 차원적 진단분류는 장애의 정도에 관심을 기울인다.

② 범주적 진단분류는 장애를 분류하는 데 있어서 일치된 진단기준을 통해 전문가들 간의 의사소통이 용이하고 각 장애에 대한 비교가 가능하므로 현실적·실용적 측면에서 유용하다.

③ 진단 시에는 범주적 진단분류와 차원적 진단분류 중 어느 하나만을 선택할 필요는 없으며, 각각의 장단점을 고려하여 적합한 방식을 융통적으로 활용하는 것이 바람직하다.

④ 차원적 진단분류는 플라톤(Platon)의 이원론에 근거를 둔 것으로, 이상(질병)과 정상(건강)을 명확히 구분하는 이분법적인 기준선이 존재한다.

⑤ 차원적 진단분류에서 이상과 정상은 질적으로 다르지 않으며, 단지 정도의 차이가 있을 뿐이다. 즉, 평가의 초점은 장애의 유무가 아닌 장애의 정도에 있다고 가정한다.

▶ 해설 177쪽 06번 참고

#불안장애 #공황장애

15 공황발작을 일으키는 기제에 대하여 설명한 한 이론의 개념 중 다음 내용과 가장 관련성이 깊은 것은?

> • 클라크(Clark)는 공황장애(Panic Disorder)를 가진 사람들의 특징적 인지과정에 대한 연구를 수행하여 이를 제안한 바 있다.
> • 이것은 정상적인 신체감각에 대해 마치 재난이 일어난 것처럼 해석하는 인지적 취약성을 의미한다.
> • 공황발작을 반복적으로 경험하는 경우 이것의 자동화가 이루어져 자각되지 않은 상태에서 자동적으로 이루어질 수 있다.

① 파국적 오해석(Catastrophic Misinterpretation)

② 인지부조화(Cognitive Dissonance)

③ 임의적 추론(Arbitrary Inference)

④ 선택적 추상화(Selective Abstraction)

⑤ 개인화(Personalization)

▶ 해설 185쪽 01번 참고

#정보처리이론 #기억이론

01 다음 중 기억에 대한 내용으로 옳지 않은 것은?

ㄱ. 스스로는 인지하지 못하나, 이후의 행동 수행에 영향을 주는 기억

ㄴ. 무엇인가를 해나가는 방식, 행위나 기술에 대한 기억

ㄷ. 한 번 제시된 자극이 반복 제시될 경우 그에 대한 반응시간이 짧아지는 것

ㄹ. 가장 간단한 형태의 학습으로 자극-자극 혹은 자극-반응이 연합되어 나타나지 않고 한 번에 하나의 자극만이 주어짐으로써 나타나는 학습

---

① ㄴ은 ㄱ의 개념에 포함되지 않는다.

② ㄴ의 예는 자전거 타기, 운전하기, 피아노 치기 등이 있다.

③ ㄷ을 검증한 유명한 연구로 툴빙(Tulving) 등의 단어목록 실험이 있다.

④ ㄹ에는 습관화(Habituation)와 민감화(Sensitization)가 있다.

⑤ ㄱ은 장기기억의 일종이다.

▶ 해설 34쪽 06번 참고

#고전적조건형성

02 고전적 조건형성의 기본원리 중 다음에서 설명하는 것은 무엇인가?

• 반복연습은 학습에 필수적이다.

• 자극과 반응 간 연합을 반복하는 횟수가 많아질수록 조건형성이 용이하게 이루어진다.

---

① 계속성의 원리   ② 시간의 원리

③ 근접의 원리   ④ 강도의 원리

⑤ 일관성의 원리

▶ 해설 33쪽 01번 참고

#킴블 #학습개념

03 학습에 대한 킴블(Kimble)의 정의에 해당하는 내용으로 적절하지 않은 것은?

① 학습 뒤에는 행동의 변화가 뒤따라야 한다.

② 학습의 결과는 비교적 영속적으로 나타나야 한다.

③ 학습의 효과는 즉각적으로 나타나야 한다.

④ 학습은 경험 또는 훈련을 통해 이루어진다.

⑤ 학습은 강화작용을 통해 일어난다.

#강화이론 #조작적조건형성 ▶ 해설 33쪽 03번 참고

04 다음 사례를 정적 강화와 부적 강화별로 옳게 연결한 것은?

ㄱ. 칭 찬	ㄴ. 청소면제
ㄷ. 음 식	ㄹ. 진 급
ㅁ. 상처치료	

	정적 강화	부적 강화
①	ㄱ, ㄴ, ㄷ	ㄹ, ㅁ
②	ㄱ, ㄷ	ㄴ, ㄹ, ㅁ
③	ㄱ, ㄷ, ㄹ	ㄴ, ㅁ
④	ㄷ, ㄹ	ㄱ, ㄴ, ㅁ
⑤	ㄷ, ㄹ, ㅁ	ㄱ, ㄴ

#강화이론 #조작적조건형성 ▶ 해설 85쪽 03번 참고

05 다음에서 설명하는 학습이론의 개념은 무엇인가?

> 숙제하는 것을 몹시 싫어하는 아이에게 숙제를 마치면 좋아하는 TV 프로그램을 시청할 시간을 준다.

① 프리맥의 원리　　　　　　　② 행동수정
③ 조 형　　　　　　　　　　　④ 이차적 조건형성
⑤ 자극일반화

#학습원리 ▶ 해설 36쪽 11번 참고

06 과거에 전혀 학습한 적이 없는 새로운 관계를 급작스럽게 파악하는 것을 의미하는 용어는?

① 관 찰　　　　　　　　　　　② 연 습
③ 통 찰　　　　　　　　　　　④ 소 거
⑤ 학 습

▶해설 39쪽 18번 참고

07 다음 중 정보처리이론에 대한 내용으로 옳지 않은 것은?

① 컴퓨터의 정보처리과정에 기초하여 인간의 인지과정을 밝힌 이론이다.

② 감각기관으로 들어오는 모든 정보는 감각기억에 매우 짧은 시간 동안 저장된다.

③ 작동기억은 지금 이 순간 활성화된 기억저장소로 기억용량과 저장시간이 제한되어 있다.

④ 저장된 정보는 필요에 따라 인출되어 작동기억을 통해 반응으로 나타난다.

⑤ 단기기억은 개인의 경험을 저장하는 일상기억과 일반적인 지식을 저장하는 의미기억으로 구성된다.

▶해설 84쪽 02번 참고

08 고전적 조건형성과 조작적 조건형성에 대한 내용으로 옳지 않은 것은?

① 고전적 조건형성은 자극이 반응의 앞에 나타나고, 조작적 조건형성은 반응이 보상 앞에 온다.

② 고전적 조건형성에서는 자극이 반응을 추출하지만, 조작적 조건형성에서는 자극이 반응을 방출한다.

③ 고전적 조건형성에서는 특수자극이 특수반응을 일으키지만, 조작적 조건형성에서 특수반응을 일으키는 특수자극은 존재하지 않는다.

④ 고전적 조건형성에서는 한 자극이 다른 자극을 대치하는 형태로 조건형성이 일어나지만, 조작적 조건형성에서는 이러한 자극의 대치가 일어나지 않는다.

⑤ 고전적 조건형성에서는 목적지향적·수의적 행동이 학습되지만, 조작적 조건형성에서는 정서적·불수의적 행동이 학습된다.

▶해설 85쪽 05번 참고

09 변동비율계획(VR), 고정비율계획(FR), 변동간격계획(VI), 고정간격계획(FI)을 반응률이 높은 순서대로 나열한 것은?

① 변동간격계획(VI) > 고정간격계획(FI) > 변동비율계획(VR) > 고정비율계획(FR)

② 변동비율계획(VR) > 변동간격계획(VI) > 고정비율계획(FR) > 고정간격계획(FI)

③ 변동비율계획(VR) > 고정비율계획(FR) > 변동간격계획(VI) > 고정간격계획(FI)

④ 고정비율계획(FR) > 변동간격계획(VI) > 변동비율계획(VR) > 고정간격계획(FI)

⑤ 고정간격계획(FI) > 변동비율계획(VR) > 고정비율계획(FR) > 변동간격계획(VI)

▶ 해설 87쪽 09번 참고

#정보처리이론 #기억이론

10 기억과정에 대한 내용에서 순서가 옳게 연결된 것은?

> ㄱ. 지각이나 표상의 흔적을 재생가능한 형태로 보존시키는 것
> ㄴ. 현재 경험하고 있는 것이 과거에 경험한 것과 같은 것임을 알아내는 것
> ㄷ. 어떤 경험의 인상이나 흔적을 대뇌피질의 기억부위에 남기는 것
> ㄹ. 경험의 내용이 어떤 인연이나 필요에 의해 다시 의식으로 떠오르는 것

① ㄱ → ㄴ → ㄷ → ㄹ　　　　　② ㄴ → ㄷ → ㄹ → ㄱ
③ ㄷ → ㄹ → ㄱ → ㄴ　　　　　④ ㄷ → ㄱ → ㄹ → ㄴ
⑤ ㄹ → ㄷ → ㄴ → ㄱ

▶ 해설 140쪽 22번 참고

#정보처리이론 #기억이론 #망각원리

11 망각에 관한 설명으로 옳지 않은 것은?

① 설단현상은 인출의 실패에 대한 사례이다.
② 한 기억요소는 색인 또는 연합이 적을수록 간섭도 적어지므로 쉽게 기억된다.
③ 일반적으로 일화기억보다 의미기억에 대한 정보의 망각이 적게 일어난다.
④ 망각은 유사한 정보 간의 간섭에 기인한 인출단서의 부족에 의해 생긴다.
⑤ 쇠잔이론의 반대연구에 따르면 망각은 단순한 시간경과로 일어나는 것이 아니라, 파지기간 동안 이루어진 경험의 양에 영향을 받는다.

▶ 해설 90쪽 20번 참고

#사회학습이론 #관찰학습 #모방학습

12 사회학습이론은 환경 속에서 의식적 또는 무의식적으로 타인의 행동을 관찰하고 모방하는 과정을 통해서 학습이 일어난다고 보는 관점이다. 다음 중 사회학습이론에 대한 내용으로 옳지 않은 것은?

① 광고업자들은 소비자들이 선호하고 모방할 것으로 여겨지는 사람을 광고 모델로 선정한다.
② 모델의 유형에는 사람만 있는 것이 아니라 매스미디어 등의 상징적 모델, 설명 등의 비수행적 모델도 포함된다.
③ 다른 사람이 벌 받는 행동을 본 사람이 모방행동을 보이지 않는 현상을 대리처벌이라고 한다.
④ 시간이 지나면서 학습된 모방행동이 점차 사라지기 때문에 반드시 직접적인 일차 강화물이 필요하다.
⑤ 직접 행동을 해보지 않고 모델의 행동을 관찰하는 것만으로 학습이 이루어지는 것은 무시행학습이다.

▶ 해설 133쪽 01번 참고

#뇌기능

13 인간의 뇌에서 부위별 기능으로 옳게 연결된 것은?

① 후두엽(Occipital Lobe) – 촉각과 공간감각을 지각
② 두정엽(Parietal Lobe) – 숨쉬기나 체온조절과 같은 자율신경계의 기능을 관장
③ 해마(Hippocampus) – 새로운 사실을 학습하고 자서전적인 사건들을 기억
④ 뇌간(Brainstem) – 신체적인 움직임이 동반된 학습
⑤ 소뇌(Cerebellum) – 시각정보를 분석하고 통합

▶ 해설 134쪽 03번 참고

#학습이론 #심리학자

14 학습이론의 발달에 대한 역사적 흐름으로 옳은 것은?

① 1800년대 후반 심리학자들이 처음 본격적으로 학습에 대한 공부를 시작했을 때 지배적인 두 관점은 구조주의와 기능주의였다.
② 인지주의자들은 마음의 내적 작용을 선호하는 철학자들이나 심리학자들과는 거리를 두었고, 심리학이 생물학이나 화학과 어깨를 나란히 하는 자연과학이 되기를 바랐다.
③ 엘리스(Ellis)는 사회학습이론의 학문적 발판을 마련하였는데, 초기에는 행동주의 학습이론에서 출발해 나중에는 인지적 측면을 중시하는 사회학습이론을 발전시켰다.
④ 게슈탈트 접근에서는 인간학습에 대한 다양한 형태를 계속 탐구함에 따라 행동만으로는 학습에 대한 완벽한 해석을 할 수 없음을 깨달았다. 즉, 사람의 사고과정인 인지를 고려해야 한다는 것이었다.
⑤ 생태주의 접근에서는 비고츠키(Vygotsky)의 생각에 기반하여 사회적 상호작용과 문화적 유산이 인간학습과 인지발달에 영향을 준다는 이론을 발전시켰다.

▶ 해설 135쪽 06번 참고

#정보처리이론 #이중부호모형 #언어적망모형

15 정보가 기억에 저장되는 형식을 설명하는 이론으로 이중 부호 모형과 언어적 망 모형이 있다. 이에 대한 설명으로 옳지 않은 것은?

① 언어적 망 모형에 따르면 정보는 명제적 형태로 기억된다.
② 이중부호 모형에 따르면 시각적 또는 언어적 형태의 정보는 서로 독립적으로 기능한다.
③ 언어적 망 모형에 따르면 시각적 정보는 언어적 형식을 통해 재구성된다.
④ 언어적 망 모형에 따르면 정보는 서로 관계없는 단어들의 집합체이다.
⑤ 이중부호 모형에 따르면 구체적 대상은 이미지 형태로, 추상적 대상은 언어적 형태로 저장된다.

#객관도 #신뢰도 #실용도 #타당도 ▶해설 142쪽 03번 참고

01 좋은 검사도구가 갖추어야 할 조건에 대한 내용으로 옳지 않은 것은?

① 국어시험에서 독해력을 측정하려 했지만 실제로는 암기력을 측정했다면 타당도가 문제시된다.

② 객관도는 주로 채점이 객관적인 것을 말하며, 정답과 오답의 구분이 명확하고 채점이 용이한 것이 표준화검사로 바람직하다.

③ 신뢰도가 높은 검사란 측정하고자 하는 특성을 일관성 있게 측정하는 검사이다.

④ 실용도는 검사도구가 얼마나 적은 시간과 비용, 노력을 투입하여 얼마나 많은 목표를 달성할 수 있는가를 말한다.

⑤ 검사 실시나 채점이 복잡하고 어렵다고 하더라도 타당도와 신뢰도가 높은 경우 검사의 실용도는 높다.

#표준화검사 ▶해설 43쪽 05번 참고

02 검사의 제반과정에 대하여 일관성을 확보할 수 있게 만든 검사를 표준화검사라고 한다. 표준화검사에 대한 내용 중 다음 (A)와 (B)에 들어갈 말로 가장 옳은 것은?

> 표준화검사(Standardized Test)는 검사의 (A)에서부터 채점 및 해석에 이르기까지의 과정을 (B)하여 검사의 제반 과정에서 검사자의 주관적인 의도나 해석이 개입될 수 없도록 한 것이다.

	A	B		A	B
①	선 택	표준화	②	측 정	규준화
③	실 시	단일화	④	제 작	조건화
⑤	평 가	객관화			

#심리검사 #심리학자 ▶해설 143쪽 06번 참고

03 심리검사의 발달과정에서 이론가들의 역할에 관한 내용으로 옳지 않은 것은?

① 카텔(Cattell) – 정신검사(Mental Tests)라는 용어를 처음 사용하였으며 갈튼(Galton)처럼 개인차 연구에 관심을 가졌다.

② 분트(Wundt) – 독일 라이프치히에 심리학연구 실험실을 개설하면서 심리학이 독립된 학문으로 발전하게 되었다.

③ 위트머(Witmer) – 미국 펜실베니아대학에 최초의 심리진료소를 개설하였고, 임상심리학 강좌도 처음으로 개설하였다.

④ 갈튼(Galton) – 개인차 연구에 관심을 가졌으며, 유전에 따른 지적 능력의 차이에서 개인차가 발생한다고 보았다.

⑤ 비네(Binet) – 모건(Morgan)과 함께 주제통각검사를 개발하였다.

#연구방법론 #통계적검증 #통계치 ▶해설 144쪽 09번 참고

04 다음 내용은 어떤 통계치에 대한 설명인가?

> • 집단이 얼마나 동질적인지 이질적인지를 나타내주는 값이다.
> • 값이 클수록 자료가 넓게 퍼져 있고, 값이 작을수록 자료가 조밀하게 모여 있다.

① 변산도 ② 중앙치

③ 집중경향치 ④ 평균치

⑤ 최빈치

05 표본추출에 관한 설명 중 옳지 않은 것은?

① 표본추출의 방법은 확률표본추출과 비확률표본추출로 구분된다.
② 표본은 모집단과 중복되지 않도록 별개로 추출하는 것이 좋다.
③ 표본은 정규분포를 보이는 집단에서 추출하는 것이 좋다.
④ 표본은 일차적으로 기술적 통계분석의 대상이 된다.
⑤ 표본추출법은 필연적으로 오차를 수반한다.

06 K-WAIS-IV에 관한 설명으로 옳지 않은 것은?

① 공통성 소검사는 언어적 이해능력을 측정한다.
② 숫자 소검사는 주의 집중력을 측정한다.
③ 지우기 소검사는 선택적 주의력을 측정한다.
④ 기호쓰기 소검사는 시각-운동 기민성을 측정한다.
⑤ 행렬추론 소검사는 결정성 지능(Crystallized Intelligence)을 측정한다.

07 K-WISC-IV 검사 중에서 시간제한이 있는 검사가 아닌 것은?

① 산 수 ② 숫 자
③ 선 택 ④ 기호쓰기
⑤ 빠진곳찾기

08 MMPI-2를 해석할 때 고려하여야 할 내용으로 옳지 않은 것은?

① 수검자의 검사 수행에 소요되는 시간, 검사 수행 시 행동 등을 관찰한다.
② 처음에 임상척도를 검토하여 상승정도를 확인한 후 타당도 척도를 고려하여 검사결과의 타당성을 고려한다.
③ 코드유형으로 확인된 상승척도쌍에 대한 경험적 해석은 단일척도에 대한 해석보다 더욱 강렬할 수 있다.
④ 통계적으로 30T 이하가 낮은 점수의 기준이 될 수 있으나, 35T 혹은 40T를 기준으로 삼는 것이 보다 융통성 있는 해석에 유리하다.
⑤ 임상척도가 전반적으로 상승되어 있는 경우 수검자의 심리적 고통이나 혼란이 심한 상태이며, 그와 같은 자신의 상태를 외부에 호소하고 있음을 시사한다.

▶ 해설 152쪽 24번 참고

09 마이어스-브릭스 성격유형검사(MBTI ; Myers-Briggs Type Indicator)에 대한 내용으로 옳지 않은 것은?

① 융(Jung)의 심리유형이론을 토대로 마이어스와 브릭스(Myers & Briggs)가 제작한 객관적 검사이다.

② 인간의 병리적 심리에 기초를 두어 만들어진 심리검사도구로, 인간성격의 일관성 및 상이성에 근거한다.

③ 수검자로 하여금 자신의 성격유형을 파악하도록 하여 자신을 보다 깊이 이해하며, 진로나 직업을 선택하는 데 도움을 제공한다.

④ 개인이 비교적 쉽게 응답할 수 있는 자기보고식의 문항들을 통해 선호경향들을 추출한 다음 그러한 경향들이 행동에 어떠한 영향을 미치는지 파악한다.

⑤ 개인의 성격을 4개의 양극차원에 따라 분류하고 차원별로 2개의 선호 중 하나를 선택하도록 함으로써 총 16가지의 성격유형으로 구분한다.

▶ 해설 195쪽 04번 참고

10 다음 중 MMPI-2 상승척도쌍의 해석적 의미로 옳지 않은 것은?

① 4-9 - 행동화적 경향이 높다.

② 1-2 - 다양한 신체적 증상에 대한 호소와 염려를 보인다.

③ 2-6 - 전환증상을 나타내는 경우가 많다.

④ 3-8 - 사고가 본질적으로 망상적일 수 있다.

⑤ 6-8 - 피해망상, 과대망상, 환청 등으로 작은 고통에도 괴로워한다.

▶ 해설 201쪽 21번 참고

11 집중력과 정신적 추적능력(Mental Tracking)을 측정하는 데 주로 사용되는 신경심리검사는?

① 벤더-게슈탈트 검사(Bender-Gestalt Test)

② 레이 복합도형 검사(Rey Complex Figure Test)

③ 선로잇기 검사(Trail Making Test)

④ 위스콘신 카드분류 검사(Wisconsin Card Sorting Test)

⑤ 스트룹 검사(Stroop Test)

▶ 해설 198쪽 13번 참고

12 지능의 진단적 분류(K-WAIS의 경우)가 옳게 연결된 것은?

① 130 이상 - 우수(Superior)

② 110~119 - 평균(Average)

③ 90~109 - 경계선(Borderline)

④ 70~79 - 평균하(Low Average)

⑤ 69 이하 - 정신지체(Mental Retardation)

#심리검사법
▶ 해설 42쪽 01번 참고

13 심리검사의 장점으로 볼 수 있는 것을 모두 고른 것은?

> ㄱ. 개인에 관한 자료수집 과정에서 주관적 판단을 방지해준다.
> ㄴ. 질적 측정을 통해 개인 간 행동을 비교할 수 있도록 해준다.
> ㄷ. 수검자의 검사반응을 비교함으로써 개인 내 비교를 가능하도록 해준다.
> ㄹ. 일회적이거나 횡단적인 시행을 통해 개인의 행동을 부분적으로 혹은 전체적으로 평가할 수 있도록 해준다.
> ㅁ. 장기적인 면담이나 행동관찰을 통해 발견할 수 있는 내용을 일회의 심리검사 시행으로 평가할 수 있도록 해준다.

① ㄱ, ㄴ, ㄷ
② ㄱ, ㄷ, ㄹ, ㅁ
③ ㄴ, ㄷ, ㄹ, ㅁ
④ ㄱ, ㄴ, ㄷ, ㄹ
⑤ ㄱ, ㄴ, ㄷ, ㄹ, ㅁ

#객관도 #신뢰도 #실용도 #타당도
▶ 해설 43쪽 04번 참고

14 검사도구가 갖춰야 할 요건과 그에 대한 설명이 옳게 연결된 것은?

> ㄱ. 타당도(Validity) 　　　　ㄴ. 신뢰도(Reliability)
> ㄷ. 객관도(Objectivity) 　　　ㄹ. 실용도(Usability)

> A. 동일한 대상에게 같거나 유사한 측정도구를 사용하여 반복측정할 경우 동일하거나 비슷한 결과를 얻을 수 있는가를 말한다.
> B. 검사도구가 얼마나 적은 시간과 비용, 노력을 투입하여 얼마나 많은 목표를 달성할 수 있는가를 말한다.
> C. 측정하고자 하는 개념이나 속성을 얼마나 실제에 가깝게 정확히 측정하고 있는가를 말한다.
> D. 검사자의 채점이 어느 정도 신뢰할 만하고 일관성이 있는가를 말한다.

① ㄱ - A, ㄴ - B, ㄷ - C, ㄹ - D
② ㄱ - B, ㄴ - A, ㄷ - D, ㄹ - C
③ ㄱ - C, ㄴ - A, ㄷ - B, ㄹ - D
④ ㄱ - B, ㄴ - D, ㄷ - A, ㄹ - C
⑤ ㄱ - C, ㄴ - A, ㄷ - D, ㄹ - B

#명목척도 #서열척도 #등간척도 #비율척도
▶ 해설 45쪽 08번 참고

15 다음 중 그 성격이 다른 하나는?

① 온 도
② 시험점수
③ IQ
④ 물가지수
⑤ 연 령

01 | 상담심리학

#정신분석상담 #상담단계

▶ 해설 3쪽 01번 참고

01 정신분석상담의 절차에 대한 내용이다. 다음 특징을 가진 단계는 무엇인가?

> • 전이에 대한 통찰을 토대로 내담자로 하여금 자신의 행동과 태도를 변경하도록 유도하는 과정이다.
> • 상담자는 내담자가 통찰한 것을 실제생활로 옮기도록 돕는다.
> • 이 과정에 의해 내담자의 변화된 행동이 안정수준에 이르게 되면 종결을 준비한다.

① 초기단계　　　　　　　　　　② 전이단계
③ 통찰단계　　　　　　　　　　④ 훈습단계
⑤ 종결단계

#방어기제

▶ 해설 3쪽 02번 참고

02 방어기제 중 성격이 유사한 유형끼리 옳게 연결된 것은?

> ㄱ. 억 제　　　　　　　　　ㄴ. 합리화
> ㄷ. 치 환　　　　　　　　　ㄹ. 행동화
> ㅁ. 승 화

	적응적	부적응적		적응적	부적응적
①	ㄱ, ㅁ	ㄴ, ㄷ, ㄹ	②	ㄹ, ㅁ	ㄱ, ㄴ, ㄷ
③	ㄷ, ㄹ, ㅁ	ㄱ, ㄴ	④	ㄱ, ㄹ	ㄴ, ㄷ, ㅁ
⑤	ㄴ, ㄷ	ㄱ, ㄹ, ㅁ			

#행동주의상담 #상담기법

▶ 해설 4쪽 05번 참고

03 행동주의상담 기법 중 그 성격이 다른 것은?

① 체계적 둔감법　　　　　　　② 행동조성
③ 토큰경제　　　　　　　　　　④ 타임아웃
⑤ 강 화

▶ 해설 5쪽 07번 참고

04 다음 설명은 어떤 상담접근법의 특징으로 볼 수 있는가?

> • 인간행동의 대부분은 학습된 것이므로 수정이 가능하다.
> • 특정한 환경의 변화는 개인의 행동을 적절하게 변화시키는 데 도움이 된다.
> • 상담의 효율성 및 효과성은 상담장면 밖에서 내담자의 구체적인 행동변화에 의해 평가된다.
> • 상담방법은 정적이거나 고정된 것 또는 사전에 결정된 것이 아니므로, 내담자의 특수한 문제를 해결하기 위해 독특한 방식으로 고안될 수 있다.

① 정신분석상담   ② 개인주의상담
③ 게슈탈트상담   ④ 행동주의상담
⑤ 교류분석상담

▶ 해설 7쪽 10번 참고

05 다음 기본가정에 해당하는 상담적 접근으로 옳은 것은?

> • 인간은 자각하는 능력을 가지고 있다.
> • 인간은 정적인 존재가 아닌 항상 변화하는 상태에 있는 존재이다.
> • 인간은 자유로운 존재인 동시에 자기 자신을 스스로 만들어 가는 존재이다.
> • 인간은 즉각적인 상황과 과거 및 자기 자신을 초월할 수 있는 능력을 가지고 있다.
> • 인간은 장래의 어느 시점에서 무존재가 될 운명을 지니고 있으며, 자기 스스로 그와 같은 사실을 자각하고 있는 존재이다.

① 특성요인상담   ② 인지행동상담
③ 현실주의상담   ④ 실존주의상담
⑤ 형태주의상담

▶ 해설 8쪽 13번 참고

06 다음 대화내용에서 상담자가 사용하고 있는 상담기법은 무엇인가?

> 내담자 : 저는 이 나이가 되도록 이루어 놓은 것도 없는데 주변에 친하다고 할 수 있는 친구도 하나 없네요… 용기도 없어서 제가 먼저 다가가는 것도 힘들고요…
> 상담자 : 가까운 인간관계를 맺고 이를 유지하는 것이 어려워서 우울하고 힘드신 상황에 대한 해결책을 찾길 원하시는군요.

① 재진술   ② 반 영
③ 해 석   ④ 명료화
⑤ 직 면

07 다음 중 집단상담의 응집력에 대한 내용으로 옳지 않은 것은?

① 응집력이 높은 집단에서 성원들은 자기 자신을 개방하며 자기탐색에 집중한다.
② 다른 조건이 모두 동일하다면 집단규모는 응집력에 별다른 영향을 미치지 못한다.
③ 집단성원 간 공유된 가치관, 태도 등은 집단응집력의 주요원천이 된다.
④ 응집력이 높은 집단은 중도이탈자가 적다.
⑤ 응집력은 집단상담의 성공에 있어 매우 중요하다.

08 교류분석상담에 대한 내용 중 다음 괄호 안에 들어갈 말로 옳은 것은?

- (   )은/는 표정, 태도, 감정, 언어 등 여러 형태의 행동으로 나타나는 것으로서, 상대방에 대한 반응을 드러내는 단위이다.
- 아동기에 주고받는 (   )은/는 성인의 성격과 인품을 형성하는 데 영향을 미친다.
- 심리적 안정감과 자아존중감의 발달을 위해서는 긍정적이고 무조건적인 (   )이/가 필요하다.

① 심리적 게임   ② 각본분석
③ 생활자세   ④ 라 켓
⑤ 스트로크

09 각각의 방어기제와 사례 연결이 옳게 연결된 것은?

ㄱ. 반동형성(Reaction Formation)   ㄴ. 투사(Projection)
ㄷ. 합리화(Rationalization)   ㄹ. 주지화(Intellectualization)
ㅁ. 행동화(Acting-Out)

A. 자기가 화가 난 것을 의식하지 못한 채 상대방이 자기에게 화를 낸다고 생각하는 경우
B. 미운 놈에게 떡 하나 더 주는 경우
C. 여우가 먹음직스런 포도를 발견하였으나 먹을 수 없는 상황에 처해 "저 포도는 신 포도라서 안 먹는다"고 말하는 경우
D. 남편의 구타를 예상한 아내가 먼저 남편을 자극하여 구타를 당하는 경우
E. 죽음에 대한 불안감을 덜기 위해 죽음의 의미와 죽음 뒤의 세계에 대해 추상적으로 사고하는 경우

① ㄱ - A, ㄴ - B, ㄷ - C, ㄹ - D, ㅁ - E
② ㄱ - B, ㄴ - C, ㄷ - D, ㄹ - E, ㅁ - A
③ ㄱ - C, ㄴ - A, ㄷ - D, ㄹ - E, ㅁ - B
④ ㄱ - D, ㄴ - E, ㄷ - C, ㄹ - A, ㅁ - B
⑤ ㄱ - B, ㄴ - A, ㄷ - C, ㄹ - E, ㅁ - D

10 아들러(Adler)의 개인주의상담의 목표에 해당되는 내용으로 옳지 않은 것은?

① 패배감을 극복하고 열등감을 감소시킬 수 있도록 돕는다.

② 잘못된 가치와 목표를 수정하도록 돕는다.

③ 잘못된 동기를 바꾸도록 돕는다.

④ 내담자의 부적응행동을 변화시킨다.

⑤ 사회의 구성원으로서 기여하도록 돕는다.

11 다음 한계점은 어떤 상담접근과 관련되는 것으로 볼 수 있는가?

> • 상담의 조건을 조성하고, 계속해서 내담자에게 초점을 두는 것에 숙달되는 것이 쉽지 않다.
> • 어떤 상담자는 이론의 주요개념을 지나치게 단순화한 나머지 자신의 반응을 반영과 공감에만 제한함으로써 상담기법의 사용, 자신의 성격관의 사용, 도구로서의 자아 등이 종종 구별되지 않는다.
> • 내담자는 종종 상담자가 무엇을 이루려고 하는지 그 의도를 이해하지 못하며, 상담과정에서 상담의 목표가 불분명하다.

① 인지행동상담   ② 게슈탈트상담

③ 정신분석상담   ④ 인간중심상담

⑤ 개인주의상담

12 상담 시 사용하는 개방형 질문과 폐쇄형 질문에 대한 내용 중 옳지 않은 것은?

① 개방형 질문은 질문범위가 포괄적이나, 폐쇄형 질문은 질문범위가 좁고 한정되어 있다.

② 개방형 질문은 내담자에게 가능한 한 많은 대답을 선택할 기회를 제공하나, 폐쇄형 질문은 예/아니요, 또는 다른 단답식 답변으로 제한한다.

③ 개방형 질문은 내담자로 하여금 시야를 넓히도록 유도하나, 폐쇄형 질문은 내담자의 시야를 좁게 만든다.

④ 개방형 질문은 위기상황에서 내담자를 위한 신속대응에 유리하고, 폐쇄형 질문은 상담초기에 유용하게 사용될 수 있다.

⑤ 개방형 질문은 바람직한 촉진관계를 열어놓는 반면, 폐쇄형 질문은 바람직한 촉진관계를 닫아놓는다.

#게슈탈트상담 #접촉경계장애기제

▶ 해설 63쪽 22번 참고

13 게슈탈트 상담접근의 접촉경계 장애기제에 대한 내용으로 옳은 것은?

① 내사(Introjection) – 개인이 자신의 욕구, 감정, 생각 등의 책임을 타인의 것으로 지각하는 현상

② 반전(Retroflection) – 개인이 타인이나 환경에 대하여 하고 싶은 행동을 자기 자신에게 하는 것

③ 편향(Deflection) – 타인의 가치관 등을 무비판적으로 수용하는 것

④ 융합(Confluence) – 부정적인 내적 갈등이나 외부환경적 자극을 피하기 위해 자신의 감각을 둔화시킴으로써 자신 및 환경과의 접촉을 피해버리거나 약화시키는 것

⑤ 투사(Projection) – 개체가 자신에 대해 지나치게 의식하고 관찰하는 현상을 의미하며 자신에 대한 타인의 반응을 지나치게 의식하기 때문에 생김

#정신분석상담 #방어기제

▶ 해설 106쪽 05번 참고

14 정신분석상담의 방어기제에 대한 내용으로 옳은 것은?

① 의식적 욕구나 충동으로부터 자아를 보호하기 위한 사고 혹은 행동을 의미한다.

② 모든 방어기제는 병적이고 부정적인 것이다.

③ 방어기제는 혼합해서 사용되지 않고 한 번에 한 가지만 사용된다.

④ 내담자는 문제상황에 직면하는 경우 습관적으로 방어기제를 사용하기도 한다.

⑤ 개인의 내면에서 일어나는 충동을 정반대로 표현하는 것을 투사라고 한다.

#윌리암슨 #상담이론

▶ 해설 109쪽 13번 참고

15 윌리암슨(Williamson)의 상담단계에서 활용할 수 있는 상담기술에서 다음 내용은 무엇에 해당되는가?

> 상담자는 내담자가 자신의 장점이나 특성들에 대해 개방된 평가를 할 수 있도록 돕는다. 또한, 그와 같은 특징들이 내담자의 직업선택 및 진로문제를 해결하는 데 있어서 어떠한 영향을 미치는지 통찰력을 가질 수 있도록 격려한다.

① 촉진적 관계형성　　　　　　　② 행동계획의 권고와 설계

③ 자기이해의 증진　　　　　　　④ 위임 또는 의뢰

⑤ 계획의 수행

▶ 해설 115쪽 01번 참고

#발달과정

01 인간발달의 특성에 해당되는 내용으로 옳지 않은 것은?

① 발달의 과업이 대부분 초기에 이루어지므로, 이 시기에 지체가 이루어지는 경우 후일의 발달에 영향을 미친다.

② 어떤 발달과업을 성취하는 데는 결정적 시기가 있는데, 그 시기를 놓치면 다음 시기에 보충될 수 없다.

③ 발달의 시기를 놓치지 않는 것보다, 이후 교육을 통해 교정·보충하는 과정이 더 중요하다.

④ 유아의 성장·발달에 어떤 결손이 생기면, 그 결손은 다음 시기의 발달에 좋지 않은 영향을 주며, 이는 누적되어 회복을 더욱 어렵게 한다.

⑤ 발달의 여러 측면들은 서로 밀접하게 연관되어 있다.

▶ 해설 117쪽 08번 참고

#프로이트 #심리성적발달 #발달단계

02 프로이트(Freud)의 심리성적 발달단계에서 남근기의 특징에 해당되지 않는 것은?

① 3~6세에 해당하는 시기이다.

② 리비도가 성기에 집중되어 성기를 자극하고 자신의 몸을 보여주거나 다른 사람의 몸을 보면서 쾌감을 얻는다.

③ 남아는 오이디푸스 콤플렉스, 여아는 엘렉트라 콤플렉스를 경험한다.

④ 아동은 부모와의 동일시 및 적절한 역할습득을 통해 양심과 자아이상을 발달시키며, 이 과정에서 초자아가 성립된다.

⑤ 이 시기에 고착되는 경우 결벽증이나 인색함 등이 나타날 수 있다.

▶ 해설 120쪽 18번 참고

#피아제 #인지발달이론

03 피아제(Piaget)의 인지발달이론의 주요개념 중 다음에 해당되는 것은 무엇인가?

> • 기존에 가지고 있던 도식을 변경하거나 새롭게 만들어가는 과정을 말한다.
> • 경험에 근거하여 도식을 수정하는 것이다.
> • 비행기와 새가 다르다는 것을 인식하고 인식의 불균형을 경험하게 되어 비행기에 대해 질문하거나 새의 이름을 붙인다.

① 도식(Schema)   ② 동화(Assimilation)

③ 조절(Accommodation)   ④ 평형(Equilibration)

⑤ 물활론(Animism)

#애착이론 #애착유형

▶ 해설 123쪽 25번 참고

04 애착유형과 그 내용의 연결이 옳지 않은 것은?

① 불안정 혼돈애착 – 부모의 비일관적 양육으로 인해 아동은 회피와 저항이 복합된 행동을 보인다.

② 안정애착 – 부모와 자녀 사이의 정서적 유대관계가 안정되어 있다.

③ 불안정 저항애착 – 아동은 부모 곁에 있으려고 하면서도 접촉을 시도하면 저항하는 이율배반적인 모습을 보인다.

④ 불안정 일방애착 – 부모와 자녀 중 한쪽이 다른 쪽에게 일방적인 애착을 보인다.

⑤ 불안정 회피애착 – 아동은 부모가 접촉을 시도하면 회피하거나 무시하는 모습을 보인다.

#발달이론 #심리학자

▶ 해설 116쪽 04번 참고

05 발달심리학 연구의 주요학자 및 그의 업적이 옳게 연결된 것은?

① 로크(Locke) – 게젤(Gesell)의 성숙이론과 피아제(Piaget)의 인지발달이론에 영향을 주었다.

② 루소(Rousseau) – 반복, 모방, 보상, 처벌을 내용으로 하는 행동주의에 영향을 주었다.

③ 다윈(Darwin) – 면밀한 관찰을 통해 개인의 발달을 추적하여 진화론적 관점에서 서술하였다.

④ 비네(Binet) – 정상적인 아동은 동일한 순서를 거치긴 하지만 그 성장속도는 상이하며 성장속도가 기질의 차이에서 기인한다고 주장하였다.

⑤ 게젤(Gesell) – 1905년 최초의 지능검사를 만들고 이를 실제 교육장면에 적용하였다.

#비고츠키 #비계설정 #발판화

▶ 해설 168쪽 09번 참고

06 비고츠키(Vygotsky)가 주장한 사회문화적 이론의 주요개념 중 비계설정(Scaffolding)에 대한 내용으로 옳지 않은 것은?

① 비계설정은 근접발달영역 내에서 개인정신 내의 국면이 개인정신 간의 국면으로 전환되는 것을 말한다.

② 비계의 기능은 타인에 대한 의존 → 타인과의 협동 → 자기에 대한 의지 → 내면화의 단계로 전개된다.

③ 비계설정을 통해 아동이 스스로 문제를 해결할 수 있도록 유능한 또래나 교사 등이 도움을 적절히 조절하여 제공하는 것이 가능하다.

④ 비계에는 암시와 단서 제공하기, 질문내용을 다시 설명하기, 아동이 이해한 것 물어보기, 과제 설명하기 등이 포함된다.

⑤ 아동이 학습을 하기 위해 성인의 도움을 필요로 하지만 집이 완성되는 과정에서 비계가 철거되듯이 성인의 역할도 점차 감소하게 되는 것을 말한다.

#유아기발달 #언어발달   ▶해설 171쪽 15번 참고

07 유아기 언어발달의 특징에 대한 설명으로 옳지 않은 것은?

① 2세에서 6세까지의 유아들이 말을 할 때, 단어를 반복하거나 주저하는 경우와 같이 일시적 말더듬현상이 나타날 수 있다.

② 언어능력이 발달된 유아가 성인이나 자기보다 언어력이 부족한 유아에게 말을 할 때 언어형태를 바꾸는 경우가 있는데 이는 상대의 수준을 파악한 후 대화자의 언어형태를 모방하는 데서 비롯된 것이다.

③ 유아는 익숙하지 않은 단어를 들었을 때 그 새로운 단어가 이미 알고 있는 단어들과는 다른 독특한 의미를 갖는다고 생각한다.

④ 단어를 한 번 듣고 그 의미를 유추하여 습득하며 구체적 사물보다는 추상적 사고에 대해 빨리 습득한다.

⑤ 각각의 사물은 하나의 명칭만을 가진다고 생각한다.

#공격성발달 #공격성유형   ▶해설 173쪽 20번 참고

08 다음 설명은 공격성의 유형 중 어떤 것에 해당되는가?

> • 우연히 다른 사람을 다치게 하거나 타인의 권리를 방해하는 신체적 활동을 통해 즐거움을 찾을 때 생기는 것으로 공격자는 이를 통해 즐거운 신체감각을 느끼려 하는 것이다.
> • 이 공격성은 분노, 적대감정, 좌절을 수반하지 않는다.

① 우연적 공격성   ② 표현적 공격성
③ 도구적 공격성   ④ 적의적 공격성
⑤ 외현적 공격성

#에릭슨 #심리사회적발달 #발달단계   ▶해설 15쪽 04번 참고

09 다음은 에릭슨(Erikson)의 심리사회적 단계에서의 위기를 제시하고 있다. 괄호 안에 들어갈 위기가 옳게 연결된 것은?

> • 유아기 – 신뢰감 vs. 불신감
> • 초기아동기 – 자율성 vs. 수치심·회의
> • 학령전기 – 주도성 vs. (   )
> • 학령기 – 근면성 vs. 열등감
> • 청소년기 – 자아정체감 vs. 정체감혼란
> • 성인초기 또는 청년기 – (   ) vs. 고립감
> • 성인기 또는 중년기 – 생산성 vs. 침체
> • 노년기 – (   ) vs. 절망

① 죄의식 – 친밀감 – 자아통합   ② 친밀감 – 죄의식 – 자아통합
③ 자아통합 – 죄의식 – 친밀감   ④ 친밀감 – 자아통합 – 죄의식
⑤ 죄의식 – 자아통합 – 친밀감

10 피아제(Piaget)의 인지발달단계에서 나타나는 단계별 특징으로 옳지 않은 것은?

① 감각운동기 – 초기에 자신과 외부대상을 구분하지 못하다가 점차적으로 외부대상과 사건에 대해 관심을 보인다.

② 전조작기 – 전조작기 사고를 나타내는 대표적인 예로 상징놀이, 물활론, 자아중심성을 들 수 있다.

③ 구체적 조작기 – 사회적 규범과 가치관을 이해하며, 예술작품에 내재한 상징의 의미를 알 수 있다.

④ 형식적 조작기 – 어떠한 대상이나 사건을 구체적으로 경험하지 않고도 머릿속으로 생각할 수 있다.

⑤ 감각운동기 – 직접 만지거나 조작해 보고, 근접탐색을 함으로써 환경을 이해한다.

11 애착은 영아와 주양육자 간 친밀한 정서적 유대감으로 정의내릴 수 있다. 사회성 발달에 있어 애착에 관한 설명으로 옳지 않은 것은?

① 영아기에 형성된 애착유형은 성장 후에도 지속된다.

② 불안정 애착은 정서발달에 부정적 영향을 미친다.

③ 애착은 지적 호기심, 학업성취도 등 인지발달에도 영향을 준다.

④ 인지발달이론에 따르면 대상영속성이 없어도 애착형성이 가능하다.

⑤ 양육자의 민감성, 영아의 기질, 환경 등이 애착의 질에 영향을 미친다.

12 과자의 양이 적다는 어린아이에게 모양을 다르게 한 과자를 주었더니 이제 많다고 좋아한다. 아이의 사고를 피아제의 인지발달이론에서 고찰하여 본다면 다음 중 어디에 속하는가?

① 보존개념의 문제   ② 자기중심성의 문제

③ 가설-연역적 추론의 문제   ④ 동화와 조절의 문제

⑤ 대상영속성의 문제

▶ 해설 67쪽 06번 참고

#발달이론 #심리학자

13 발달심리학의 역사에서 다음 설명에 해당하는 심리학자는?

> • 최초로 발달심리학 분야를 확립한 미국의 심리학자이다.
> • 질문지법을 적용하여 아동들의 활동과 흥미에 대해 질문하여 발달의 순서와 시기를 작성하였다.
> • 객관적인 측정을 적용하여 과학적 연구를 도입하였다.

① 루소(Rousseau)
② 다윈(Darwin)
③ 홀(Hall)
④ 비네(Binet)
⑤ 게젤(Gesell)

▶ 해설 197쪽 09번 참고

#지능개념 #심리학자

14 지능에 대한 학자별 정의로 옳지 않은 것은?

① 스턴(Stern) – 지능은 사고를 작동시켜 새로운 요구에 의식적으로 적응하는 일반적 능력이다.
② 디어본(Dearborn) – 지능은 학습된 능력, 즉 경험에 의해 습득되는 능력이다.
③ 스피어만(Spearman) – 지능은 사물의 관련성을 추출할 수 있도록 하는 정신작용이다.
④ 프리만(Freeman) – 지능은 지능검사에 의해 측정된 것이다.
⑤ 서스톤(Thurston) – 지능은 단일형식의 조직이 아닌 적응과정을 통해 동화와 조절이 균형을 이루는 형태를 말한다.

▶ 해설 72쪽 19번 참고

#성발달 #성역할 #발달단계

15 성역할 개념의 발달단계에 대한 내용으로 옳지 않은 것은?

① 1단계는 성동일성(Gender Identity)단계로 성별이 영속적이라는 것을 알지 못한다.
② 성동일성(Gender Identity)단계는 2~4세경에 해당된다.
③ 2단계는 성일관성(Gender Consistency)단계이다.
④ 2단계의 남아는 남자 성인으로, 여아는 여자 성인으로 성장한다는 것을 인식한다.
⑤ 3단계는 6~7세경이다.

#장애증상 ▶ 해설 125쪽 04번 참고

01 다음 증상은 DSM-5에서 어떤 장애의 특징으로 볼 수 있는가?

> • 분리에 대한 공포로 인해 집으로부터 멀리 떠나거나 집, 학교, 직장 등에 가는 것을 지속적으로 꺼리거나 거부한다.
> • 분리의 주제를 포함하는 악몽을 반복적으로 꾼다.

① 광장공포증(Agoraphobia)
② 사회불안장애(Social Anxiety Disorder)
③ 범불안장애(Generalized Anxiety Disorder)
④ 분리불안장애(Separation Anxiety Disorder)
⑤ 공황장애(Panic Disorder)

#적응장애 #진단기준 ▶ 해설 126쪽 07번 참고

02 DSM-5상 적응장애에 대한 내용으로 옳지 않은 것은?

① 스트레스 요인은 하나 또는 다수일 수 있으며, 특정 발달적 사건에 동반되는 것일 수 있다.
② 직접적인 스트레스 요인을 식별하기 어려운 경우에는 무의식적인 요인이 작용하고 있다고 볼 수 있다.
③ 스트레스 요인이 발생한 때로부터 3개월 이내에 정서적 또는 행동적 증상이 나타난다.
④ 우울감을 동반하는 경우, 불안을 동반하는 경우, 우울감 및 불안을 함께 동반하는 경우 등이 있다.
⑤ 스트레스 요인이 사라진 때로부터 6개월 이내에 증상이 끝난다.

#양극성장애 #진단기준 ▶ 해설 128쪽 11번 참고

03 양극성 및 관련 장애(Bipolar and Related Disorders)의 특징에 해당되는 내용으로 옳지 않은 것은?

① DSM-Ⅳ의 분류기준에서 양극성장애는 기분장애(Mood Disorders)의 하위유형으로 분류되었으나, DSM-5에서는 기분장애에서 분리되어 독립된 장애범주로 분류된다.
② 하위유형으로는 제1형 양극성장애(Bipolar I Disorder), 제2형 양극성장애(Bipolar Ⅱ Disorder), 순환성장애 또는 순환감정장애(Cyclothymic Disorder)가 있다.
③ 양극성장애는 고양된 기분상태와 우울한 기분상태가 교차되어 나타나는 장애이다.
④ 조증 삽화와 주요우울 삽화의 증상들이 혼합되어 나타나는 것을 DSM-5에서는 '혼재성 삽화(Mixed Episode)'로 제시하여 별도의 분류기준을 마련하였다.
⑤ 양극성장애의 진단은 현재의 증상은 물론 과거의 병력을 토대로 한다.

▶ 해설 129쪽 16번 참고

04 #성격장애 #회피성성격장애 #APD

다음 중 회피성 성격장애(Avoidant Personality Disorder)와 공병률이 높은 질환으로 옳은 것은?

① 사회불안장애(Social Anxiety Disorder)
② 의존성 성격장애(Dependent Personality Disorder)
③ 강박성 성격장애(Obsessive-Compulsive Personality Disorder)
④ 의사소통장애(Communication Disorders)
⑤ 연극성 성격장애(Histrionic Personality Disorder)

▶ 해설 131쪽 20번 참고

05 #물질관련장애 #알코올사용장애 #진단기준

DSM-5상 알코올 사용장애(Alcohol Use Disorder)의 진단기준에 해당하는 내용으로 옳지 않은 것은?

① 반복적인 알코올 사용이 직장, 학교 혹은 가정에서의 주된 역할의무 수행에서 실패를 야기한다.
② 신체적인 위험이 존재하는 상황에서도 알코올 사용을 반복한다.
③ 금단증상 중 하나의 양상으로 같은 양의 알코올 사용을 계속함에도 불구하고 그 효과는 현저히 감소한다.
④ 알코올 사용을 줄이거나 통제하려고 지속적으로 노력하지만 매번 실패한다.
⑤ 알코올의 획득, 사용 혹은 그 영향으로부터의 회복에 있어서 상당히 많은 시간을 보낸다.

▶ 해설 177쪽 04번 참고

06 #불안장애 #특정공포증 #장애증상

특정공포증에 대한 내용으로 옳지 않은 것은?

① 특정 대상이나 상황에 대하여 비합리적인 공포를 느끼는 것을 말한다.
② 특정공포증 환자들은 보통 하나 이상의 대상에 대해 공포증을 가지고 있는 경우가 많다.
③ 공포와 불안의 정도가 매우 강하고 증상이 6개월 이상 지속되어야 진단된다.
④ 대개 성인 후기에 갑작스럽게 발병한다.
⑤ 하위유형으로 동물형, 자연환경형, 혈액-주사-부상형, 상황형, 기타형 등이 있다.

▶ 해설 124쪽 02번 참고

07 #성기능장애 #성기능부전 #DSM-5

DSM-5상 성기능장애 또는 성기능부전(Sexual Dysfunctions)의 하위범주에 해당되지 않는 것은?

① 남성 성욕감퇴장애(Male Hypoactive Sexual Desire Disorder)
② 청소년 및 성인의 성불편증(Gender Dysphoria in Adolescents and Adults)
③ 여성 성적 관심/흥분장애(Female Sexual Interest/Arousal Disorder)
④ 지루증 또는 사정지연(Delayed Ejaculation)
⑤ 발기장애(Erectile Disorder)

▶ 해설 181쪽 15번 참고

08 #신경발달장애 #지적장애

염색체이상에 의해 유발되는 대표적 장애의 하나로 신체적 장애 및 지적 장애를 동반하며 눈과 입이 돌출되는 독특한 외모를 갖게 되는 장애는?

① 다운증후군   ② 운동기술장애
③ 아스퍼거증후군   ④ 클라인펠터증후군
⑤ 터너증후군

#해리장애 #진단기준 ▶ 해설 182쪽 19번 참고

09 DSM-5상 해리성 정체성장애(Dissociative Identity Disorder)의 주요 진단기준으로 옳지 않은 것은?

① 뇌손상이나 뇌기능장애가 아닌 심리적 요인에 의해 기억상실이 급작스럽게 발생하며, 일시적인 지속과 함께 회복된다.

② 일상의 사건, 중요한 개인정보 그리고(혹은) 외상적 사건의 회상에 있어서 반복적인 공백이 통상적인 망각과 일치하지 않는다.

③ 이러한 증상들은 사회적·직업적 기능 또는 다른 중요한 기능 영역에서 임상적으로 유의미한 고통이나 손상을 초래한다.

④ 이러한 장해는 널리 받아들여지는 문화적 혹은 종교적 관습의 정상적인 부분이 아니다.

⑤ 이러한 증상들은 알코올 중독 상태에서의 일시적 기억상실이나 복합부분발작과 달리, 특정 물질 또는 다른 의학적 상태에서 기인한 증상이 아니다.

#성격장애 #장애증상 ▶ 해설 184쪽 24번 참고

10 다음 특징을 나타내는 장애로 옳은 것은?

> • 자신의 능력을 실제보다 과장되게 생각하며 왜곡된 자아상을 가지고 있다.
> • 자기중심적이며 끊임없이 타인의 주목을 받고 싶어한다.
> • 공감능력이 부족하여 거만한 태도, 타인에 대한 비난 등으로 대인관계가 좋지 않다.
> • 자신에 대한 비판에 극도로 예민하며 원하는 처우를 받지 못하면 격분한다.
> • 보통 사춘기에 많이 발현되지만 모두가 그런 것은 아니다.

① 경계선 성격장애(Borderline Personality Disorder)
② 연극성 성격장애(Histrionic Personality Disorder)
③ 자기애성 성격장애(Narcissistic Personality Disorder)
④ 회피성 성격장애(Avoidant Personality Disorder)
⑤ 의존성 성격장애(Dependent Personality Disorder)

#불안장애 #DSM-5 ▶ 해설 23쪽 02번 참고

11 DSM-5의 분류기준에 의한 불안장애(Anxiety Disorders)의 주요 하위유형에 해당되지 않는 것은?

① 분리불안장애(Separation Anxiety Disorder)
② 선택적 함구증(Selective Mutism)
③ 강박장애(Obsessive-Compulsive Disorder)
④ 특정공포증(Specific Phobia)
⑤ 사회불안장애(Social Anxiety Disorder)

12 #불안장애 #공황장애

공황장애(Panic Disorder)의 진단과 주요증상에 대한 내용으로 옳지 않은 것은?

① DSM-5에서는 공황장애의 주요증상으로 공황발작의 11가지 증상들을 제시하고 있으며, 그중 2가지 이상이 나타나야 진단이 가능하다고 규정하고 있다.

② 공황발작의 증상은 급작스럽게 나타나 10분 이내에 최고조에 도달하며, 대개 10~20분 동안 지속된 후 사라진다.

③ 발작이 없는 중간시기에는 그와 같은 증상들이 다시 나타날지 모른다는 예기불안(Anticipatory Anxiety)을 느끼기도 한다.

④ 공황발작은 급작스러운 두려움과 공포감이 불시에 비정기적으로 나타나 강렬한 불안을 동반한다.

⑤ 외출을 삼가고 혼자 있기를 두려워하는 등 광장공포증이 함께 나타나기도 하며, 심장병이 아닌가 하는 등 건강 염려증이 동반되기도 한다.

13 #신경증 #정신증

신경증에 관한 내용 중 옳지 않은 것은?

① 흔히 노이로제라는 용어로 부르기도 한다.

② 신경증 환자들은 판단력이 현저하게 떨어져 학업과 일상을 유지할 수 없으며, 대표적인 장애로 조현병을 들 수 있다.

③ 사회적 어려움을 보이기는 하지만 자발적인 방문 치료가 가능한 질환을 가리킨다.

④ 신경증 환자들은 자신에게 어떤 문제가 있다는 것을 자각할 수 있다.

⑤ 생활적응적 측면에서 겪는 주관적 불편함을 의미한다.

14 #우울장애

우울장애와 관련된 이론 중 다음에서 설명하는 것은 무엇인가?

- 사람이 스트레스 장면에 처하는 경우 일차적으로 불안감을 느끼며, 그 장면을 통제할 수 없음을 깨닫는 경우 우울해진다고 주장한다.
- 실험대상이었던 개에게서 우울증과 관련된 신경전달물질인 노르에피네프린(Norepinephrine)이 감소된 사실은 이것과 우울증이 밀접하게 연관되어 있음을 반영한다.

① 정신분석이론　　　　　　　　　② 학습된 무력감 이론
③ 귀인이론　　　　　　　　　　　④ 카테콜라민가설
⑤ 도파민가설

15 #조현병 스펙트럼 #DSM-5

DSM-5 분류기준에서 조현병 스펙트럼 및 기타 정신증적 장애를 그 증상의 심각도에 따라 낮은 수준에서 높은 수준으로 배열할 경우 심각도가 가장 높은 것은?

① 조현형장애　　　　　　　　　　② 망상장애
③ 단기 정신병적 장애　　　　　　④ 조현양상장애
⑤ 조현정동장애

#성격심리학 #프로이트 #정신분석상담 #아들러 #개인주의상담   ▶ 해설 33쪽 02번 참고

01   다음의 강화계획 중 학습된 행동이 쉽게 소거되지 않는 것은?

① 고정간격강화   ② 변동간격강화

③ 고정비율강화   ④ 변동비율강화

⑤ 계속강화

#고전적조건형성   ▶ 해설 34쪽 04번 참고

02   고전적 조건형성(Classical Conditioning)에 대한 내용 중 옳지 않은 것은?

① 반응조건형성(Respondent Conditioning), 파블로프조건형성(Pavlovian Conditioning)이라고도 불린다.

② 먹이가 입속에 들어오면 개가 침을 흘리는 것처럼 선천적이고 영구적인 반사를 무조건 반응(Unconditioned Response)이라고 한다.

③ 유기체로 하여금 자연적이며 자동적인 반응을 일으키게 하는 자극으로 훈련이 없어도 반응을 유발하는 자극을 무조건 자극(Unconditioned Stimulus)이라고 한다.

④ 일반적으로 반사반응을 일으키지 않는 자극을 조건 자극(Conditioned Stimulus)이라고 한다.

⑤ 일반적으로 무조건 자극(Unconditioned Stimulus)의 크기와 강도가 강할수록 조건형성이 빠르게 일어난다.

#강화이론 #조작적조건형성   ▶ 해설 35쪽 08번 참고

03   조작적 조건형성(Operant Conditioning)에 대한 내용 중 옳지 않은 것은?

① 스키너(Skinner)가 고안한 스키너상자(Skinner Box)에서의 쥐실험을 통해 구체화되었다.

② 인간이 환경적 자극에 수동적으로 반응하여 형성되는 행동인 반응적 행동을 설명하고 있다.

③ 어떤 행동의 결과에 대해 보상이 이루어지는 경우 그 행동이 재현되기 쉬우며, 반대의 경우 행동의 재현이 어렵다는 점을 강조한다.

④ 강화이론(Reinforcement Theory)이라고도 불린다.

⑤ 보상에 의한 강화를 통해 반응행동을 변화시키려는 방법으로 볼 수 있다.

#강화이론 #일차적강화물 #무조건강화물

▶ 해설 37쪽 13번 참고

04 무조건 강화물로도 불리는 일차적 강화물의 특징에 대한 내용 중 옳지 않은 것은?

① 학습경험에 의존하지 않는 강화물이다.

② 그 자체로 생리적 만족감과 쾌감을 주는 자극을 말한다.

③ 일부 일차적 강화물들은 그 효과가 상당히 빨리 상실되는데 이를 '물림 현상'이라고 한다.

④ 보통 다른 강화물들과 짝지어짐으로써 강화력을 획득한다.

⑤ 음식, 물, 성적 자극 등이 해당된다.

#헐 #강화이론 #추동감소이론

▶ 해설 37쪽 14번 참고

05 헐(Hull)의 추동감소이론(Drive Reduction Theory)에 대한 내용 중 옳지 않은 것은?

① 강화물이란 하나 이상의 추동을 감소시키는 자극이다.

② 헐(Hull)은 이차적 강화물이 단독으로 강화력을 갖게 된다고 주장하였다.

③ 동물과 사람은 추동(Drive)이라는 동기상태 때문에 행동을 한다.

④ 음식이나 물과 같은 일차적 강화물은 추동을 감소시킨다.

⑤ 먹이가 박탈된 동물은 먹이를 획득하도록 추동된다.

#강화이론 #조작적조건형성 #강화 #처벌

▶ 해설 40쪽 22번 참고

06 처벌과 부적 강화와 관련된 내용 중 연결이 옳지 않은 것은?

① 정적 처벌 – 불법 주차 차량에 벌금을 매기는 것

② 부적 강화 – 약속에 늦는 친구에게 잔소리하는 것

③ 부적 처벌 – 컴퓨터 게임을 너무 많이 하는 자녀의 용돈을 깎는 것

④ 부적 강화 – 수업 태도가 좋은 학생에게 청소 당번을 면제해주는 것

⑤ 정적 처벌 – 미납된 세금에 대해 연체료를 부과하는 것

#고전적조건형성 ▶해설 84쪽 01번 참고

07 다음 중 고전적 조건형성에 해당하는 내용을 모두 고른 것은?

> ㄱ. 덩치가 크고 사납게 생긴 개를 보고 놀란 경험이 있는 어린아이는 개에 대한 강력하고 일반화된 공포증을 학습함으로써 이후 어떤 개에게도 접근하기를 두려워하게 된다.
> ㄴ. 광고업자들은 상품을 매력적인 인물이나 즐거움을 주는 배경과 연합시켜 보여준다.
> ㄷ. 야구선수가 빨간 장갑을 착용한 날 우연히 성적이 좋게 나오자 다음 경기부터 빨간 장갑을 지속적으로 착용한다.
> ㄹ. 한 마리의 개가 무슨 짓을 해도 전기충격 상자를 탈출할 수 없자 자포자기한 채 탈출을 포기하고 전기충격을 받고 있다.

① ㄱ
② ㄱ, ㄴ
③ ㄱ, ㄴ, ㄷ
④ ㄴ, ㄷ, ㄹ
⑤ ㄱ, ㄴ, ㄷ, ㄹ

#고전적조건형성 #조건자극 #무조건자극 #조건반응 ▶해설 85쪽 04번 참고

08 다음 사례에서 조건 자극(CS) – 무조건 자극(UCS) – 조건 반응(CR)을 옳게 연결한 것은?

> 고교 시절의 첫사랑인 미인이는 항상 하늘색 머리띠를 하고 다녔습니다. 미인이가 너무 좋지만 용기가 없어서 고백은 못한 채 항상 삐딱하게 괴롭히는 방식으로 관심을 표현하였지요. 주로 머리띠를 가지고 도망치는 방식으로 괴롭혔어요... 지금 생각하면 참...
> 결국 고교를 졸업하고 다른 지역의 대학으로 진학하면서 영원히 헤어지게 되었네요... 벌써 10년 전 일인데 사실 아직도 하늘색 머리띠만 보면 마음이 설레는 경험을 하곤 합니다.

① 미인 – 하늘색 머리띠 – 설렘
② 하늘색 머리띠 – 미인 – 설렘
③ 괴롭힘 – 미인 – 설렘
④ 미인 – 괴롭힘 – 설렘
⑤ 첫사랑 – 미인 – 설렘

#반두라 #사회학습이론 ▶해설 86쪽 06번 참고

09 반두라(Bandura)의 사회학습이론에 대한 내용으로 옳지 않은 것은?

① 행동주의적 관점에 따르면, 행동에 대한 직접적인 보상이 없더라도 모델 행동이 강화인으로 작용하여 학습이 일어나는 효과가 있다.
② 관찰학습, 모방학습, 또는 대리학습이라고도 부른다.
③ 사회학습이론에서 강화는 단지 학습에 영향을 주는 조건화를 촉진시키는 한 요소이다.
④ 인간은 자기효능감을 성취하는 방향으로 행동을 규제할 수 있다.
⑤ 관찰학습에 영향을 주는 변인으로는 모델의 특성, 모델이 한 행동의 결과, 관찰자의 특성 등이 있다.

#정보처리이론 #기억이론   ▶ 해설 87쪽 11번 참고

10 인간기억에 대한 정보처리모형의 기본가정으로 옳지 않은 것은?

① 인간은 정보를 처리하는 존재로 정보처리란 정보에 대하여 일어나는 정신적인 행위과정을 말한다.

② 지각, 시연, 사고, 문제해결, 망각 등의 모든 인지활동에는 정보처리가 포함된다.

③ 정보는 일련의 단계를 거쳐 순서대로 처리된다.

④ 인간은 무한정의 정보를 획득할 수 있지만 정보처리단계에서 처리할 수 있는 정보량은 한계가 있다.

⑤ 주의나 지각과 같은 정보처리과정과 기억 속에 저장된 정보는 서로 독립적으로 작용한다.

#학습이론 #전이   ▶ 해설 89쪽 15번 참고

11 학습과정에서 나타나는 것으로 선행학습이 새로운 학습에 영향을 미치는 것을 전이(Transfer)라고 한다. 전이에 대한 내용으로 옳지 않은 것은?

① 학교에서 배운 영어로 길을 묻는 외국인에게 영어로 길을 알려준다면 영어학습이 실생활에 잘 전이된 것이다.

② 바이올린을 배우면 비올라를 쉽게 배울 수 있는 것은 긍정적 전이, 이미 암기한 영어 단어가 프랑스어 단어를 암기하는 데 혼란을 주는 것은 부정적 전이에 해당한다.

③ 전이의 질은 초기학습의 질과 맥락의 영향을 많이 받는다.

④ 가게에서 물건을 사고 계산을 해서 이것의 가격을 지불하는 것은 수평적 전이, 구구단을 외워서 나중에 곱셈이나 나누기에 활용하는 것은 수직적 전이에 해당한다.

⑤ 기계적 학습과 이해를 동반한 학습 모두 전이를 촉진한다.

#강화이론 #조작적조건형성 #강화 #처벌   ▶ 해설 90쪽 18번 참고

12 강화와 처벌에 대한 내용으로 옳지 않은 것은?

① 정적 강화는 유쾌자극을 부여하여 바람직한 반응의 확률을 높이는 것이고, 부적 강화는 불쾌자극을 제거하여 바람직한 반응의 확률을 높이는 것이다.

② 강화는 처벌과 달리 지연해서 이루어져도 지난 행동에 대하여 효과를 기대할 수 있다.

③ 강화계획은 체계적·점증적인 단계들로 이루어져야 한다.

④ 처벌은 일관성 있게 이루어져야 한다.

⑤ 반복적인 처벌에도 불구하고 효과가 없는 경우 다른 방법을 강구해야 한다.

#기억이론 #장기기억   ▶해설 91쪽 21번 참고

13 장기기억의 특징에 해당되는 것을 모두 고른 것은?

> ㄱ. 심리학자들은 장기기억의 용량을 무제한이라고 평가한다.
> ㄴ. 장기기억에 저장되는 정보는 그 양이 얼마이든지 간에 주어진 한순간에 모든 정보가 다 인출될 수 있는 것은 아니다.
> ㄷ. 자동적 처리는 특정 자극에 대한 의식적 주의나 노력 없이도 부호화가 자동적으로 발생하는 것을 말하며, 통제적 처리는 기억하기 위해 특정 정보에 의도적으로 주의를 기울이고 노력함으로써 부호화가 발생하는 것이다.
> ㄹ. 사용되지 않는 정보는 통상적으로 시간이 경과함에 따라 망각될 확률이 높아진다.
> ㅁ. 앳킨슨과 쉬프린(Atkinson & Shiffrin)은 초기의 이중저장기억모형에서 시연은 정보를 장기기억에 저장하는 방법이 된다고 제안하였다.

① ㄱ, ㄴ   ② ㄱ, ㄴ, ㄷ
③ ㄱ, ㄴ, ㄷ, ㄹ   ④ ㄱ, ㄷ, ㄹ, ㅁ
⑤ ㄱ, ㄴ, ㄷ, ㄹ, ㅁ

#기억이론   ▶해설 92쪽 24번 참고

14 다음 사례는 기억과 관련된 개념 중 무엇을 의미하는가?

> • 현실적으로 발생하지 않은 사건의 기억들이다.
> • 참가자에게 자신의 어린 시절이라는 합성사진을 보여주면 실제 그것이 자신이 경험한 일이라고 생각했다.
> • 이것으로 인해 목격자가 잘못된 증언을 하는 결과를 가져오기도 한다.
> • 목격자가 용의자의 사진을 본다면 목격자의 기억은 범죄의 실제 기억과 혼동될 수 있다.
> • 연구자들은 목격자 기억이 대부분의 사람들이 생각하는 것보다 훨씬 오류 확률이 높다고 경고한다.

① 섬광기억   ② 위조기억
③ 원천기억상실   ④ 간 섭
⑤ 섬 망

#학습 #본능   ▶해설 135쪽 07번 참고

15 다음 중 학습의 결과로 볼 수 있는 것은?

① 철새는 겨울이면 따뜻한 곳으로 이동한다.
② 동물원의 원숭이가 인간에게 다가와 과자를 달라고 손을 내민다.
③ 캥거루가 새끼를 주머니에 넣어 키운다.
④ 곰은 추운 겨울을 나기 위해 음식을 잔뜩 먹고 겨울잠을 잔다.
⑤ 인간은 놀라면 식은땀을 흘린다.

#심리검사유형   ▶ 해설 42쪽 03번 참고

01 심리검사 중 다음 특징을 모두 가지는 것은 무엇인가?

> • 국가나 인종, 제도, 관습 등 특정한 사회적 주제에 대해 수검자의 응답으로 나타나는 개인적 선입견, 아이디어 등의 총체적인 선호를 측정한다.
> • 특정한 종류의 자극에 대한 개인의 정서적 반응이나 가치판단 등이 측정대상이 될 수 있다.
> • 이 검사의 문항은 질문내용에 대한 핵심대상, 방향성, 강도 등으로 다양하게 표현될 수 있다.
> • 문항이 동일한 주제인 경우에도 사용된 용어나 문장의 표현에 따라 응답자의 응답에 변화가 나타날 수 있다.

① 적성검사   ② 지능검사
③ 성격검사   ④ 태도검사
⑤ 성취도검사

#객관도 #신뢰도 #실용도 #타당도   ▶ 해설 44쪽 07번 참고

02 다음 사례에서는 검사의 문항이 어떤 점에서 취약성을 보이는 것으로 볼 수 있는가?

> • 이 문항에서는 전체적으로 고득점을 받은 수검자나 전체적으로 낮은 득점을 받은 수검자가 동일한 점수를 받았다.
> • 이 문항에서는 전체적으로 고득점을 받은 수검자는 오답을, 전체적으로 낮은 득점을 받은 수검자는 정답을 기록하였다.

① 난이도   ② 변별도
③ 추측도   ④ 타당도
⑤ 신뢰도

#표준화검사   ▶ 해설 143쪽 04번 참고

03 표준화검사를 활용할 때의 유의사항으로 옳지 않은 것은?

① 표준화검사는 동일한 목적이라도 그 종류가 매우 다양하므로, 검사의 양호도, 즉 타당성, 신뢰성, 객관성, 실용성 등을 고려하여 선택되어야 한다.
② 표준화검사는 시행 이유와 필요성에 대한 명확한 목적의식을 가지고 시행되어야 한다.
③ 표준화검사는 수검자의 행동특성에 대한 참고자료로서 유효할 뿐, 그 결과 자체가 절대적인 것은 아니다.
④ 표준화검사는 절차가 표준화되어 있기 때문에 훈련이 충분하게 이루어지지 않아도 누구나 실시할 수 있다는 경제성이 있다.
⑤ 검사 실시 규준을 준수하여 시행하여야 한다.

#웩슬러지능검사 #소검사종류   ▶ 해설 48쪽 16번 참고

04 웩슬러 지능검사에서 언어이해능력을 평가하는 소검사 중 정규교육이나 특정 학습, 교육적 배경 등의 영향을 가장 적게 받는 소검사는 무엇인가?

① 상식문제   ② 공통성문제
③ 어휘문제   ④ 이해문제
⑤ 숫자외우기

▶ 해설 97쪽 12번 참고

#MMPI-2 #성격검사 #타당도척도

05 MMPI-2의 타당도 척도에 관한 해석으로 옳지 않은 것은?

① ? 점수가 100 이상일 때는 해석하지 않는다.

② 방어성 척도 중 L 점수가 높으면 본인의 사소한 결점이나 약점을 인정하는 태도를 보인다.

③ 비전형 척도 중 F 점수는 보통 사람과는 다른 이상한 사고나 행동, 기이한 경험을 가진 사람에게서 높아지는 경향이 있다.

④ L, K, S 척도의 급격한 하락은 방어력이 감소되어 있음으로 해석된다.

⑤ 방어성 척도 중 K 점수가 낮으면 과도하게 솔직하고 자기비판적임을 나타낸다.

▶ 해설 94쪽 05번 참고

#투사적검사 #성격검사

06 투사적 성격검사에 대한 내용으로 옳지 않은 것은?

① 수검자의 방어적 반응이 어렵기 때문에 솔직한 응답이 유도될 수 있다.

② 수검자의 풍부한 심리적 특성 및 무의식적 요인이 반영된다.

③ 신뢰도와 타당도의 검증이 어렵다.

④ 사회적 바람직성(Social Desirability), 반응경향성(Orientation), 묵종경향성(Acquiescence)에 영향을 받을 수 있다.

⑤ 검사의 채점 및 해석에 있어서 높은 전문성이 요구된다.

▶ 해설 97쪽 13번 참고

#MMPI-2 #성격검사 #코드타입

07 MMPI-2의 코드타입에서 다음 특징을 갖는 상승척도쌍은?

> • 심각한 정서적 어려움을 겪고 있는 정신병 초기의 환자에게서 종종 나타난다.
> • 평소 우울한 상태에 있으며, 그러한 우울한 감정에는 분노와 적개심이 내재되어 있다.
> • 보통의 우울증 환자와 달리 자신의 공격성을 공공연하게 드러낸다.
> • 타인의 친절을 거부하고 곧잘 시비를 걸며, 보통의 상황에 대해 악의적인 해석을 내린다.
> • 편집증적 경향이 현저하게 나타날 수 있다.

① 1-2/2-1 코드(Hs & D)

② 1-3/3-1 코드(Hs & Hy)

③ 2-6/6-2 코드(D & Pa)

④ 3-8/8-3 코드(Hy & Sc)

⑤ 4-6/6-4 코드(Pd & Pa)

▶ 해설 99쪽 16번 참고

#MBTI #성격검사

08 MBTI 성격유형검사의 기준에 해당하지 않는 것은?

① 에너지의 방향   ② 선호하는 생활양식

③ 정서적 안정성   ④ 인식방법

⑤ 판단방법

▶ 해설 100쪽 21번 참고

09 다음 중 집중경향치(Central Tendency)에 대한 설명으로 옳지 않은 것은?

① 평균치 > 중앙치 > 최빈치 순서를 따르는 경우 자료는 정적 분포이다.

② 집중경향치와 변산도는 집단의 특성을 보여주는 값으로, 집단 간 비교를 가능하게 해준다.

③ 평균치 < 중앙치 < 최빈치 순서를 따르는 경우 자료는 부적 분포이다.

④ 집단이 얼마나 동질적인지 이질적인지를 나타내는 값이다.

⑤ 어떤 집단의 지능 통계가 부적 분포라면 집단의 지능이 우수한 것이고, 정적 분포라면 열등한 것이라고 볼 수 있다.

▶ 해설 101쪽 22번 참고

10 로샤검사(Rorschach Test)의 특징에 대한 설명 중 옳지 않은 것은?

① 대표적인 투사적, 비구조적 검사로, 지각과 성격의 관계를 상정한다.

② 추상적, 비구성적인 잉크반점을 자극 자료로 하여 수검자의 학습된 특정 반응이 아닌 여러 가지 다양한 반응을 유도한다.

③ 개인이 잉크반점을 조직하고 구조화하는 방식이 근본적으로 그 사람의 심리적 기능을 반영한다고 본다.

④ 수검자는 그가 지각한 것 속에 자신의 욕구, 경험, 습관적 반응양식을 투사한다.

⑤ 해석자의 판단에 대한 옳고 그름을 판단하는 정답이 존재한다.

▶ 해설 102쪽 25번 참고

11 홀랜드(Holland)의 직업유형적성검사(CAT ; Career Aptitude Test)의 6가지 직업성격유형에서 다음에 해당하는 것은?

> • 직업활동이 자신의 개인적인 관심분야와 밀접하게 연관된다.
> • 구조화된 상황이나 정서적으로 억압적인 상황을 선호하지 않는다.
> • 독립적인 상황에서 자신의 내면세계를 작품으로 표현하고자 한다.
> • 새로운 것을 창조하거나 창의적인 사람과 관계를 형성할 때 보람을 느낀다.

① 예술형(Artistic Type) ② 사회형(Social Type)

③ 탐구형(Investigative Type) ④ 진취형(Enterprising Type)

⑤ 현실형(Realistic Type)

▶ 해설 142쪽 02번 참고

12 지능검사의 특징에 대한 설명으로 옳지 않은 것은?

① 개인의 지적인 능력수준을 평가할 수 있으며, 인지기능의 특성을 파악할 수 있다.

② 교육연구 및 사례연구, 생활지도 및 진로지도 등에 활용할 수 있다.

③ 종종 학생의 수업수준이나 학업달성수준을 평가하기 위해 사용된다.

④ 지능검사결과를 토대로 임상적 진단을 체계화 · 명료화할 수 있다.

⑤ 기질적 뇌손상 유무, 뇌손상으로 인한 인지적 손실정도 등을 파악할 수 있다.

▶ 해설 145쪽 11번 참고

13 다음 내용은 어떤 신뢰도와 관련성이 가장 높은가?

> • 새로 개발한 검사와 여러 면에서 거의 동일한 검사를 하나 더 개발해서 두 검사의 점수 간의 상관계수를 구하는 방법이다.
> • 동일한 조작적 정의 또는 지표들에 대한 측정도구를 두 종류씩 만들어 동일한 측정대상에게 각각 응답하도록 하는 방법이다.
> • 각각의 측정도구가 매우 유사해야만 신뢰도를 측정할 수 있는 수단으로 인정받을 수 있다.
> • 문항수, 문항표현방식, 문항내용 및 범위, 문항난이도, 검사의 지시내용, 구체적인 설명, 시간제한 등 다양한 측면에서 동등성이 검증되어야 한다.

① 검사-재검사 신뢰도(Test-Retest Reliability)
② 동형검사 신뢰도(Equivalent-Form Reliability)
③ 반분 신뢰도(Split-Half Reliability)
④ 문항 내적 합치도(Item Internal Consistency)
⑤ 관찰자 신뢰도(Observer Reliability)

▶ 해설 144쪽 07번 참고

14 검사에는 다양한 종류가 있다. 각 검사의 특성에 대한 내용으로 옳지 않은 것은?

① 지능검사를 통해 기질적 뇌손상 유무, 뇌손상으로 인한 인지적 손실정도 등을 파악할 수 있다.
② 적성검사는 한 시간 전후의 비교적 짧은 시간 내에 실시될 수 있으므로 간편하고 경제적이다.
③ 성격검사는 개인의 선천적 요소와 후천적 요소의 상호작용에 의해 나타나는 일관된 특징이라고 할 수 있는 성격을 측정대상으로 하는 정서적 검사이다.
④ 성취도검사는 과거나 현재의 수행능력보다 미래의 성취가능성을 예측하는 것이다.
⑤ 태도검사는 특정한 종류의 자극에 대한 개인의 정서적 반응이나 가치판단 등을 나타내는 태도를 측정대상으로 한다.

▶ 해설 151쪽 23번 참고

15 MMPI-2의 비전형척도(F척도)에 대한 내용으로 옳지 않은 것은?

① 검사과정에서 수검자의 수검태도상의 변화를 탐지하기 위한 것으로, 검사 후반부에 총 40개의 문항으로 구성되어 있다.
② 수검자의 부주의나 일탈된 행동, 증상의 과장 혹은 자신을 나쁘게 보이려는 의도, 질문항목에 대한 이해부족 혹은 읽기의 어려움, 채점이나 기록에서의 심각한 오류 등을 식별할 수 있다.
③ 문항은 정상 성인을 대상으로 하여 비정상적인 방향으로의 응답이 10%를 초과하지 않는 것들로, 총 60개의 문항으로 구성되어 있다.
④ 점수가 높을수록 수검자가 대부분의 정상적인 사람들처럼 반응하지 않는다는 것을 의미하며, 정신적인 문제의 정도가 심각함을 나타낸다.
⑤ 측정결과가 65~80T 정도인 경우 수검자의 신경증이나 정신병, 현실검증력 장애를 의심할 수 있다. 또한, 이 양상은 자신의 자아정체성 문제로 고민하고 있는 청소년에게서도 나타날 수 있다.

한눈에 정답 체크하기

PART 1 상담심리학

01	02	03	04	05	06	07	08	09	10
⑤	④	④	⑤	⑤	②	①	④	③	④

11	12	13	14	15
①	④	①	⑤	②

PART 2 발달심리학

01	02	03	04	05	06	07	08	09	10
②	④	④	④	③	①	④	③	③	④

11	12	13	14	15
②	③	⑤	⑤	④

PART 3 이상심리학

01	02	03	04	05	06	07	08	09	10
④	①	④	④	⑤	②	①	⑤	③	①

11	12	13	14	15
③	①	③	④	①

PART 4 학습심리학

01	02	03	04	05	06	07	08	09	10
①	①	③	③	①	③	⑤	⑤	③	④

11	12	13	14	15
②	④	③	①	④

PART 5 심리검사

01	02	03	04	05	06	07	08	09	10
⑤	③	⑤	①	②	⑤	②	②	②	③

11	12	13	14	15
③	⑤	②	⑤	⑤

PART 1 상담심리학

01	02	03	04	05	06	07	08	09	10
④	①	①	④	④	②	②	⑤	⑤	④

11	12	13	14	15
④	④	②	④	③

PART 2 발달심리학

01	02	03	04	05	06	07	08	09	10
③	⑤	③	④	③	①	④	②	①	③

11	12	13	14	15
④	①	③	⑤	③

PART 3 이상심리학

01	02	03	04	05	06	07	08	09	10
④	②	④	②	③	④	②	①	①	③

11	12	13	14	15
③	①	②	②	⑤

PART 4 학습심리학

01	02	03	04	05	06	07	08	09	10
④	④	②	④	②	②	②	②	①	⑤

11	12	13	14	15
⑤	②	⑤	②	②

PART 5 심리검사

01	02	03	04	05	06	07	08	09	10
④	②	④	②	②	④	③	③	④	⑤

11	12	13	14	15
①	③	②	④	①

무언가를 위해 목숨을 버릴 각오가 되어 있지 않는 한
그것이 삶의 목표라는 어떤 확신도 가질 수 없다.

– 체 게바라 –

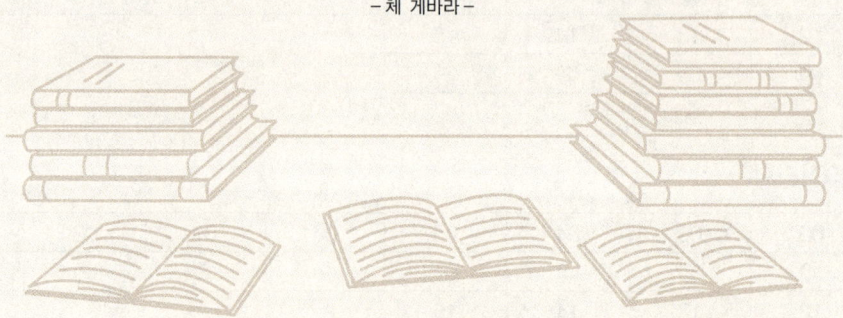

  **끝까지 책임진다! 시대에듀!**

QR코드를 통해 도서 출간 이후 발견된 오류나 개정법령, 변경된 시험 정보, 최신기출문제, 도서 업데이트
자료 등이 있는지 확인해 보세요! 시대에듀 합격 스마트 앱을 통해서도 알려 드리고 있으니 구글 플레이나
앱 스토어에서 다운받아 사용하세요. 또한, 파본 도서인 경우에는 구입하신 곳에서 교환해 드립니다.

2026 시대에듀 상담심리사 최종모의고사 한권으로 끝내기

개정7판1쇄 발행	2026년 01월 15일 (인쇄 2025년 09월 16일)
초 판 발 행	2018년 06월 15일 (인쇄 2018년 05월 30일)
발 행 인	박영일
책 임 편 집	이해욱
편 저	이문식
편 집 진 행	장민영 · 오지민
표지디자인	현수빈
편집디자인	김기화 · 김휘주
발 행 처	(주)시대고시기획
출 판 등 록	제10-1521호
주 소	서울시 마포구 큰우물로 75 [도화동 538 성지 B/D] 9F
전 화	1600-3600
팩 스	02-701-8823
홈 페 이 지	www.sdedu.co.kr
I S B N	979-11-434-0059-8 (13180)
정 가	27,000원

상담심리사 이론 학습도 시대에듀에서!

상담심리사 한권으로 끝내기

합격을 위한
**최고의
선택**

- 상담심리사 대비 필수이론 기본서
- 실전대비 핵심문제 + 적중예상문제
- 시험 전에 보는 핵심요약 빨리보는
  간단한 키워드 수록
- 부록 상담심리사 윤리강령 수록

13년간 16만 독자의 선택!
합격을 향한 로드맵,
시대에듀 임상심리사!

Start!

임상심리사 2급 1차
필기합격 단기완성

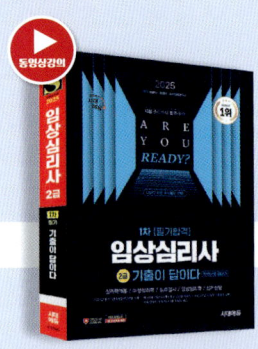

기출이 답이다 임상심리사
2급 1차 필기합격

임상심리사 2급 2차
실기합격 단기완성

핵심유형 100제 임상심리사
2급 1차 필기합격

기출이 답이다 임상심리사
2급 2차 실기합격

핵심유형 100제 임상심리사
2급 2차 실기합격

※ 도서의 이미지와 구성은 변경될 수 있습니다.
※ 개정판 준비 중입니다.

과목별 핵심이론부터 명쾌한 기출해설까지
한권으로 완성하는
시대에듀 임상심리사 시리즈

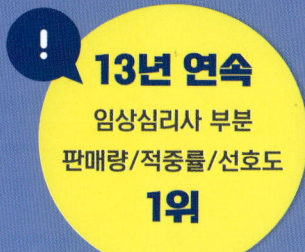

임상심리사 2급 1차 필기합격 단기완성

- 전 과목 핵심이론 + 이론별 핵심예제
- OX 퀴즈 + 전문가의 한마디로 빈틈없는 학습
- 최신 기출키워드 분석
- 2025년 제1회 · 제2회 필기시험 기출복원문제
- 유료 온라인 동영상 강의교재

임상심리사 2급 2차 실기합격 단기완성

- 전 과목 핵심이론 + 이론별 기출복원예제
- OX 퀴즈 + 전문가의 한마디로 빈틈없는 학습
- 최신 기출키워드 분석
- 2024년 제1~3회 실기시험 기출복원문제
- 유료 온라인 동영상 강의교재

※ 도서의 이미지와 구성은 변경될 수 있습니다.
※ 개정판 준비 중입니다.

+ 시대에듀 임상심리사 2급 시리즈

- ✓ 임상심리사 2급 1차 필기합격 단기완성
- ✓ 기출이 답이다 임상심리사 2급 1차 필기합격
- ✓ 파이널 핵심유형 100제 임상심리사 2급 1차 필기합격
- ✓ 임상심리사 2급 2차 실기합격 단기완성
- ✓ 기출이 답이다 임상심리사 2급 2차 실기합격
- ✓ 파이널 핵심유형 100제 임상심리사 2급 2차 실기합격

나는 이렇게 합격했다

자격명: 위험물산업기사
구분: 합격수기
작성자: 배＊상

나는할수있다
69년생50중반직장인 입니다. 요즘
자격증을2개정도는가지고 입사하는젊은친구들에게
일을시키고지시하는 역할이지만 정작 제자신에게 부족한점
이많다는것을느꼈기 때문에자격증을따야겠다고
결심했습니다.처음 시작할때는과연되겠
냐?하는의문과걱정 이한가득이었지만

합격은
시대에듀

을우연히접하게
되었고잘차려 진밥상과같은커
리큘럼은뒤늦게시 작한늦깎이수험 생이었던저를

합격의길로인도해주었습니다.직장생활을
하면서취득했기에더욱기뻤습니다.
감사합니다!

당신의 합격 스토리를 들려주세요.
추첨을 통해 선물을 드립니다.